"一带一路"沿线国家汉语教学研究丛书

中东欧十六国汉语教学研究

牛 利 著

中国社会科学出版社

图书在版编目(CIP)数据

中东欧十六国汉语教学研究/牛利著. —北京：中国社会科学
出版社，2017.9
("一带一路"沿线国家汉语教学研究丛书)
ISBN 978 - 7 - 5203 - 0771 - 0

Ⅰ.①中… Ⅱ.①牛… Ⅲ.①汉语—对外汉语教学—教学研究
Ⅳ.①H195.3

中国版本图书馆 CIP 数据核字(2017)第 181660 号

出 版 人	赵剑英
责任编辑	陈肖静
责任校对	刘 娟
责任印制	戴 宽

出 版	中国社会科学出版社
社 址	北京鼓楼西大街甲 158 号
邮 编	100720
网 址	http://www.csspw.cn
发 行 部	010 - 84083685
门 市 部	010 - 84029450
经 销	新华书店及其他书店

印 刷	北京明恒达印务有限公司
装 订	廊坊市广阳区广增装订厂
版 次	2017 年 9 月第 1 版
印 次	2017 年 9 月第 1 次印刷

开 本	710×1000 1/16
印 张	20.25
插 页	2
字 数	271 千字
定 价	88.00 元

丛书序一 打造"一带一路"国家交流合作的"金钥匙"

2013 年 9 月和 10 月，习近平主席在赴中亚和东南亚访问期间，先后提出了共建"丝绸之路经济带"和"21 世纪海上丝绸之路"的倡议，开启了造福沿线国家人民和世界人民的一项伟大事业。

2016 年，第 71 届联合国大会通过决议，欢迎"一带一路"等经济合作倡议，这是联合国大会首次将"一带一路"写进大会决议，这项决议得到了 193 个会员国的一致赞成。

"一带一路"宏伟计划包括沿线 65 个国家，总人口 45 亿人，占全球 63％；经济总量 22 万亿元，占全球 29％。加强沿线国家和地区基础建设、国际产能合作、贸易合作，提高工业化水平，实现沿线国家经济共同发展和富裕，这是中国作为一个负责任的大国高瞻远瞩、因势利导，引领全球资本全方位走向和平经济发展道路的伟大构想。它将成为全球人类发展史上一个划时代的创举。

"一带一路"的实施，要实现沿线国家"政策沟通、道路联通、贸易畅通、货币流通、民心畅通"。这"五通"的实质是"互联互通"，"合作共赢"。那么，用什么"互联"？用什么"互通"？唯有语言。所以，"互通"的前提则首先是"语言互通"。"语言互通"的概念就是，我们要能使用沿线各国人民的语言和文化进行交流，还要沿线各国人民使用我们的语言和文化进行沟通。这应该是一个双向的过程。

习近平主席在"全英孔子学院和孔子课堂年会"上发表的重要讲话指出："语言是了解一个国家最好的钥匙。孔子学院是世界认识中国的一个重要平台。孔子学院属于中国，也属于世界。"

这把金钥匙已使孔子学院在全球灿若群星。熟悉这把金钥匙，掌握这把金钥匙，还必将为"一带一路"国家间互相了解、合作共赢开启畅达之门。作为"一带一路"的倡议国，我们首先应该对沿线国家的语言状况有深入全面的了解，学习他人的语言，与此同时，更重要的是让我国的民族标准语走向世界，推广汉语教学，介绍中国文化，既要了解世界，更要让世界了解中国。由此看来，我们汉语国际教育工作者，使命在身，责任重大，应该走在打造这把金钥匙的前沿。加快汉语走向世界，让汉语更为广泛传播，是我们责无旁贷的历史责任。

千里之行，始于足下。唯有知己知彼，方能百战不殆。汉语国际传播，是一种跨国文化交流行为。因此，对传播的受众的历史、现状及当下的语言文化需求必须了解透彻，融会于心，方能有的放矢，做出符合实际的汉语和中华文化的传播方略与具体策略。那就要从了解沿线国家概况入手，《"一带一路"沿线国家汉语教学研究丛书》正是选取这个视角，介绍沿线国家自然地理、历史国情、人口经济、语言政策，尤其详尽地介绍汉语教学的历史、现状及存在问题，以观全豹。丛书力求为大家提供翔实丰赡的各种相关背景资料。眼观全球，视野开阔，立志高远，务求详备。书中详尽地描述了"一带一路"沿线各国的语言文化历史与现状，为在这些地区发展汉语教学、介绍中国文化提供了必不可少的案头必备参考。

丛书首先对沿线65个国家的汉语传播做了全面调查与摸底，依据所得材料，在开展汉语教学方面，展现其国别与地区优势，亦不回避存在的问题；既为汉语的国际传播提出战略目标，又有具体的发展策略。在与汉语教学相关的方方面面，多有涉及。诸如各国的教学环境、教学对象、教学机构的基本情况，孔子学院的发展，特别是汉语师资配备、教材建设和语言教学法的采用，尤多着笔墨。毫无疑问，这是在沿线国家从事汉语传播者最需要了解和掌握的重要背景知识。不仅是国际汉语教师设计汉语教学，介绍中国文化的依据，更可为有关汉语国际传播决策者在筹划顶端设计时参酌，是一份不可或缺的宝贵资料，具有很好的参考价值。

如果将沿线国家置于全球化背景下进行观察，就会观察到多种文化力量作用下的各国的语言社会生活。总体看来，沿线国家目前都正在大力发展各自的民族语言，在明确本国的官方语言的情况下，同时大力发展外语教学。"一带一路"沿线国家语言种类繁多，语言状况复杂多样。65 个国家拥有的官方语言多达 53 种，涵盖了世界九大语系的不同语族和语支。这些国家的主体民族语言就更加绚丽多彩。在这种背景下，地缘政治因素驱使，战略伙伴的国家关系，汉语地位的迅速提升，汉语作为一种应用型语言，正在成为争相学习的一种外语，人们热诚希望了解中国文化，学习汉语已成为一时时尚。

目前，沿线国家的汉语传播，除了少数大中学及教育机构外，所依托的主要教育平台就是孔子学院，这是汉语国际传播的重要场地，是世界认识中国的一个重要平台。就开展汉语教学来说，沿线国家在地缘政治、教育环境方面均具有很大的优势，学科设置的科学性，师资配备的标准，以及教学与学习需求方面，均在发展过程中，自然也存在多方面的问题。就发展汉语教学来说，诸如缺乏适合这些国家国情的孔院运行机制、缺乏适合学生特点的教学体系，师资匮乏，教材不能适应学习者的需求，教学方法不适合当地学习者学习习惯等，都是亟待解决的问题。有鉴于此，为了孔子学院的可持续发展，保持汉语传播的正常运转，丛书有针对性地提出一些改进意见与建设思路，既恰逢其时，又符合科学发展。

放眼"一带一路"沿线国家人民对学习汉语的强烈需求，立足于当地的教育传统和教学环境，在开展汉语教学，介绍中国文化方面，并存着良好的机遇与巨大的挑战。正是任重而道远。在这些国家和地区开展汉语教学，介绍中国文化，是历史赋予我们的义不容辞的责任。要完成这项工作需要大量有责任感、优秀的国际汉语教师。随着汉语教学规模在世界范围内不断扩大，同时也催生了大批立志从事国际汉语教学的各种专业出身的人进入汉语国际教育领域，还有为满足海外教学需求而赴国外任教的一大批汉语志愿者教师。目前，在国内高校汉语国际教育硕士专业攻读的学生，在实习阶段也被匆匆派往国外的孔子学院及其他教育机构，以实习名义从事汉语作为外语教学，还有些专硕生毕业后即被派到国外任教。这些人大多能完成汉语教学任务。但在教学过程中，个别人也暴露了一些弱点与不足，最根本的是汉语和中华文化底蕴不够，汉语作为外语教学技能还掌握得不够全面。由于对所在国家的历史文化了解甚少，对本地教育传统、学习习惯知之不多，以致出现所谓之水土不服的现象。给我们派往国外汉语教师的形象，带来些负面影响。因此，对赴海外任教的教师进行岗前培训，这四本沿线国家汉语教学研究丛书，就成为难得的必备培训材料。

信阳师范学院文学院对"一带一路"倡议的文化交流和汉语推广高度关注，特别是加强沿线国家汉语教学的研究，这套丛书就是他们研究的成果。本书编者多有海外从事汉语教学经验。刘振平博士曾在新加坡南洋理工大学执教六年。钱道静老师曾任教于蒙古国立大学及所建的孔子学院。在教学过程中，感同身受，深知了解所任教国的国情是多么重要。他们的教学经历有助于挖掘沿线国家汉语教学的方方面面的情况，为编写打好了基础。但在材料的搜集与筛选过程中，或有得失不当，在评述与表达中也或有失察之处，敬请读者不吝指教，以便将来修正。

赵金铭

2016 年 12 月 5 日

丛书序二

习近平总书记提出的"一带一路"倡议，是中国进一步走向世界，与各国实现互联互通的开放包容的经济合作倡议，同时也是中国文化走向世界、加快文化交流共通的一条重要路径。

改革开放以来，中国以前所未有的速度融入世界，经济发展迅猛，目前已经成为世界第二大经济体，中国的国际地位大大提升，成为世界经济发展的主要引擎。但是，经济地位的提升，硬实力的增强，并不意味着一定是世界强国，还需要软实力的增强，综合国力的全面提升。软实力即非物质的力量，就是文化和精神的力量。因此，习近平总书记一直强调在不断提高经济竞争力的同时，要增强道路自信、制度自信、理论自信、文化自信，大力推动制度创新、理论创新，积极走出去，促进中华文化与世界文化的交流。

文化交流，首先是语言。语言是人类交往的媒介，也是文化最基本的载体，当然更是文化的本体。任何民族的文化都是与特定的语言联系在一起的，语言就是一个民族文化的标志，也是进入一种文化的密码。理解一种文化，就要学习和掌握一种语言。因此，推动不同文化的交流，必须实现语言的互通。另外，经济的密切而频繁地交往，也离不开语言，语言与人的经济行为结合在一起，既体现为经济交往的方式，也在某种意义上表现为观念融通的方式。

实施"一带一路"倡议,首要的就是汉语的推广。其一,汉语是目前全世界使用人口最多的一种语言,联合国把它作为 5 种官方语言之一,说明汉语是国际交往的主要语言,推广汉语具有国际意义。其二,中国已经成为世界第二大经济体,对世界的影响越来越大,与世界主要经济体和毗邻国家的经济交往、贸易往来越来越频繁,语言成为交往畅通的钥匙,世界范围的"汉语热"在持续升温。其三,"一带一路"倡议,最重要的是实现中国与沿线国家紧密地联系起来,汉语无疑对沿线国家具有重要的工具意义。其四,汉字作为一种古老的形声义结合的文字,与其他语言文字相比,具有更丰富的蕴含,需要认真地训练、习得,才能在生活和国际交往中有效运用。因此,加强"一带一路"沿线国家的汉语教学研究,对服务国家"一带一路"倡议,具有重要意义。

信阳师范学院文学院在汉语教学研究方面既有历史传统,也有丰富的积淀。早在 20 世纪 80 年代,张静先生、吴力生先生、肖天柱先生等就带领中文系汉语教研室的老师们,加强汉语教学的研究和推广,其中张静先生的《现代汉语》教材,成为全国高校选用的三种主要教材之一。后来,许仰民先生、贾齐华先生的古汉语教学研究也取得了重要成果,其中许仰民先生的《古汉语语法》被译介到日本、韩国,并作为韩国釜山大学的研究生教材。20 世纪 90 年代至 21 世纪,汉语教学的力量进一步增强。为了把汉语教学研究的能量转化到人才培养上,文学院先后开办了汉语言、汉语国际教育本科专业,2006 年,汉语言文字学硕士点获批并开始招生,之后,文学院汉语言文学一级学科硕士点获批,语言学与应用语言学专业亦开始招收硕士研究生,文学院的汉语教学和人才培养都取得了新的成绩,而且,培养的人才也逐渐在汉语教学和汉语国际推广中发挥作用,近些年来,每年都有十几名学生作为志愿者到东南亚等国家从事汉语国际教育和汉语推广。与此同时,文学院刘振平教授、钱道静副教授、朱敏霞博士、张庆彬博士也分别奔赴新加坡、蒙古国、美国等开展汉语教育和研究工作,积累了丰富的经验，为进一步开展"一带一路"沿线国家汉语教学研究奠定了较好的基础。

从学术角度看，"一带一路"沿线国家汉语教学研究也是一个学术热点。因为"一带一路"倡议是全方位的，它不仅是经济问题、政治问题、外交问题，也是文化问题，甚至是语言的交融问题，它将给我们带来新的视野。近几年，信阳师范学院文学院在学术研究和学科建设中，一直关注学术前沿，寻找新的学术增长点，进而凝练方向，整合队伍，集中力量开展一些重大学术问题的研究，努力寻求重大突破，形成重要的学术成果，取得了明显的效果。先后整合文艺学、现当代文学、写作学等学科队伍，进行当代河南文学研究，编纂了《中原作家群研究资料丛刊》23 卷，包含当代河南文学中最知名的 25 位作家，第一辑 13 卷 2015 年 5 月出版，在学术界产生了广泛影响。第二辑 10 卷即将出版。整合中国古代文学学科的力量，开展"何景明研究"，何景明诗文点校整理工作正在有序推进。《"一带一路"沿线国家汉语教学研究丛书》是整合汉语学科队伍进行的一项重要的学术研究，也是服务于国家经济社会发展特殊需要的一项工作。

《"一带一路"沿线国家汉语教学研究丛书》对"一带一路"沿线 65 个国家的汉语教学进行了细致地梳理、研究，整理出了《南亚和东南亚国家汉语教学研究》《埃及和西亚国家汉语教学研究》《蒙古和独联体国家汉语教学研究》《中东欧十六国汉语教学研究》等，努力为"一带一路"沿线国家开展汉语推广提供有效的参照，积极服务于国家的"一带一路"倡议。4 部著作的作者刘振平教授、钱道静副教授、牛利博士和栗君华讲师，或者有丰富的海外汉语教学的经验，或者多年致力于对外汉语教学研究，都有一定的学术积累，因此，这套书既有一定的学术支撑，也有一定的可读性。

当然，由于这项研究刚刚开始，还不够深入；更由于资料收集的渠道有限，作者不可能真正走进所有的国家身临其境地全面考察，研究视野必然受到一定制约，因此，书中疏漏和错误在所难免，敬请专家、读者批评指正！

吴圣刚

2016 年 12 月 19 日

前　　言

　　2013 年 9 月 7 日，中国国家主席习近平访问哈萨克斯坦，在纳扎尔巴耶夫大学发表演讲，首次提出共同建设"丝绸之路经济带"。同年 10 月 3 日，习近平主席出访印度尼西亚，在印尼国会发表演讲时，又倡议建设"21 世纪海上丝绸之路"。11 月，"一带一路"被写入党的十八大三中全会通过的《中共中央关于全面深化改革若干重大问题的决议》，正式上升为党和国家的重大战略。

　　"一带一路"构想把亚、欧两大洲连在一起，并延伸到中东、非洲及世界其他地区，秉持"和平合作、开放包容、互学互鉴、互利共赢"的共同发展理念，与沿线沿路国家共同打造"政治互信、经济融合、文化包容"的利益共同体、命运共同体和责任共同体，是一条贸易之路、发展之路、友谊之路。习近平总书记在哈萨克斯坦首次提出共同建设"丝绸之路经济带"时，就提出要与沿线国家实现"五通"——"政策沟通，设施联通，贸易畅通，资金融通，民心相通"。实现"五通"，当然需要语言互通。① 著名语言学家、世界汉语教学学会原会长陆俭明教授指出："甚至可以毫不夸张地说，语言互通是'五通'的基础。因为没有语言互通，政策难以沟通，也会影响设施联通、贸易畅通、资金融通，更谈不上民心相通。……对沿线沿路国

---

① 李宇明：《"一带一路"需要语言铺路》，《人民日报》2015 年 9 月 22 日第 7 版。

家来说，要有通晓汉语的人才。……要先搞调查研究，以了解哪些国家已开展汉语教学，哪些国家至今还未开展汉语教学；已开展汉语教学的国家，具体教学状况如何，汉语教学是否已进入对象国的国民基础教育体系。"① 为此，我们从 2015 年 11 月开始，展开对"一带一路"沿线国家汉语教学状况的调查研究。

目前，我们调查完成了"一带一路"沿线 65 个国家的汉语教学概况。这 65 个国家的汉语教学发展情况不一。有些国家汉语教学的历史比较悠久，而有些国家近些年来才开始汉语教学，还有一些国家的汉语教学至今尚未起步。比如，早在半个多世纪前，蒙古国就开始了汉语教学。目前，这个总人口只有 300 万人的国家，约有 2 万人在学习汉语，建有 3 所孔子学院和 1 个独立孔子课堂。从幼儿园到大学、从选修课到学历教育、从本科到硕士、博士，蒙古国汉语教学已经形成了多渠道、多层次、多形式的教学体制。而位于中亚西南部的内陆国家土库曼斯坦是仅次于哈萨克斯坦的第二大中亚国家，直到最近几年，随着两国各领域交流合作的全面实施，尤其是油气能源的合作发展，汉语教学才取得较大进展，学习汉语的人数开始增加。目前，土库曼斯坦没有孔子学院，只有 4 所高校设有汉语专业；根据土库曼斯坦总统别尔德穆哈梅多夫的倡议，从 2016 年开始，土库曼斯坦才在中小学阶段（5 年级至 12 年级）把汉语设为第二外语。南亚的不丹则因国小人少、经济条件落后，目前还未见到有规模的汉语教学。这种情况下，我们在介绍各国汉语教学状况时，势必出现有些国家的资料较多，有些国家资料较少甚至阙如的现象，这也就会造成本套丛书各个章节的内容不够均衡的现象。我们尽可能地多渠道收集资料，尽量全面展现各个国家的汉语教学情况，但受各种因素的制约，定有挂一漏万的现象，个中不足敬请专家学者批评指正。在撰写过程中，我们引用先哲时贤的研究成果时，尽可能地做到注明出处，但由于时间仓促、精力有限，可能还有疏漏之处，如有专家学者发现问题，敬请来电来

① 陆俭明：《"一带一路"建设需要语言铺路搭桥》，《文化软实力研究》2016 年第 2 期。

函与我们联系，我们必当按照要求予以更正，并致以诚挚的歉意。

　　本套丛书是"'一带一路'沿线国家汉语教学研究"项目第一阶段的研究成果，尽可能地全面介绍和分析了"一带一路"沿线国家汉语教学的状况，每个国家包括"国家概况""汉语教学简史""汉语教学的环境和对象""汉语教材和师资"等内容，重点介绍各国现阶段中小学、高等院校、孔子学院（课堂）的汉语教学情况，分析取得的成绩和存在的问题，为下一阶段深入研究各个国家汉语师资培养、教材编写和教学策略与方法等问题奠定基础。

编委会

2017 年 1 月 12 日

目　　录

第一章　匈牙利的汉语教学

第一节　国家概况

一　自然地理

　　匈牙利（英文 Hungary，匈牙利文 Magyarország）位于欧洲中部，是一个内陆国家，与奥地利、斯洛伐克、乌克兰、罗马尼亚、塞尔维亚、克罗地亚和斯洛文尼亚七个国家接壤，国土总面积 93030 平方公里，边境线长 2246 公里，全国总人口 984.9 万人（2015 年数据）①，首都为布达佩斯。匈牙利依山傍水，西部是阿尔卑斯山脉，东北部是喀尔巴阡山。多瑙河从斯洛伐克南部流入匈牙利，把匈牙利分为东、西两部分。匈牙利境内以平原为主，海拔较低。面积约 5 万平方公里的匈牙利大平原和西北部的小平原，大部分海拔在 100—150 米。山地较少，北部的凯凯什峰为全国最高点，海拔 1015 米。匈牙利全年比较干燥，降水较少，年平均降水量 630 毫米。东北部大陆性气候特征明显，西部地区受地中海式气候与大西洋暖流的影响较大，冬暖夏凉。

---

① 中国驻匈牙利大使馆经济商务参赞处：《对外投资合作国别（地区）指南——匈牙利》，商务部 2015 年发布，http://fec.mofcom.gov.cn/article/gbdqzn/，2016 年 9 月 2 日。

二　历史政治

匈牙利在距今 35 万年前就有古人类活动，先后有摩拉维亚人、保加尔人、波兰人和克罗地亚人等不同民族试图统治这个地方，但是马扎尔人结束了这一地区的纷争。匈牙利国家的形成起源于东方游牧民族马扎尔人游牧部落。9 世纪末，阿尔帕德大公带领马扎尔人来到潘诺尼亚平原，建立了马扎尔人国家。公元 1000 年，圣·伊什特万建立了封建国家，成为匈牙利第一位国王。1458 年到 1490 年胡尼奥蒂·马加什统治匈牙利。1526 年土耳其入侵，封建国家解体。1699 年起，全境由哈布斯堡王朝统治。1848 年匈牙利爆发自由革命，1849 年 4 月建立匈牙利共和国。1918 年第一次世界大战结束后，奥匈帝国解体。1919 年 3 月匈牙利苏维埃共和国建立，同年 8 月被以霍尔西为首的军队推翻，恢复了君主立宪的匈牙利王国。1945 年 4 月，匈牙利在苏联红军帮助下全境解放。1946 年 2 月 1 日匈牙利宣布废除君主制，成立匈牙利共和国。1949 年通过宪法，改称为匈牙利人民共和国。1989 年 10 月 23 日，国会通过宪法修正案，把“匈牙利人民共和国”改为“匈牙利共和国”，决定实行总统制。后根据 2011 年出台的新宪法，自 2012 年 1 月 1 日，匈牙利将国名“匈牙利共和国”改为“匈牙利”[①]。

匈牙利实行多党议会民主制，执行立法、行政、司法三权分立的原则。国会是立法机关和国家最高权力机构，实行一院制，原设 386 个议席，2014 年改为 199 个议席，每 4 年普选一次。国会选举总统、宪法法院成员、最高法院院长和最高检察院检察长。匈牙利宪法规定：一些重要法律必须有国会三分之二的多数票通过，以保障反对派的权力。国会定期每年召开春季和秋季会议，或根据情况召开特别会议[②]。总统每 5 年选举一次，基本是礼仪性职位，但有权指定总

---

① 中华人民共和国外交部官网：《匈牙利国家概况》，http：//www. fmprc. gov. cn/web/gjhdq_ 676201/gj_ 676203/oz_ 678770/1206_ 679858/1206x0_ 679860/，2016 年 9 月 2 日。

② 中国驻匈牙利大使馆经济商务参赞处：《对外投资合作国别（地区）指南——匈牙利》，商务部 2015 年发布，http：//fec. mofcom. gov. cn/article/gbdqzn/，2016 年 9 月 2 日。

理。政府是国家最高行政机构。按照法律规定，各部部长由总理提名、总统任命。现政府于 2010 年 5 月组成，设有 8 个部。法院和检察院是国家司法机构。法院分最高法院、地区法院、州法院和地方法院四级，实行两审终审制；检察机构分最高检察院、州检察院和地方检察院三级。最高法院院长和最高检察院检察长由国会选举产生，任期 6 年。

三　人口经济

截至 2015 年 1 月，匈牙利全国总人口 984.9 万人。主要民族为匈牙利（马扎尔）族，约占 90%。少数民族有斯洛伐克、罗马尼亚、克罗地亚、塞尔维亚、斯洛文尼亚、德意志等民族。匈牙利居民主要信奉天主教（66.2%）和基督教（17.9%）。

匈牙利是一个发达的资本主义国家，人民生活水平较高。自东欧剧变后，匈牙利经济高速发展，后加入欧盟和北约，到 2012 年，匈牙利的人均国内生产总值按国际汇率计算已达到 1.27 万美元，已经达到中等发达国家水平。匈牙利工业基础较好，根据本国国情，研发和生产一些有自己特长的和知识密集型的产品，如计算机、通信器材、仪器、化工和医药等。匈牙利采取各种措施优化投资环境，是中东欧地区人均吸引外资最多的国家之一。农业在国民经济中占重要地位，不仅为国内市场提供丰富的食品，而且为国家挣取大量外汇，主要农产品有小麦、玉米、甜菜、马铃薯等。另外，匈牙利旅游业比较发达。

四　语言政策

官方语言为匈牙利语，这是欧洲使用最广泛的非印欧语系语言。同时，英语和德语在匈牙利也十分流行。

第二节　汉语教学简史

匈牙利人认为他们的民族来自亚洲，因此他们对亚洲的语言文学和文化非常感兴趣。因此，匈牙利的汉语研究和教学开始的也比较早。该国汉语教学的历史可以追溯到罗兰大学汉语专业的开设。罗兰大学是匈牙利最古老的综合性大学，早在 1923 年该校就成立了远东语言文学教研室，主要任务是研究汉学和教授汉学知识。1938 年，罗兰大学又成立了中亚教研室，开始对中国藏族、满族、蒙古族等少数民族语言进行研究和教学。1949 年，新中国成立后，为了突出汉学的地位，远东语言文学教研室更名为中国及东亚教研室。

20 世纪 30 年代，匈牙利出现了第一位汉学家李格蒂（Ligeti Lajos），其精通蒙学、满学，对汉学研究也有很深的造诣。之后又涌现了一批汉学家，如陈国（Csongor Barnabas）、高恩德（Galla Endre）、尤山度（Sandorm Józsa）、马东非（Mar Tonfi Ferenc）等，他们对匈牙利的汉语教学起到了不可估量的作用。高恩德是匈牙利著名的汉学家，1950 年 12 月，他作为中匈建交后首批留学生被派往清华大学进行了为期 2 年的汉语学习。1952 年至 1955 年于北京大学攻读文学系研究生，研究中国现代小说，王瑶教授是他的老师。1959 年回国后一直在罗兰大学任教。为满足越来越多的匈牙利人学习中文的需求，1982 年匈牙利东方学会在布达佩斯开办了中文夜校，由高恩德主持。他还专门为外地人举办了中文函授班。他一生翻译了很多作品，新中国成立后出版的第一部《裴多菲诗集》就是他与孙用合译的。高恩德在研究中国现代文学、促进匈牙利与我国的文化交流和汉语教学等方面付出了近半个世纪的精力，并取得了丰硕的成果。

尤山度也是匈牙利有名的汉学家。1957 年周恩来总理访问匈牙利时，他是当时的翻译员。他曾在中国人民大学作研究生，专修中国近代史和中国革命史。1973 年至 1976 年在匈牙利驻中国大使馆任参赞，之后一直在罗兰大学执教。他翻译过《毛泽东诗词 21 首》、茅盾的《春蚕》、溥仪的《我的前半生》、孙中山的《三民主义》等作品①。

　　杜克义是匈牙利著名的汉学家、匈牙利科学院院士、匈牙利科学院东方研究中心主任，同时在罗兰大学教授哲学和汉学，一直到去世。他被誉为 20 世纪匈牙利最伟大的汉学家，也是欧洲著名的汉语学家之一。杜克义一生在汉学方面倾注了大量的心血，取得了很深的造诣。他的研究领域主要是中国古典文学、古典哲学、中国文体理论以及马克思历史哲学。他翻译出版了中国古代经典文学作品和哲学著作，如《诗经》《屈原诗选》《道德经》《论语》《西厢记》等，并撰写了一系列研究论文。他主持编写过一系列中匈双语文选，专门翻译介绍中国古代诗文。他还亲自担任匈牙利科学院东方学研究室出版的《历史与文化》杂志的责任编辑，对汉学领域大量的原始材料进行翻译和初步的阐释。他的这些工作和努力极大推动了中匈文化的交流和传播。杜克义严谨的治学态度和卓著的学术成果，使他于 1985 年正式当选匈牙利科学院院士，这是当时 200 名正院士中唯一的一位汉学家②。

　　20 世纪 50 年代，罗兰大学开始开设汉语专业，但学生人数较少。60 年代初期，学习汉语的人数增加到十几人，教学规模依然较小。80 年代，中国与国际交流合作的频繁促进了汉语教学的发展。罗兰大学的汉语专业由社会需要的 B 类专业升级为 A 类的重要专业，和英语、德语、俄语等语种比肩平座。经过半个世纪的摸索与实践，2000 年以后，匈牙利学习汉语的人数快速增长。据不完全统计，2010 年就有 4500 人左右③。目前，匈牙利的汉语教学工作已经开展的相当成熟，拥有 4 家孔子学院、2 个孔子课堂，逐渐形成了公立院

① 侯凤菁：《匈牙利的汉学家》，《瞭望》1987 年第 24 期。
② 孔子学院总部/国家汉办官网：《匈牙利罗兰大学孔子学院举办汉学家杜克义专题纪念活动》，http：//www. hanban. edu. cn/article/2010 - 10/25/content_ 184068. htm，2016 年 9 月 3 日。
③ 曾曦：《匈牙利汉语学习者现状分析与对策》，硕士学位论文，辽宁师范大学，2011 年，第 8 页。

校和私营培训机构并存，小学、中学、大学国民教育各阶段互相衔接的教学体系①。

2004 年匈牙利汉语教学进入一个新阶段，中匈双语学校成立。这是目前匈牙利乃至欧洲唯一一所同时采用汉语和所在国语言进行授课的公立学校。2006 年匈牙利的汉语教学进一步发展，6 月 21 日，由北京外国语大学合作、罗兰大学承办的匈牙利第一所孔子学院罗兰大学孔子学院正式启动。它开设各种各样的课程，如华为公司员工语言课程、HSK 考试备考培训、商务汉语培训等，除此之外，还有中国书法、烹饪、太极拳等培训课程，而且也为匈牙利多所大学开设汉语课程。学院每年组织 HSK 考试，获得奖学金的学生有机会到中国学习汉语。罗兰大学孔子学院不仅为匈牙利学生提供了学习汉语的平台和机会，也为宣传和推广中国文化起到了重要的作用。罗兰大学孔子学院还被评为"全球优秀孔子学院"。

罗兰大学孔子学院经过多年的发展，在汉语教学和中国文化的推广方面取得了巨大成就。2013 年，罗兰大学孔子学院成立 7 周年。它已在匈牙利的 9 个城市设立了 38 个汉语教学点。2012 年 5 月 14 日，由上海外国语大学合作、赛格德大学承办的赛格德大学孔子学院启动。该孔子学院成立一年后，就在 3 所中学、3 所小学和 2 个汉语教学点开设了汉语课，汉语教学工作开展得如火如荼。2013 年 4 月 25 日，由北京化工大学合作、米什科尔茨大学承办的米什科尔茨孔子学院启动。2014 年 8 月 27 日，由华北理工大学合作、佩奇大学承办的佩奇中医孔子学院启动。这些孔子学院的成立为匈牙利人学习汉语提供更多、更便捷的平台，这是匈牙利汉语教学工作快速发展的标志。

目前，中国在国际上地位提高，国家间合作交流增多，中国"一带一路"观念和匈牙利政府提出的向东开放的战略相契合。作为文化教育交流的桥梁，匈牙利多所大学和孔子学院能在中间发挥更重要的作用。如今，匈牙利掀起了汉语学习的热潮，越来越多的人对汉语和中国文化

---

① 钱叶萍、王宏林：《匈牙利汉语教学现状及趋势分析》，《外国中小学教育》2010 年第 10 期。

产生了浓厚兴趣。汉语学习也为他们提供了更多的就业机会。

第三节　汉语教学的环境和对象[①]

匈牙利自罗兰大学于 1923 年开设中文系至今已有 90 多年的历史，汉语教学工作取得了显著成绩。小学和初中阶段，汉语教学已经进入该国的国民教育体系。高等院校拥有 4 所孔子学院，同时还有博雅伊中学和中匈双语学校 2 个孔子课堂，而且还有部分私人培训机构。匈牙利汉语学习对象既有小学生、中学生和大学生，甚至还有托儿所的儿童和一些社会学生。近年来，匈牙利官方也非常重视汉语教学，和我国相关部门签署了教育协议，这大大推动了匈牙利的汉语教学工作。温家宝总理 2012 年出席中国与中东欧国家领导人会晤和经贸论坛时，对外宣布"未来 5 年向中东欧国家提供 5000 个奖学金名额"，自 2013/14 学年至 2017/18 学年，向中东欧 16 国增加 1000 个单方奖，每学年 200 个，匈牙利折合每学年增加 25 个单方奖名额。奖学金累计接受情况：我国自 1950 年接受 6 名匈牙利奖学金生以来，截至 2013 年共接受匈牙利中国政府奖学金生 597 名。2013 年在华匈牙利学生情况是：匈牙利学生总数为 337 名，其中奖学金生 94 名（含国别奖、单方奖、985 高校及边境省份自主招生奖），自费生 243 名。中国的这些政策为匈牙利人学习汉语提供了很好的环境和条件[②]。同时，匈牙利国内的孔子学院和孔子课堂等教学机构为匈牙利人民在国内学习汉语提供了很好的平台和环境。

匈牙利地处连接西欧和东欧的心脏地带，是中国与中东欧文化交流的桥梁，而孔子学院在文化的交流与传播方面起着举足轻重的作用。

---

① 本部分内容主要源自孔子学院总部/国家汉办官网：http：//www. hanban. edu. cn/，2016 年 9 月 4 日。

② 中华人民共和国教育部：《中国与匈牙利教育合作与交流简况》，http：//moe. edu. cn/s78/ A20/s3117/moe_ 853/201005/t20100511_ 87457. html，2016 年 9 月 4 日。

匈牙利十分重视"汉语桥"比赛以及汉语水平等级考试（HSK）工作，通过汉语比赛激发学生学习动力、宣传中国文化。2010年至今，匈牙利每年不间断举办中学生和大学生的汉语比赛活动，通过各种活动激发学生的热情和兴趣。

匈牙利罗兰大学是最早被国家汉办授权的HSK考试点。一年设置两次HSK、YCT及HSKK各级别的考试。随着"一带一路"交往的日益活跃，近两年匈牙利全国参加汉语考试的人数越来越多。更多的匈牙利汉语学习者希望借助汉语水平考试亲身体验中国的文化与魅力。2015年5月16日，罗兰大学孔子学院举办了2015年首场汉语水平考试（HSK），共有193名考生参加考试，人数创历年新高。10月17日，罗兰大学孔子学院又举办了本年度第二次汉语水平考试，考试涵盖HSK及HSKK各个级别，共有74名考生参加了此次考试。2016年3月20日，罗兰大学孔子学院举办了本年首场汉字水平考试。孔子学院于考前曾通过网站和课堂等渠道做了大量的宣传工作，考生人数与前一年同期相比有了大幅度提高。参加此次考试的考生共有294人，其中196人参加HSK考试，98人参加HSKK考试，均比前一年同期增长30%。2016年4月16日，米什科尔茨大学孔子学院的首次HSK汉语水平考试也准时开考。此次考试共有10人报名参加，既有中学生也有大学生。随着米什科尔茨市汉语热的不断升温，未来参加HSK考试的学生也会越来越多。

目前匈牙利的汉语教学推广事业在欧洲处于领先水平，具有一定的代表性。匈牙利的汉语学习者年龄分布广，但主体是中小学生及大学生。在教学层次和内容上，既有纳入正规教学体系的中小学汉语课、大学语言班，也有作为兴趣课存在的中小学兴趣班，有以引导启发为主的幼儿园汉语班，有HSK考试辅导班和一对一的个人辅导，还有面向社会的模块学习班、文化班以及为专业人士开设的应用汉语班。此外还有丰富多彩的文化体验活动和节庆活动等。匈牙利孔院等教学机构在教学活动、文化推广、学术交流等方面做了大量的工作，下面做以简介。

一　罗兰大学孔子学院的汉语教学①

所在城市：布达佩斯

承办机构：罗兰大学

合作机构：北京外国语大学

启动时间：2006 年 6 月 21 日

罗兰大学孔子学院是匈牙利第一所孔子学院，2006 年成立至今已有 10 年的历史。其规模不断扩大，从 2006 年的 1 名教师、1 名志愿者到目前的 32 名教师和志愿者，在匈牙利主要城市设立有 33 个教学点，覆盖全国 10 个主要城市。学生人数超过 3000 人，主要对象包括小学生、中学生、大学生以及一些社会学生。这些教学点为匈牙利政府机构、匈牙利各大公司、中国驻匈机构公司一对一学习提供量身定制的汉语课程②。罗兰大学孔院外方院长郝清新（Hamar Imre）指出了未来 5 年的教学计划，要让开设中文课的中学数增加 20 所，达到各大城市至少有 1 所中学开设汉语课的目标。这个规模聚合起来的效应将是，每年有 600—700 名匈牙利中学生同时学习汉语③。

罗兰大学孔子学院两次荣获中国国家汉办颁发的"优秀孔子学院"称号，两次获得个人优秀奖。罗兰大学孔子学院从成立至今举办了各种活动，如文化推广活动、学术活动、合作交流、汉语比赛及考试等，为推广汉语和宣传中国文化做出了巨大的贡献。

2010 年 5 月 30 日，为庆祝匈牙利儿童节，罗兰大学孔子学院在布达佩斯城市公园举行儿童节庆祝活动。匈牙利总统绍约姆·拉斯洛（Sólyom László）参观了孔子学院的展台，参与了用筷子夹花生，编制中国结等活动，表示了对孔院活动的极大兴趣和支持。

---

① 罗兰大学孔子学院相关信息主要源自孔子学院总部/国家汉办官网：http://www.hanban.org/，2016 年 9 月 4 日。

② 新华网络电视：《匈牙利汉语热在继续》，http://ent.cncnews.cn/2016 – 10 – 06/124470070.html，2016 年 9 月 4 日。

③ 孙静：《匈牙利中学找孔子学院学中文》，《北京青年报》2014 年 12 月 26 日第 A20 版。

2010 年 10 月 27 日，为配合"世界盲人周"，罗兰大学孔子学院为 Vakok Allami 盲人学院的盲人举办了一场中国文化推广活动。孔子学院院长郝清新代表孔子学院和中文系向该盲人学院赠送了 100 张 CD。这些 CD 是孔子学院和中文系教师用匈牙利语制作的中国神话故事。这是罗兰大学孔子学院第一次向残疾者进行的中国文化推广活动。

书法是罗兰大学孔子学院的汉语文化体验课程之一，2010 年 10 月 8 日—11 月 5 日，罗兰大学孔子学院为在校学生及所有社会人士免费举行了为期一个月的书法入门课程培训活动，以满足匈牙利民众对汉语和中国文化日益高涨的学习需求。书法课程由孔子学院汉语教师志愿者李林平主讲，共 8 课时。李老师除了介绍汉字的发展、书法渊源等中国书法艺术的历史和基本理论知识外，还亲自示范，手把手指导学生学习执笔、起笔、运笔等实践操作的技巧，使学生对中国的书法艺术产生了更直观和感性的认识，使学生对书法艺术有了更广泛的兴趣和学习的热情。

2010 年 11 月 18 日，罗兰大学孔子学院和亚洲中心联合举办了"留学生眼里的中国"图片摄影展，旨在从不同角度展示中国文化，使匈牙利人民深入了解中国。罗兰大学中文系二年级学生 Palócz Eszter 以一幅《小女孩》获得了此次图片摄影展优秀奖。

2012 年 5 月 17 日，罗兰大学孔子学院与匈牙利艾格尔市政府、赫维什州工商会及艾格尔道博中学联合举办"中国日"活动。中国茶艺和中国结等民族特色文化吸引了许多学生和家长。郝清新院长与艾格尔市最大的具有百年历史的道博中学，签署了开展汉语教学合作的协议。

2014 年 7 月 4 日，罗兰大学孔子学院举行了孔子铜像揭幕仪式。该铜像由山东省对外文化交流协会、山东省人民政府新闻办公室赠送。罗兰大学文学院院长 Dezso Tamas，驻匈牙利使馆和山东省的官方人员出席了揭幕式。

全球孔子学院大会决定于 2014 年 9 月 27 庆祝全球孔院建立十周

年暨首个全球"孔子学院日"。匈牙利罗兰大学、赛格德大学和米什科尔茨大学孔子学院共同举办了系列庆祝活动。2015 年 9 月 26 日，罗兰大学孔院及兄弟孔院举办了以"和"为主题的孔子学院日活动，以庆祝全球第二个"孔子学院日"。2016 年 4 月 9 日和 5 月 4 日，匈牙利罗兰大学孔子学院分别在芬尼·久拉耶稣会中学教学点和德布勒森大学汉语教学点举办了"中国日"文化活动，近百名师生参与了活动，活动旨在提高学生对中国文化的兴趣。2016 年 9 月 24 日，罗兰大学孔院举办了以生活之"和"为主题的孔子学院日庆祝活动。汉语体验课、茶艺表演、中国结、书法、专家讲座、电影欣赏等丰富多彩的文化活动，使当地民众感受了中国"和"文化的境界。2015 年 4 月 11日，罗兰大学孔子学院 Jezsuita Gimnaziumes Kollegium 中学教学点举办了"中国日"活动，这是该教学点成立四年来举办的第二次"中国日"活动，近百名师生家长参与了此次活动。这次活动的主要对象是该校六年级学生，旨在提高他们对中国文化的兴趣，增进对中国和汉语的了解，为他们升入 7 年级后选修汉语打下基础。

2014 年 11 月 14—15 日，罗兰大学孔子学院召开"跨文化适应与汉语教学"研讨会，来自 9 个城市的 43 位汉语教师和志愿者参加此次会议。他们从"罗兰大学孔子学院管理规定说明""跨文化适应研讨会""孔子学院测试说明""汉语教学研讨会"四个部分引导汉语教师和志愿者适应新的工作和生活。

2015 年 5 月 29 日，法国著名汉学家白乐桑（Joël Bellassen）教授在罗兰大学孔子学院举办了以"法国汉语教学学科的建设与历史"为主题的讲座，主要介绍了法国汉语教学的产生发展以及现状。他指出，法国的汉语教学已成为一种社会现象，目前法国开设正规汉语课程的中学达 635 所之多，包括科西嘉岛、法国海外省在内的所有大区均开设了汉语课程，每年参加 HSK 考试的人数达到 2500 人。他从多方面论证，汉语已被视为具有一定就业价值的外语。

2015 年 5 月 30 日，由罗兰大学孔子学院承办的"欧洲汉语教学协会"理事会在布达佩斯召开,这是协会成立以来第一次召开理事会。此次会议主要探讨该协会的工作范围、师资培训等问题,对以后促进和提高汉语语言文化教育起到非常重要的作用。

2015年10月24日,由罗兰大学孔子学院牵线搭桥促成的"罗兰大学北京中心"在北京外国语大学举行揭牌仪式。北京外国语大学的领导、匈牙利驻华大使和罗兰大学校长等出席了揭牌仪式。罗兰大学北京中心的建立旨在将匈牙利和罗兰大学介绍给中国,使两国人民彼此之间有更加深入全面的了解。

2015年10月4—5日,罗兰大学孔子学院举办了首届"汉语与中国文学文化国际论坛"。来自北京外国语大学和罗兰大学的19名中文专业学者参与了讨论,正在参加第四期"中东欧本土汉语教师培训"的11个国家的学员也来到了现场。这说明北京外国语大学和罗兰大学的合作,已经从语言文化交流层面上升到学术层面。

2015年10月12日,罗兰大学孔子学院举办了以"海上丝绸之路的开拓与航海罗盘的发明"为主题的"一带一路"学术讲座。中国海洋史和造船史研究专家刘义杰先生,带来了丰富的史料图片和航海罗盘实物。讲座以翔实丰富的史料说明了中国古人开拓海上丝绸之路的必要性,海上丝绸之路对我们自己的改变和对世界的改变。这次高水平的学术讲座,不仅向匈牙利人展示了丝绸之路的历史,也启发人们思考今天"一带一路"倡议的重要意义。

2015年10月24—28日,罗兰大学孔子学院携罗兰大学艺术团来华演出,此次访华演出得到了赛格德大学孔子学院的大力支持。此次活动不仅促进了中匈两国的文化艺术交流,还促进了孔子学院、合作院校和中国院校之间的多重交流与合作。

2015年10月25日,匈牙利中医药学会、罗兰大学孔子学院等机构,举行活动庆祝《匈牙利中医立法细则》的颁布。因此,匈牙利成为欧洲大陆第一个在法律上承认中医和中医行医资格的国家。

2015年11月5—6日,由北京外国语大学教师组成的巡讲专家组来到罗兰大学孔子学院，做了"文化中国你我谈"巡讲活动。讲座就"中国经济犯罪与经济刑法概览""新常态下的中国经济""中医养生及保健"三个当代热点话题展开讨论，讲座以英文展开，从不同角度梳理了中国理解和解决这些热点问题的思路与方法。这次巡讲活动旨在介绍中国经济文化，促进匈牙利人对中国的了解。

2015 年 11 月 12 日，中国茶文化艺术节暨中国（广西）中东欧茶文化交流推介会在匈牙利布达佩斯举行，罗兰大学孔子学院教师在活动期间进行了三场精彩的茶艺表演。匈牙利国家议会议员 Józsa István 先生和众多当地市民、当地华人参加了此次活动。交流推介会包括茶品、茶具展示和茶文化讲座等内容。这些活动充分表现了中国茶文化的精神内涵。

2016 年 5 月 25 日，罗兰大学孔子学院与匈牙利国防军总参研究所合作举办了"中国面对全球化问题的挑战"研讨会。匈牙利国防军副总参谋长、罗兰大学校长、中国驻匈牙利大使段洁龙先后在开幕式上讲话。本次研讨会为两国在政治、军事、经济领域的了解以及更广泛的的合作打下了基础。

2016 年 6 月 8 日，罗兰大学孔子学院在 Kazinczy Ferenc Gimnazium 中学教学点举办了首个"中国日"活动，该教学点距布达佩斯 122 公里，活动吸引了 200 余名师生参加。精彩的茶艺展示、中国剪纸、书法、中国功夫等博得了在座师生的阵阵好评，此次活动大大提高了匈牙利师生对中国文化的认识。

2016 年 10 月 5 日，中共中央政治局常委、中央书记处书记刘云山参观罗兰大学孔子学院。匈牙利国会常务副主席玛特劳伊，国务秘书易加尔多，罗兰大学校长梅泽伊，孔子学院总部总干事、国家汉办主任许琳共同观摩了罗兰大学汉语师范专业的课堂教学，参观了匈牙利孔子学院图片展。刘云山为罗兰大学"一带一路"研究中心揭牌。2016 年 10 月 6 日，罗兰大学授予中国孔子总部总干事、国家汉办主任许琳荣誉博士学位，表彰其为中国语言文化传播及中、匈两国合作作出的杰出贡献。

二　赛格德大学孔子学院的汉语教学①

所在城市：赛格德

承办机构：赛格德大学

合作机构：上海外国语大学

启动时间：2012 年 5 月 14 日

赛格德大学位于匈牙利东南部赛格德市，是一所建立于 1872 年的公立大学，前身为森久尔季医学药剂学中心，该校名列全球 203—300 名之间，科学排名位居欧洲大学 80—123 名之间，是匈牙利最优秀的公立大学之一，也是中欧影响力重大的学府之一。赛格德大学孔子学院自 2012 年成立以来，在汉语教学及文化推广和交流方面开展了大量的工作。在布达佩斯启动了两处汉语教学点。Best Western Premier Hotel Parlament 教学点体现了赛格德孔院推进应用型汉语教学的新思路。根据酒店工作特点，赛格德孔院派出优秀志愿者对该酒店的经理及高级主管进行针对性很强的小班教学。在教授汉语基础知识的同时，增加了中国文化和商务汉语等内容。语音教学结束后，学员可以做简单的自我介绍和日常问候。通过文化介绍活动，学员还了解了中国饮食、礼仪以及一些建筑和宗教方面的知识，酒店教学工作进展得非常顺利。Kodolányi János University 大学布达佩斯校区开设的汉语教学点则体现了赛格德孔院稳扎稳打的发展方式。汉语志愿者担任该学校的汉语教学工作。教学由语言和文化两部分组成，还穿插孔子学院奖学金等讲座活动。教学工作开展很好，汉语课人数也在不断增加②。

2013 年 2 月 21 日，赛格德大学孔子学院在赛格德市举办了中国院校庆祝会。孔子学院准备了猜灯谜、做元宵、写书法、穿戴中国传

---

①　赛格德大学孔子学院相关信息主要源自孔子学院总部/国家汉办官网：http://www. hanban. edu. cn/，2016 年 9 月 6 日。

②　非常教育网：《金秋喜迎新发展——匈牙利赛格德大学孔子学院新教学点启动》，http://www. veryedu. com/jiaoxuedianjieshao/20160324/2382. html，2016 年 9 月 6 日。

统新郎新娘礼服、品尝中国特色食品等富有元宵节特色的活动，庆祝会得到了匈牙利方面的大力支持。此次活动使匈牙利民众获得了难忘的文化体验，使他们深入了解了中国的民俗文化，也使在匈华人深切感受到了祖国的温暖。

2013 年 11 月 8 日，赛格德大学孔子学院受 Karolina 中学的邀请，为该校住宿生举办了长达三个多小时的中国文化活动。赛格德大学孔子学院外方院长辛莉薇女士介绍了中国和中国丰富的文化，之后孔院老师、志愿者及外方助手带领学生们进行了画脸谱、剪纸、书法和踢毽子活动。此次活动为孔院在该校的持续发展打下了良好的基础，为传播中国文化做出了巨大的贡献。

2014 年 3 月 28 日，赛格德大学孔子学院为赛格德市内的 Deák Ferenc 双语学校举办了中国书法、书画体验活动。孔院教师介绍了中国书画史，教授了大熊猫和荷花等国画的绘画方法，指导了用毛笔书写汉字的技巧。本次活动旨在让更多的学生了解汉语课信息，宣传赛格德大学孔子学院和扩大孔院在当地社会的影响力。

2014 年 4 月 10 日，书法家杨建文教授夫妇为赛格德大学孔子学院开展了题为"中国传统书法和西方现代绘画"的讲座。本次讲座向西方人民介绍了中国悠久的书法艺术和博大精深的中华文化。2014 年 4 月 15 日，布达佩斯市的酒店汉语教学点教学课程全面展开，文化活动也日趋丰富。课程不仅介绍中国文化常识或社会现状，而且每周开展一次文化讲座或体验活动，使学生们更加全面深刻地了解和学习中华文化。

2014 年 8 月 25 日，赛格德大学孔子学院中方院长张雪梅教授和外方院长辛莉薇女士，参加了 2014 年匈牙利巴拉斯学院年度大会暨匈语教学 30 年纪念会。纪念会主要研讨了匈牙利汉语教学遇到的主要问题，这次交流会极大推进两国语言文化领域中的信息交流和合作，促进了孔子学院在全球的快速发展。

2014 年 9 月 4 日，赛格德孔子学院举办了庆中秋系列活动。孔院院长用匈牙利语介绍了中秋节的起源、习俗和月饼制作等内容。志愿者老师通过演唱中国歌曲、表演茶艺、和学生们做游戏等活动,旨在与学生分享中秋佳节的美好祝愿,让他们深入体验中秋节的文化习俗,激发当地人的汉语学习兴趣,增进中、匈两国人民的友谊。

2014 年 10 月 8 日,赛格德大学孔子学院在学院大楼的中央大厅举行了"中国结"活动,活动参加者十分踊跃。孔院中外方院长、教师、志愿者和其他工作人员参加了这次活动。这一活动旨在通过向匈方学生和赛格德市民传授"中国结"的编制方法,借此增进他们对中国的了解,激发对中国文化的兴趣。

2014 年 12 月 16 日,匈牙利赛格德大学孔子学院精心打造的"孔院茶馆"(Konfucius Teaház)正式启动。此次活动旨在近距离地向赛格德市民提供有关中国茶文化方面的沟通渠道,满足他们对中国文化的精神需求。2015 年 1 月 27 日,匈牙利前驻华大使库邵伊·山道尔做客赛格德大学"孔院茶馆",以"中国梦—中国的未来"为题发表了演讲,并与学生、教师和赛格德市民品茗交流,生动地讲述了中国的发展与变化。"孔院茶馆"加强了赛格德市民对中国文化的认识。

2015 年 1 月 16—29 日,匈牙利赛格德大学孔子学院先后举办了四场"中国日"系列文化活动,共吸引 1000 多位匈牙利学生、教师和学校工作人员参加。为期半个月的活动,使学生欣赏了丰富多彩的中国文化展示。

2015 年 2 月 15 日,赛格德大学孔子学院在赛格德市奥古拉文化宫举行了一场别开生面的迎春文化活动,有 500 多名市民参与其中。市民们在活动中学习了中国书法,学习了使用筷子,并欣赏了太极拳表演。此次活动使匈牙利人民对中国传统的春节文化有了更加深入的了解。

2015 年 4 月 16 日,匈牙利对外经济与外交部部长西雅多·彼得(Szijjarto Peter)做客赛格德大学孔子学院茶馆,活动由匈方院长李察德主持,孔院理事长乌伊海伊·伊什特万参加了活动。外长表示,中国"一带一路"倡议的开展为匈牙利提供了机会,为双方进一步开展对话合作提供了良好的契机。

2015 年 5 月 9 日，赛格德大学孔子学院在卡罗丽娜中学和小学举行了"中国日"文化活动。赛格德咏春拳社的当地武术选手表演了太极扇、咏春拳等节目。还举行了书法、汉语课堂、中国剪纸、中国传统服饰、踢毽子、画脸谱和嬉水等文化活动。这次活动使卡罗丽娜学校的师生对中国文化产生了浓厚的兴趣，为第二年赛格德大学孔子学院开设汉语教学点做了很好的准备。2015 年 5 月 31 日是匈牙利"儿童节"，赛格德大学孔子学院与赛格德动物园合作举行了"熊猫节"大型文化活动，大批市民带着孩子前去动物园参加，这次活动在赛格德掀起了一股熊猫热潮。

2015 年 6 月 24 日，匈牙利著名翻译家古兰做客赛格德大学孔子学院茶馆，她讲述了自己亲身经历的中国半个世纪以来的巨大变化。还回答了听众们的各种提问，帮助当地人民更深刻地了解和认识中国。2015 年 9 月 28 日，北京外国语大学三巡艺术团应匈牙利赛格德大学孔子学院的邀请，参加了孔院日、孔院茶馆、中秋和国庆庆祝活动。艺术团表演了包括民乐、舞蹈、武术、歌曲、相声等精彩节目，演出不仅使当地民众感受了中华文化，也使孔子学院的影响力进一步提升。

2015 年 11 月 23 日、25 日，上海大学美术学院张长虹教授应邀到赛格德大学孔子学院讲学。匈牙利著名汉学家古兰女士、罗兰大学书法系教授也参加了讲座。本次讲座使听众们深刻体验了中国书法和绘画的魅力，也让越来越多的匈牙利人了解中国。

2016 年 3 月 5 日，匈牙利赛格德大学孔子学院参加了当地乌特维希中学（Eötvös High School）开放日活动。舞蹈、民乐、京剧等一系列颇具中国特色的活动，促进了当地学生对中国文化的了解，巩固了孔子学院与合作院校的良好关系，为孔子学院未来的发展打下良好基础。

2016 年 4 月 8 日，匈牙利孔子学院院长论坛在赛格德大学孔子学院落下帷幕，罗兰大学孔子学院、赛格德大学孔子学院、米什科尔茨大学孔子学院和佩奇大学中医孔子学院的中外方院长率部分孔院教师参加了论坛。此次论坛由开幕式、中国文化讲座、讨论会等环节组成，并达成了资源共享，保持良好的合作关系和共同发展势头，共同推进匈牙利汉语教学事业的共识。

2016 年 9 月 3 日，赛格德大学孔子学院全体工作人员、教师以及各教学点的学生参加了在蒂萨河畔举行的匈牙利赛格德"国际鱼汤节"。"鱼汤节"是赛格德一年一度的传统节日。孔子学院在当地美食的基础上加入中国元素，烹制了酸菜鱼汤等特色菜品，既帮助孔院教师更好地了解了匈牙利的风土人情，也使当地民众直观体验了中国的饮食文化。

三　米什科尔茨大学孔子学院的汉语教学①

所在城市：米什科尔茨

承办机构：米什科尔茨大学

合作机构：北京化工大学

启动时间：2013 年 4 月 25 日

米什科尔茨大学位于匈牙利北部的米什科尔茨市。学校最初于 1735 年由奥匈帝国维也纳宫廷建立，是一所综合性大学，距今有 280 多年的历史。米什科尔茨大学现在已经发展成为匈牙利最大的地区性院校之一，是匈牙利唯一具有理想自然环境和较大校园的学校，而且也是匈牙利东北部影响力最大的大学。米什科尔茨大学现有学生 15000 多人，教职员工 1000 多人。米什科尔茨大学的目标是为学生们传授丰富的知识，对当今经济需求担起责任且做出弹性的反应，并直接参与国家经济发展。

米什科尔茨大学早在 2011 年 11 月就与罗兰大学孔子学院达成协议，从次年春季学期起为该校提供汉语老师 1 名。当时，米什科尔茨

---

① 米什科尔茨大学孔子学院相关信息主要源自孔子学院总部/国家汉办官网：http：//www.hanban.edu.cn/，2016 年 9 月 8 日。

大学开设了第一期汉语选修课，学习汉语的学生有 60 多人。2012 年 4 月 23 日，米什科尔茨大学中国中心的成立，翻开了匈牙利汉语教学的崭新一页。2013 年 4 月 25 日，米什科尔茨大学孔子学院成立。2013 年秋季学期，在此接受汉语培训的匈牙利学生达到 86 人，包括 54 名米大学生、7 名米大教职工、16 名米什科尔茨地区中学学生，以及 9 名万华—博苏公司员工①。2014 年该孔院有汉语教师 2 名、汉语教学志愿者 3 名、秘书 1 名。孔子学院已按计划开展了多层次多类型的教学工作。孔子学院的建立，为中国企业在当地扎根，以及促进学校学科间更好的交流和发展奠定了坚实的基础。

2014 年 11 月 13 日，米什科尔茨大学孔子学院举办了中医养生系列的讲座活动，活动对象面向米什科尔茨全体市民。布达佩斯于氏诊所的中医师陈雪松医生作了题为"藏在时间中的秘密"的演讲，并现场让市民体验中国的针灸和按摩。全然不同的健康理念，激发了匈牙利人民对中医的兴趣。

2014 年 12 月 12 日，米什科尔茨大学孔子学院举行 2014 学年结业典礼。各级优秀学生代表上台发言，并展示自己本学期的汉语学习成果，分享学习经验。米大孔院向通过期末考试的学员颁发了米大孔院的证书；孔院还设立了优秀学生奖、全勤奖和积极参与文化活动奖，以此表彰本学年表现出色的学员。这些优秀学员都获得了含有中国元素的精美奖品。

2015 年 1 月 12 日，为鼓励学生积极学习汉语，米什科尔茨大学孔子学院教学点 Selyemréti Általános Iskola 小学为该校 6 名汉语学生颁发汉语学习证书。Selyemréti Általános Iskola 小学于 2014 年 2 月开设汉语课程，到 2015 年 1 月，学生人数共达 16 人。学生们对汉语学习表示了极大的热情和兴趣。

2015 年 2 月 4 日，匈牙利米什科尔茨市 Selyemréti Általános Iskola

---

① 北京外国语大学孔子学院工作处：《匈牙利米什科尔茨大学中国中心成立》，https：//oci. bf-su. edu. cn/archives/1906，2016 年 9 月 10 日。

小学举行"中国日"活动。米什科尔茨大学孔子学院中方院长朱晓苑、外方院长李文泰率全体汉语教师为孩子们带来了一些中国文化体验活动，比如穿旗袍、编中国结、书法展示等，很多师生参加了活动。此次活动增进了匈牙利人民对中国文化的了解。

2015 年 2 月 11 日，匈牙利米什科尔茨大学孔子学院迪欧斯多蒂高中教学点正式开课。老师与学生共同探讨了他们眼中的中国和中国的四大发明等。目前虽然汉语课仅仅作为兴趣班开办，但是迪欧斯多蒂高中校长表示，在不久的将来，汉语课会成为该校外语课程体系中重要的一部分。2015 年 3 月 12 日，米什科尔茨大学在校内举办留学咨询会，中国留学咨询台别具一格，很快就吸引了米什科尔茨大学孔子学院的同学，为留学咨询会带去了"中国色彩"。2016 年 3 月 17 日，米什科尔茨大学孔子学院第二次应邀参加该校举办的留学咨询会。米什科尔茨大学孔院宣读了孔子学院奖学金并且推广北京夏令营的活动推介，同时中方院长朱晓苑介绍了孔子学院成立两年多以来为该大学和当地民众带来的汉语和中国文化，并且鼓励大家赴华留学。

2015 年 3 月 19 日，米什科尔茨大学孔子学院在该市的美术馆举办了由陈雪松医生主讲的面向全体市民的"春季养生"中医讲座。活动当天，有数百名市民来到美术馆聆听讲座，陈医生现场和市民互动交流，解决问题。市民们表示讲座非常有意义，并且愿意尝试中国的养生方法。2015 年 4 月 29 日，米什科尔茨大学孔子学院举办了中匈商务讲座，赛格德大学孔子学院外方院长李查德受邀担任主讲人，他以"怎样和外国人做生意"为主题展开介绍中匈关系，并且从多方面给学生提出了很多建议。学生们表示了有朝一日要和中国开展经贸合作的愿望。

2015 年 5 月 18—19 日，米什科尔茨大学孔子学院在米什科尔茨市 Selyemréti Általános Iskola 小学举行了为期两日的"汉语日"系列文化活动。学书法、编中国结，观看茶艺表演、品尝饺子、看中国电影等中国文化体验活动极大提高了孩子们对中国文化的兴趣。

2015 年 6 月 10 日，米什科尔茨大学孔子学院教学点圣玛艾瑞蒂小学举行 2015 学年春季学期结业典礼，各级优秀学生代表上台发言，并展示自己本学期的汉语学习成果，分享学习经验。朱院长用中文和小朋友们交流，学生们都很开心，表示会一直坚持学习汉语。2015 年 6 月 12 日，米什科尔茨大学孔子学院迪欧斯多蒂中学教学点举行了 2015 学年春季学期结业典礼暨首次"中国日"活动。每个成绩合格的学生都拿到了证书，其中有两名学生参加了米什科尔茨大学孔子学院当年暑假的汉语夏令营活动。"中国日"活动现场充满了浓浓的中国气息。2015 年 9 月 25 日，为庆祝第二届"全球孔子学院日"和米什科尔茨大学孔子学院成立两周年纪念日，米什科尔茨大学举办了丰富的中国文化活动，和当地民众一起庆祝。北京外国语大学艺术团献上了精彩的演出，吸引了当地众多市民前来参加。此次活动旨在使更多匈牙利人了解和喜欢中国。

2015 年 10 月 25 日，米什科尔茨大学孔子学院受邀参与并协办"匈牙利中医立法细则颁布暨第三届匈牙利中医药文化节"活动。文化节开展了丰富的文化活动。近年来中医在匈牙利发展迅速，2015 年 3 月以中医为主题的孔子学院在匈牙利佩奇市成立。米什科尔茨大学孔子学院十分重视对中医的宣传推广，已分别于 2014 年、2015 年举办过两场中医文化讲座，并在当地引起强烈反响。

2015 年 10 月 28 日，米什科尔茨大学孔子学院举办书法文化体验活动。学生在老师指导下，学习握毛笔方法，并从横竖撇捺等基本笔画练起，非常认真。学生们非常喜欢中国的这项传统文化。2015 年 11 月 17 日，米什科尔茨大学孔子学院在滋瑞尼中学教学点举办汉语公开课，老师声情并茂的讲课吸引了许多学生和家长，这一次公开课意义很大，起到了强烈的宣传效果，使越来越多的匈牙利人了解了汉语和中国。

2015 年 11 月 20 日，米什科尔茨大学孔子学院在迪欧斯多蒂中学举办了一场中国文化体验活动，近百名师生参与了此次活动。孔院教师在当天的活动中设置了中国结、笛子、书法和美食等文化体验项目。迪欧斯多蒂中学的校长也参加了当日的活动。2015 年 11 月 24 日，米什科尔茨大学孔子学院在 Selyemréti Általános Iskola 小学教学点举行了一场中国游艺活动。根据小学生活泼好动的特点，孔院教师安排了接乒乓球、用吸管传递乒乓球、踢毽子等具有中国特色的游戏。2015 年 11 月 24 日，米什科尔茨大学孔子学院在米什科尔茨大学校内举办"中国日"文化活动。2015 年 12 月 3—4 日，米什科尔茨大学举行校园开放日活动，"开放日"是米什科尔茨大学针对高中毕业生举办的活动，帮助当地学生了解大学的各个专业。2016 年 2 月 13 日，为了庆祝中国春节，匈牙利米什科尔茨大学孔子学院举办了新春音乐会。2016 年 3 月 8 日，匈牙利米什科尔茨大学孔子学院 Selyemréti Általános Iskola 小学教学点举行"中国猴年"绘画比赛颁奖仪式。2016 年 3 月 21—23 日，米什科尔茨市迪欧斯多蒂中学举办学生活动周，该教学点于 2015 年 2 月设立。这些活动极大提高了学生对汉语和中国文化的兴趣，使更多的学生了解中国、学习汉语。

2015 年 12 月 14 日，米什科尔茨大学孔子学院举办表彰大会暨秋季学期结业仪式，近 30 名孔子学院师生参加此次活动。孔子学院外方院长李文泰在致辞中对孔院本学期的教学工作表示肯定，并且赞扬学生的出色表现。老师们互相分享经历见闻，学生们听得津津有味，并表现出对中国的向往，很多学生希望到中国旅游或工作。

2016 年 4 月 28 日，米什科尔茨大学孔子学院在该市的艺术宫咖啡馆举办"裴多菲在中国"文学讲座，介绍裴多菲诗作在中国的传播，以及不同阶段裴多菲作品译本的对比。讲座由上海译文出版社前社长孙东平主讲，他给听众展示了很多珍贵照片资料，使听众大饱眼福。他还无偿捐赠了整套《裴多菲诗集》给孔子学院。

2016 年 5 月 5 日，米什科尔茨大学孔子学院举办了一场中国佛学讲座，罗兰大学中文系主任、罗兰大学孔子学院外方院长郝清新担任主讲，郝院长旁征博引的讲述使得听众受益匪浅，有近百名大学生到场聆听。

2016 年 4 月中旬至 5 月中旬，米什科尔茨大学孔子学院在下设教学点举办为期一个月的"一带一路、丝绸之路"照片展。展览在滋瑞尼中学和迪欧斯多蒂中学举行，图片展分概况、商品交流、文化交流、宗教交流、张骞的故事、丝绸之路申报世界文化遗产和丝绸之路旅游七个部分。中国悠久的历史极大地吸引了学生的兴趣。

2016 年 5 月 30 日，米什科尔茨大学孔子学院举办了中医讲座。此次讲座面向米什科尔茨的专业医生，由精通中西医的高碧女士担任主讲。讲座的内容由以往浅显易懂的治疗理念上升至专业的学术层面，听众热心的提问，她都一一给予耐心解答。此次讲座既使当地人们了解了中医，也提高了他们对中国传统文化的兴趣。2016 年 9 月 2 日，米什科尔茨大学孔子学院举行孔子像落成仪式。

四　佩奇大学中医孔子学院的汉语教学①

所在城市：佩奇

承办机构：佩奇大学

合作机构：华北理工大学

启动时间：2014 年 8 月 27 日

佩奇大学中医孔子学院是中东欧第一所中医孔子学院。2015 年 3 月 27 日，佩奇大学中医孔子学院举行了揭牌仪式，匈牙利副国务秘书 Zoltan Maruzsa 代表匈牙利政府讲话。为进一步促进两国间文化和科技的交流，中东欧国家第一所以中医为特色的孔子学院在匈牙利最古老的大学揭牌运营，这将为两国人文交流注入新的活力。

河北联合大学是佩奇大学中医孔子学院的合作单位。该校与匈牙利大学、匈牙利中医界的合作由来已久，其下属中医学院先后与佩奇大学、德布勒森大学、各类中医学会、当地药厂等建立了多年合作关

---

① 佩奇大学中医孔子学院信息主要来源于孔子学院总部/国家汉办官网：http://www.hanban.edu.cn/，2016 年 9 月 12 日。

系。中医学院许多老师都曾在匈牙利学习、工作过。被派往佩奇大学中医孔子学院的教师一般具有留洋背景，能全英文授课，经验丰富。这些教师在孔子学院除了授课外，还需要承担合作开展科研活动的任务。河北联合大学邱昌龙博士，有二十年的行医经验，作为中医专业教师被派往佩奇大学。他表示，与匈牙利的合作已经有很长的时间。从 2004 年中、匈医学论坛开始，双方每年都进行互访、互派教师培训。到孔院工作，前期要跟佩奇大学医学院专家就有关糖脂代谢病、内分泌等疾病的中医药开发、治疗机制等项目等进行研究。匈牙利普通民众及官方机构对中医已有广泛认知，但要想真正将中医保健知识融入匈牙利乃至欧洲人民的日常生活中，要想对外推广中医，就必须与西方医学进行融合，仍有很长一段路要走①。佩奇大学中医孔子学院成立以来的主要活动是中国文化推广和中西医学术交流，体现了该孔院鲜明的个体特色。

　　2015 年 6 月 22 日至 7 月 3 日，佩奇大学中医孔子学院首次举办中国文化夏令营。夏令营主要面向 6 岁至 11 岁的学生，共分 2 期，活动内容围绕中国文化展开，包括汉语体验课、太极、剪纸、气功、学做风筝、游戏和其他健身活动等。经过一周的时间，孩子们从零起点开始学会了日常问候、介绍家庭成员、使用 1—10 的数字、辨别颜色、学唱汉语歌等。夏令营最后一天的开放活动，也邀请家长参加，并为孩子们颁发了中外方院长亲笔签名的孔院夏令营证书。

　　2015 年 8 月 24 日，佩奇大学中医孔子学院举行了孔子雕像揭幕仪式，孔子雕像捐助方华北理工大学党委书记张玉柱与佩奇大学校长 Jozsef Bodis 共同为孔子雕像揭幕。孔子雕像揭幕仪式进一步彰显了孔院传播中国语言文化、构建和谐世界的理念，对孔院起到了宣传作用。仪式结束后，张玉柱和 Jozsef Bodis 分别代表各自高校签署了合作协议，听取了孔院中外方院长的工作报告，并就双方高校如何利用孔院

---

① 新浪新闻：《记佩奇大学孔子学院里的中医使者》，http：//news. sina. com. cn/o/2015 - 03 - 30/215731662138. shtml，2016 年 9 月 15 日。

平台进一步促进双方高校多领域合作进行了深入的协商。

2015 年 9 月 26—27 日，佩奇大学中医孔子学院与佩奇市合作举办第二届"孔子学院日"暨中秋节庆祝活动。孔子学院中外方院长介绍了孔子的思想和孔子学院的发展情况，并欢迎更多匈牙利民众来孔子学院学习汉语，体验中国文化。中国民族舞蹈、歌唱、书法、功夫，中国结、摄影展等活动的举办，吸引更多佩奇大学生的参与，也让更多市民对中国文化产生了兴趣。

2015 年 10 月 14—26 日，佩奇大学中医孔子学院组织 26 名匈牙利医生组成代表团赴华北理工大学参加第七届中匈医学论坛。双方专家学者分别就中西方针灸疗法、中西医治疗肾病糖尿病、脉络学说指导血管病变防治等主题做了学术报告，华北理工大学还为专家团举办了中医讲座和技术培训活动，中医专业学生展示了少林武术、太极剑、太极扇和易筋经等中华传统武术和中医养生功法。此次活动让匈牙利代表团体验了中医的神奇疗效，促进了中医文化在匈牙利的推广，以及中、匈之间中医领域的学术交流。

2016 年 2 月 6 日，佩奇大学中医孔子学院和中国驻匈牙利大使馆携手当地华人举办"欢乐春节"文艺演出。孔子学院举办了春节庙会活动，中国剪纸、京剧脸谱绘画、中国书法、灯笼制作、中国结编织、筷子体验和踢毽子等中国文化活动，吸引了众多当地民众参与。内蒙古艺术团带来的富有民族特色的节目让观众充分体会了中国文化的魅力。2016 年 2 月 9 日，匈牙利佩奇大学中医孔子学院举办了一场别开生面的春节联欢活动，孔子学院师生和家长 60 余人欢聚一堂，共庆中国农历新年。孔子学院中方院长毛红向大家介绍了春节的历史、习俗和饮食文化，使匈牙利民众更深入地了解中国传统节日的意义。

2016 年 3 月 25 日，佩奇大学中医孔子学院举行了孔院成立一周年庆祝仪式。中国驻匈牙利大使段洁龙表示，中医药在保障人民身体健康和高质量生活方面发挥着很大的作用，要让中医走向国际、走向世界。佩奇大学副校长 Gyula Berke 指出佩奇大学中医孔子学院的工作一定能令中、匈两国之间的科技和文化合作关系更加紧密。

2015 年 5 月 5 日，佩奇大学中医孔子学院赴匈牙利松博海伊市（Szombathely）举办中医文化活动。松博海伊市长 Puskás Tivadar 发表致辞。通过主题为"中国传统医学"的讲座和太极等中国特色节目，使当地民众对中医有了进一步的了解，促进了松博海伊市与佩奇大学中医孔子学院的联系，扩大了中、匈两国在医学以及语言文化领域的交流。

2015 年 5 月 21 日，佩奇大学中医孔子学院举办了匈牙利四所孔院的院长论坛，各孔院的中外方院长就孔院发展等问题展开交流。会议由佩奇大学中医孔子学院外方院长 Jozsef Betlehem 主持，此次论坛就各孔院如何开展汉语教学和文化活动，以及如何建立有效的孔院管理机制方面的问题进行了交流，吸引众多学者参与。论坛结束后，佩奇大学中医孔子学院举办了中国文化系列讲座之《佛教中东西方思想的交汇》，进一步加强了中西的交流。

2015 年 9 月 11 日，佩奇中医孔子学院举办了"中国文化之儒家思想"的系列讲座。主讲人为佩奇大学亚洲中心教授、83 岁高龄的著名汉学家巴尔迪·拉斯洛先生。佩奇市市长、佩奇中医孔子学院中外方院长参加讲座。巴尔迪·拉斯洛先生举办关于中国文化的讲座，满足了匈牙利听众了解孔子和中国文化的渴望，启发了现场听众对儒家思想和中国文化的思考。

2015 年 10 月 29 日，匈牙利国家人力资源部举办了"中医药继承和创新"研讨会，此次会议由匈牙利中欧中医药学会和佩奇大学中医孔子学院协办。会议在中匈合作的前景、中医药在匈牙利实践培训的可能性、中医药在匈牙利实践的发展和创新以及中匈联合研发中医药等内容上进行了深入探讨，这标志着中医药在匈牙利的传播进入了一个崭新的阶段，同时对于中、匈两国未来在中医药科技学术领域的交流、中医药在匈牙利的教育与实践，以及中国传统医学在匈牙利和中东欧的传播具有重要意义。

2015 年 11 月 26 日，佩奇大学中医孔子学院举办中医主题文化活动，匈牙利针灸协会主席、佩奇大学中医孔子学院理事海吉·高伯瑞拉（Hegyi Gabriella）女士应邀做了题为"中医学与欧洲循证医学体系"的讲座。讲座深入浅出地探讨了中医学辨证论治诊疗方法和技术、现代医学对中医汤药及针灸的作用机制，阐释了中医学在欧洲医学体系下的传播，中医与西医结合情况，讲座使听讲者更深入地了解了中医学的魅力。

2015 年 12 月 12 日，佩奇大学中医孔子学院到访当地著名的奥巴佐伊教育与文化中心（The Apázai General Educational and Cultural Centre），孔院教师向学生们介绍孔院的各类汉语语言和文化项目。孔院外方院长 Jozsef Betlehem 和中方院长毛红通过宣讲，学生们对孔院有了初步的了解和认识，并表达了他们对汉语和中国文化的浓厚兴趣。

2016 年 1 月 29 日，佩奇大学中医孔子学院中医教师邱昌龙副教授应邀参加中国驻匈牙利使馆举办的读书会活动，中国驻匈牙利使馆工作人员 30 余人参加了本次活动。讲座从养生基本概念，拓展到中医学的"人体观、治疗观以及治未病"的重要思想，以及中医养生的平衡阴阳、顺应自然、四季养生、体质养生等基本理念，使在场观众了解了生活常见的养生误区和中医调养脾胃的重要性。

2016 年 2 月 25 日，佩奇大学中医孔子学院邀请了曾获得匈牙利布达佩斯电视台成就奖、具有多年新闻媒体从业经验的亚诺什·福赛什先生做了题为"从白宫到万里长城——中美建交历史回顾"的讲座。亚诺什先生通过大量的史料和珍贵的图片，生动地展现了 45 年前中美建交的历史背景、"乒乓外交"的影响、建交历程和意义，使观众认识到中美之间良好的国际关系对世界政治、经济、文化发展的重要影响。

2016 年 4 月 5 日，佩奇大学中医孔子学院举办了介绍中国太极——陈氏太极拳的讲座。佩奇陈氏太极拳社团教师 Egry Tibor 从太极拳的起源到陈式太极流派的形成、发展传承，系统介绍了陈式太极拳的历史沿革，得出太极拳离不开中医理论的指导、同属中国传统文化结晶的结论，让观众感受到了中国传统文化的博大精深和源远流长。

2016 年 5 月 12 日，佩奇大学中医孔子学院邀请匈牙利东方国药集团总经理王帆博士做了题为"中匈草药的高效结合与人类健康"的讲座。讲座通过当前复杂的生态环境下人类健康问题日益凸显等现象，公布了针对匈牙利人做的健康调查，提醒人们对健康问题的重视，以及使用草药的益处。

2016 年 7 月 1 日，佩奇大学中医孔子学院举办的小学生暑期中国文化夏令营落下帷幕，孔院为学生们举行了结业典礼。学生们用匈牙利语向家长们介绍了中国的地理概况、名胜古迹等，并用汉语进行了自我介绍，演唱了中文歌曲《幸福拍手歌》。最后，汉语教师为每位学生颁发了结业证书。

2016 年 9 月 12 日，佩奇大学中医孔子学院在该市具有 200 年历史的古老画廊 House of Arts and Literature 举办"艺术纸本"主题画展。此次画展由孔子学院与华北理工大学合作举办，他们希望通过此次画展，促进两校绘画艺术交流，加强两校之间的艺术合作。此次展览的作品包括三大类，有山水画、花鸟画、人物画等传统中国画作品，是近年来首次在当地举办的中国画家中西绘画风格作品展，引起了人们对中国绘画艺术欣赏的兴趣。

五　博雅伊中学孔子课堂的汉语教学

所在城市：布达佩斯

承办机构：博雅伊中学

协议签署时间：2009 年 9 月 30 日

启动运行时间：2009 年 9 月 30 日

六　中匈双语学校孔子课堂的汉语教学

所在城市：布达佩斯

承办机构：中匈双语学校

协议签署时间：2010 年 10 月 24 日

启动运行时间：2010 年 10 月 24 日

2011 年 6 月 16 日，在匈牙利首都布达佩斯，中国国家汉办主任、孔子学院总部总干事许琳和匈牙利外交部亚太司司长塞尔道海伊·伊什特万为中匈双语学校孔子课堂揭幕。中匈双语学校孔子课堂成立后，举行了大量的活动宣传推广汉语和中国文化。2014 年 1 月 30 日，中匈双语学校师生及家长欢聚礼堂共庆中国农历新年的到来，学生精彩纷呈的汉语节目表演，表达了对 2014 年的期盼及对中国新年的祝福，进一步加强了中匈两国人民的友谊。2015 年 2 月 17 日，中匈双语学校孔子课堂欢庆羊年新春，肖千大使、教育组负责人李新华、匈牙利国会议员等政府官员致辞讲话和学校 400 多名师生家长联欢，共庆新春佳节。学校师生为大家奉献了精心准备的文娱节目，此举在两国教育合作交流中发挥了重要作用。2015 年 3 月 7 日，中匈双语学校孔子课堂与博物馆合作举办了"中国日"活动。中国歌曲、功夫、舞蹈、舞狮表演、精彩的互动环节，参观博物馆等活动让孩子们更切实地感受中国文化的魅力，推动了汉语事业在海外的推广与传播。2015 年 5 月 15 日，中匈双语学校孔子课堂举行第五届中文朗读比赛决赛，共 54 名选手参加。最终丽丽夺得低年级组第一名，童满获得高年级组第二名。2016 年 2 月 5 日，中国驻匈牙利大使段洁龙和教育处负责人吴华与中匈双语学校孔子课堂的师生们欢聚一堂，共迎猴年新春。中华文化在匈牙利大受欢迎。

七　中匈双语学校的汉语教学

2003 年，匈牙利前总理迈杰希访华时提议建立中匈双语学校，2004 年 6 月，中国国家主席胡锦涛访问匈牙利期间，中匈两国签署了关于建立中匈双语学校的备忘录。2004 年匈牙利汉语教学进入一个新阶段，中匈双语学校成立。这是目前匈牙利乃至欧洲唯一一所同时采用汉语和所在国语言进行授课的公立学校，该校旨在为华裔子女及匈牙利儿童提供一个学习汉语的平台。2004 年 9 月 2 日中国—匈牙利双语学校在布达佩斯举行了开学典礼。当时有 100 多名学生，中国学生有 90 人，匈牙利学生十几人。学校现设 4 个年级，分 6 个班。有 10 名匈牙利教师和 7 名中国教师任教。学校实行全日制教学，每周 8 节匈语课、5 节汉语课、3 节英语课及其他辅助课程①。经过 10 年的发展，到 2014 年已发展到 8 个年级 13 个班，在籍学生 320 名。学校有教师 31 人，设有匈语、中文、数学、自然、英语、物理、化学、计算机、音乐、体育、绘画等课程。匈语授课时间占 65％，汉语授课时间占 35％②。2016 年，中匈双语学校又取得新进展，匈牙利政府提供 250 万欧元作为学校扩展翻修费用，这将为双语学校的汉语教学提供更加良好的教学环境。从 2016 年 9 月开始，学校扩建成中学，招收 9—12 年级的中学生。这样中匈双语学校从 8 年的小学制变为 12 年的中学制。这是汉语进入匈牙利初等和中等国民教育体系的重要标志，具有十分重要的历史性意义。

八　普通中小学的汉语教学

匈牙利的汉语教学虽然起步于高等学校，但是目前中小学汉语教学的开展状况良好。博雅伊中学孔子课堂于 2009 年 9 月启动运行，中匈双语孔子课堂于 2010 年 10 月启动运行。孔子课堂的开设为中小学生学习汉语提供了便利。除此之外，莫达祺中学、托卡伊弗伦茨中学、路德中学、芬尼·久拉耶稣会中学、Jezsuita Gimnaziumes Kollegium 中学、佩奇马切卡伊小学等都开设了汉语课程。2013 年，仅成立一年的赛格德大学孔子学院就在 3 所小学和 3 所中学开设了汉语课。

匈牙利中小学汉语教学的良好开展离不开丰富多样的文化活动、

---

① 中国驻匈牙利大使馆经济商务参赞处：《对外投资合作国别（地区）指南——匈牙利》，商务部 2015 年发布，http：//fec. mofcom. gov. cn/article/gbdqzn/，2016 年 9 月 3 日。

② 新华网：《布达佩斯匈中双语学校庆祝建校十周年》，http：//news. xinhuanet. com/world/2014 -09/06/c_ 1112387402. htm，2016 年 9 月 3 日。

汉语课程和汉语比赛的进行。2010年至今，匈牙利每年不间断举办中学生汉语比赛活动。2010年5月14日，中匈双语学校举行了第三届"汉语桥"世界中学生中文比赛匈牙利赛区预选赛。2012年6月13日，罗兰大学孔子学院在布达佩斯莫达祺中学举行了以"快乐汉语，健康成长"为主题的第五届"汉语桥"世界中学生中文比赛。2014年5月9日，第十三届"汉语桥"世界大学生中文比赛匈牙利预赛在布达佩斯戈多拉尼学院举行。2014年5月16日，罗兰大学孔院承办了第七届"汉语桥"世界中学生中文比赛匈牙利赛区的预赛，比赛在布达佩斯路德中学举办。2015年9月11日，第八届"汉语桥"世界中学生中文比赛匈牙利预赛在布达佩斯中匈双语学校举行，选手们各展其能，表达自己对汉字和中国文化的理解。2016年5月6日，第十五届"汉语桥"世界大学生中文比赛匈牙利预赛在米什科尔茨大学举行。此次比赛由米什科尔茨大学孔子学院承办、罗兰大学孔子学院协办。13名参赛选手围绕"梦想点亮未来"的主题展开了精彩的汉语比拼。这些活动的举行不仅很好地宣传了中国文化，也极大提高了匈牙利中学生对汉语的热情和兴趣。

2016年，汉语已经纳入托卡伊弗伦茨中学的学分课程，该校9年级至12年级共设6个汉语班，有30多名学生在学习汉语。目前，匈牙利开设汉语的中小学越来越多，学习汉语的人数也逐年增加。2016年9月，中匈双语学校扩建成中学，于是该学校从8年的小学制变为12年的中学制。这标志着汉语进入匈牙利的初等和中等国民教育体系，是匈牙利汉语教学史上具有重要历史性意义的事件。

第四节　汉语师资、教材及教法

一　师资状况

中国和匈牙利虽相距遥远，但是友谊源远流长。匈牙利是世界上最早承认新中国的国家之一。20 世纪 50 年代中匈建交后，就有一批匈牙利青年来到中国学习汉语，如高恩德、尤山度、戴伯纳等，他们后来成为匈牙利有名的汉学家。回国后为汉语的推广、汉语师资队伍的扩大和匈牙利的汉语教学做出了巨大贡献。匈牙利汉语教学深厚的历史基础、汉学家的殚精竭虑、官方的重视等多种综合因素使匈牙利的汉语教学工作推广得很好，学习汉语的人数越来越多，师资队伍也越来越壮大，中国和匈牙利的合作也越来越多。2013 年，教育部和匈牙利人力资源部签署了 2013—2015 年的教育合作协议。除了增加来华学习汉语的留学生人数外，还增派到匈牙利的汉语教师和志愿者人数。2004 年至 2013 年，我国共向匈派出 15 名国家公派汉语教师。2005 年至 2013 年，我国共向匈派遣志愿者教师 33 名。2003 年至 2013 年，我国向匈赠送中文图书及音像制品共计 21151 册（套）。中匈双语学校成立于 2004 年，是欧洲唯一同时使用驻在国语言和汉语教学的公立学校，也是中匈友谊的象征。2013 年该校已由建校之初的 4 个年级 87 名学生，发展至 8 个年级、12 个班 283 名学生，其中匈本土学生 186 名，华裔 81 名，华族混血 11 名，俄裔 1 名，蒙古裔 2 名，柬埔寨裔 2 名。匈语授课时间 65%，汉语授课时间 35%。现有教师 30 人，其中中国籍汉语教师 10 人[①]。2016 年，中匈双语学校扩展为 12 年的中学制，这是汉语进入匈牙利中学国民教育体系的重要标志。这些充分说明了匈牙利学习汉语人数的增加和师资队伍的扩大。

2013 年 12 月中东欧汉语教师培训中心在罗兰大学设立。这是国家汉办在海外成立的第一个，也是目前唯一的以本土汉语教师培训为宗旨的区域性机构，这为中东欧本土汉语教师提供一个接受培训和资源共享的平台，将对本土汉语教师队伍的建设发挥重要作用[②]。2014 年 11 月 4 日，中东欧汉语教师培训中心揭牌仪式在匈牙利罗兰大学孔

---

① 中华人民共和国教育部网站：《中国与匈牙利教育合作与交流简况》，http：//moe. edu. cn/s78/A20/s3117/moe_ 853/201005/t20100511_ 87457. html，2016 年 9 月 16 日。

② 王媛媛：《非汉语语境下的汉语教学探析与实践——以匈牙利罗兰大学孔子学院汉语教学为例》，《安徽农业大学学报》2014 年第 4 期。

子学院隆重举行。匈牙利非常重视师资队伍的培训和建设工作。

2014 年 5 月 23 日，匈牙利三所孔子学院和其他院校的汉语教师齐聚布达佩斯，就匈牙利汉语教学的发展和遇到的问题及解决方案进行研讨。此次汉语教师教学研讨会由匈牙利赛格德大学孔子学院组织，三家孔子学院联合举办，在罗兰大学孔子学院的师资培训中心进行。罗兰大学孔子学院的中方院长和老师，米什科尔茨孔院的中方院长和老师，赛格德大学孔院的老师，此外还有国家行政大学，帕斯马尼·彼得天主教大学中文系，东方语言学校的老师代表参加了此次研讨会。此次研讨会主旨是调查匈牙利 3 所孔子学院汉语教学发展现状，并对汉语教学中遇到的问题进行探讨。罗兰大学孔子学院中方院长齐白桦女士以《孔子学院多元化教育的实践与思考》为题，从教学对象、教学内容、教学形式、教学层次、教学方式等方面介绍了罗兰大学孔子学院在汉语教学和文化推广方面所取得的成就；米什科尔茨大学孔子学院院长朱晓苑就该院的发展、独特性、筹备过程中的问题及对策，目前汉语教学情况等多方面内容做了详细的分析；东方语言学校的汉语教师 Ildiko Dragan 介绍了该校汉语教学的模式，发展和遇到的问题与挑战。参会教师们轮流发言，详细介绍了各自的教学情况、遇到的问题以及解决问题的方法与结果，并分享了自己教学中的独特案例。此类研讨会使教师们之间的经验得以交流，能提高汉语教学水平和教学有效性，能培养更多优秀的汉语学习者，能为汉语推广工作做出更多的贡献①。

高原（2014）关注到匈牙利做汉语志愿者的心理健康问题。他通过问卷法和文献分析法对 2014 年赴匈牙利进行汉语教学的志愿者的跨文化适应性做了深入调查，分别就工作适应、心理适应、心理文化适应三方面分析了志愿者的适应程度，并从语言、性别、年龄、任教区域等不同方面探讨这些因素对志愿者适应性的影响②。

① 孔子学院总部/国家汉办官网：《匈牙利三所孔子学院联合举办汉语教师教学研讨会》，http：//www. hanban. org/article/2014 – 06/04/content_ 539055. htm，2016 年 9 月 16 日。
② 高原：《2014 年赴匈牙利孔子学院汉语教师志愿者赴任初期跨文化适应性研究》，硕士学位论文，北京外国语大学，2014 年，第 7 页。

2015 年 5 月 19 日，罗兰大学孔子学院举办"首届优秀教师奖"颁奖典礼，43 名汉语教师和志愿者参加此次会议。会议对汉语教师和志愿者辛勤的工作给予了高度肯定。孔猛老师凭借突出的教学能力和超高的人气获得了 2014—2015 年度"优秀教师"。

2016 年 6 月 17—19 日，匈牙利举办孔子学院教师及志愿者汉语教学工作培训活动。此次培训从实际需求出发，交流了汉语的教学理念与方法。培训分为微型课堂教学演示和专家讲座两个部分，牛志楠教师在微型教学演示活动中表现突出，吴新杰教师的讲座更是获得了在座听众的一致认可。

2016 年 9 月 16—17 日，匈牙利罗兰大学孔子学院对新进教师进行了岗前培训。黎敏院长就孔院规章制度、教学工作和文化活动等内容做了介绍。培训分中小学、大学、成人三组分别进行，采取授课观摩的形式，志愿者可根据自己的教学对象及教学技能需求自行选择。岗前培训使新进汉语志愿者了解了罗兰大学孔院的工作方式和活动内容，积累一定的经验，有助于课堂教学活动的展开。

二　教材的开发与选用

2013 年 6 月 28 日，中国驻匈牙利大使肖千和匈牙利国务秘书西雅多·彼得，在福古斯书店举办了新闻发布会。发布会展示了罗兰大学孔子学院和匈牙利文化协会共同出版的《匈汉词典》和《汉匈词典》。西雅多·彼得介绍，汉学家包甫博（Bartos Huba）和郝清新（Hamar Imre）主编的《汉匈词典》是第三版，但十年前便已买不到第二版。汉学家高亦睿（Galambos Imre）主编的《匈汉词典》则是首次亮相①。

2014 年 3 月，匈牙利罗兰大学孔子学院获得匈牙利政府资助，编辑出版了《匈汉词典》和《汉匈词典》。目前，孔院已经启动这一项目，拟用 3 年时间完成。随着中匈经贸、文化交流项目的增多，匈牙

① 国际汉语教材研发与培训基地网站：《罗兰大学孔子学院与匈牙利文化协会共同出版匈汉—汉匈词典》，https：//www. cntexts. com/newsDetail. aspx？nid＝1765，2016 年 9 月 10 日。

利学习汉语的人数快速增加，这就需要孔子学院不仅要开设各类汉语班级，还要出版教材和工具书。罗兰大学孔子学院外方院长郝清新和罗兰大学中文系特聘汉语教师，匈牙利社会科学院汉语研究专家包甫博博士主编了这两套词典，出版发行后很受欢迎，受到匈牙利政府的重视。新编的这两套词典在已有词典基础上进行了改编，词条数目由前一年的每本 1 万个增加到 5 万个，这是中国和匈牙利第一套较大型的词典①。

《匈牙利汉语课本》作者蒋文燕、郝清新，2010 年出版，匈牙利出版社出版。一套共四册，供匈牙利 9 年级至 12 年级中学生使用。该教材是匈牙利罗兰大学孔子学院教师以及中文系教师共同合作编写，是匈牙利第一套通过中外合作、中方编纂为主、匈方为辅的方式编写的教材。蒋文燕（2014）以《匈牙利汉语课本》为例，详细探讨了国别化教材出版模式、编写理念以及推广策略。其提出中外合编、国内排版、国外出版的出版模式，促进中匈双向交流的国别化编写理念以及依赖孔子学院和课堂推广教材的推广策略。中外合作是提高汉语教材针对性的必由之路，是语言对比和文化对比的全面合作。蒋文燕认为原先"国内出版，国外推广"的教材推广策略，即把国内反映较好的通行型教材翻译成不同的语种，然后赠送给不同语种的国家，有一定的弊端。2011 年 6 月 24 日，温家宝总理访问罗兰大学时，曾赠送罗兰大学孔院和中匈双语学校一批这样的教材，例如《汉语乐园》《快乐汉语》《跟我学汉语》《当代中文》《新实用汉语课本》《汉语图解小词典》等匈牙利语的图书②。这些教材确实具有一定的优势，但是无法体现不同国家的文化差异以及国别化特点，因此国别化教材势在必行。《匈牙利汉语课本》就是在这样的形势下应运而生。

罗洋天（2013）对比分析了《匈牙利汉语课本》和《快乐汉语》两套教材在话题上的异同。两者有共同的话题，如问候、购物、兴趣

---

① 孔子学院总部/国家汉办官网：《罗兰大学孔院将编辑出版〈匈汉词典〉和〈汉匈词典〉》，http：//www. hanban. org/article/2014 - 03/27/content_ 530128. htm，2016 年 9 月 10 日。

② 蒋文燕：《国别化汉语教材的出版模式、编写理念与推广策略——以〈匈牙利汉语课本〉为例》，《云南师范大学学报》（对外汉语教学与研究版）2014 年第 1 期。

爱好等,《匈牙利汉语课本》增添了一些话题,如交通、中国菜和匈牙利菜、恋爱、文学艺术、交响乐等①。《匈牙利汉语课本》把匈牙利生活场景和中匈知识文化背景融合在一起,具有本土化特点,教材内容更适合匈牙利学生习惯。另外,该套教材把教学和考试相结合,依据 HSK 新考试大纲把语言交际练习和特定话题相结合。人物的故事随着话题的不同而不同,而且有一定的连贯性。这更能激发学生的学习动力和兴趣。王圣楠(2013)不仅分析了《匈牙利汉语课本》的编写理念、编写特色以及教材的优化处理,同时对汉字和拼音练习的优化处理提出了自己的建议和思考。

三　教学方法

2010 年 3 月 26 日,罗兰大学孔子学院举办了第一届中文教师论坛。郝清新院长主持了论坛。罗兰大学孔子学院的公派教师、志愿者,东亚语言研究所的中文教师,布达佩斯外贸学院和中匈双语小学的公派教师参加了此次论坛。这些教师的教学对象不同,有小学生、中学生和大学生。他们深入交流了在匈牙利教汉语的经验和心得,同时也提出了匈牙利汉语教学存在的问题,并共同商讨解决的办法。同年 4 月召开第二届教师论坛,就"语音、汉字和如何调动课堂积极性"进行探讨。

王媛媛(2014)于 2012 年 9 月在匈牙利布达佩斯罗兰大学附属中学做汉语志愿者。根据其自身的教学经历,发现了非汉语语境下汉语教学的难度,从而提出了分技能教学、强化汉字教学和教材本土化的教学建议②。

朱婷(2014)以全身反应教学法为理论基础,以问卷调查和教师访谈为研究方法,通过对中匈双语学校学生特点和教师困境的分析,从不同角度论证全身反应法应用于匈牙利双语学校汉语教学课堂的必

---

① 　罗洋天:《〈匈牙利汉语课本〉课文话题设计》,《云南师范大学学报》(对外汉语教学与研究版)2013 年第 6 期。

② 　王媛媛:《非汉语语境下的汉语教学探析与实践——以匈牙利罗兰大学孔子学院汉语教学为例》,《安徽农业大学学报》2014 年第 4 期。

要性和可行性①。

本章主要参考文献

高原：《2014 年赴匈牙利孔子学院汉语教师志愿者赴任初期跨文化适应性研究》，硕士学位论文，北京外国语大学，2014 年。

侯凤菁：《匈牙利的汉学家》，《瞭望》1987 年第 24 期。

蒋文燕：《国别化汉语教材的出版模式、编写理念与推广策略——以〈匈牙利汉语课本〉为例》，《云南师范大学学报》（对外汉语教学与研究版）2014 年第 1 期。

罗洋天：《〈匈牙利汉语课本〉课文话题设计》，《云南师范大学学报》（对外汉语教学与研究版）2013 年第 6 期。

钱叶萍、王宏林：《匈牙利汉语教学现状及趋势分析》，《外国中小学教育》2010 年第 10 期。

孙静：《匈牙利中学找孔子学院学中文》，《北京青年报》2014 年 12 月 26 日第 A20 版。

王媛媛：《非汉语语境下的汉语教学探析与实践——以匈牙利罗兰大学孔子学院汉语教学为例》，《安徽农业大学学报》2014 年第 4 期。

曾曦：《匈牙利汉语学习者现状分析与对策》，硕士学位论文，辽宁师范大学，2011 年。

朱婷：《全身反应法在匈牙利中匈双语学校儿童汉语教学中的应用》，硕士学位论文，北京外国语大学，2014 年。

---

① 朱婷：《全身反应法在匈牙利中匈双语学校儿童汉语教学中的应用》，硕士学位论文，北京外国语大学，2014 年，第 2 页。

第二章 罗马尼亚的汉语教学

第一节 国家概况

一 自然地理

罗马尼亚（Lomania）是东南欧巴尔干半岛东北部的一个国家。北与乌克兰相邻，东北和摩尔多瓦接壤，南接保加利亚，西南和西北分别与塞尔维亚和匈牙利接壤，东南濒临黑海。国土总面积 238391 平方公里，人口 1994 万人（2014 年数据）①。首都是布加勒斯特。罗马尼亚历史悠久，拉丁语里罗马尼亚是"罗马人的国家"的意思。罗马尼亚地形奇特多样，境内平原、山地、丘陵各占国土面积的三分之一。罗马尼亚山河秀丽，蓝色的多瑙河、雄奇的喀尔巴阡山和绚丽多姿的黑海是罗马尼亚的三大国宝。有"罗马尼亚脊梁"之称的喀尔巴阡山绵亘在罗马尼亚近 40% 的国土上。多瑙河流经罗境内 1075 公里，其国土上蜿蜒流淌的大小数百条河流，多与多瑙河汇流，形成"百川汇多瑙"水系。罗马尼亚属典型的温带大陆性气候，年平均温度在 10℃

---

① 中国驻罗马尼亚大使馆经济商务参赞处：《对外投资合作国别（地区）指南——罗马尼亚》，商务部 2015 年发布，http：//fec. mofcom. gov. cn/article/gbdqzn/，2016 年 9 月 16 日。

左右。春季短暂，却气候宜人；6—8 月是夏季，平均温度 22℃—24℃，南部和东部低地是最热的地区，最高温度可达 38℃；秋天凉爽干燥；12 月至次年 3 月是冬季，平均温度零下 3℃。年降雨量约为 660毫米，春末和夏初为多雨季节。

二　历史政治

罗马尼亚人的祖先是达契亚人，自古居住在罗马尼亚土地上。公元前 70 年，布雷比斯塔建立了第一个中央集权和独立的达契亚国，公元 106 年被罗马帝国征服，成为罗马帝国的一个省。后来达契亚人与罗马人混居并逐渐融合，形成了罗马尼亚民族。14 世纪先后组成瓦拉几亚、摩尔多瓦和特兰西瓦尼亚 3 个公国。16 世纪后成为奥斯曼帝国的附属国。1848 年，瓦拉几亚和摩尔多瓦两国爆发了民族民主革命。1856 年，沙俄在克里米亚战争中败北，《巴黎和约》取消了沙俄对罗马尼亚的"保护"。1859 年春，库扎上校当选为摩尔多瓦大公和瓦拉几亚大公。瓦拉几亚公国和摩尔多瓦公国合并，称罗马尼亚，附属于奥斯曼帝国。

1862 年 1 月，实现了两公国宪法和行政管理的统一，国家定名为罗马尼亚，首都布加勒斯特。1877 年 5 月 9 日，罗马尼亚宣布脱离奥斯曼帝国独立。南比萨拉比亚地区隶属俄罗斯。1881 年，改称罗马尼亚王国。1918 年 1 月摩尔多瓦宣布独立，同年 3 月与罗马尼亚合并。1918 年 12 月 24 日，特兰西瓦尼亚公国与罗马尼亚王国合并，罗马尼亚形成统一的民族国家。1947 年 12 月 30 日，成立罗马尼亚人民共和国。1955 年加入华约组织。1965 年，通过了新宪法改国名为罗马尼亚社会主义共和国。1989 年 12 月 28 日易国名为罗马尼亚，定国庆日为12 月 1 日。2004 年 3 月 29 日，罗马尼亚加入北约。2007 年 1 月 1 日加入欧盟。罗马尼亚是一个发达的资本主义国家。

罗马尼亚政体为共和制，奉行友好与和平的外交政策。1991 年 11月，罗马尼亚议会批准新宪法，《宪法》规定：罗马尼亚是一个主权独立、统一和不可分割的民族国家，政体为共和制。议会是罗马尼亚人民最高代表机构和唯一立法机构，由参议院和众议院组成，议员由普选产生，任期4年。参议院和众议院自行各选一个常设局，由13名成员组成。总统通过全民选举产生，任期5年，可连任两届。中央设有宪法法院、审计法院、最高法院和最高检察院。政府由来自不同党派的成员组成①。

三 人口经济

罗马尼亚全国人口共1994万人（2014年12月数据）。城市人口约为55.2%，农村人口约占44.8%。全国人口中，罗马尼亚族占89.5%，匈牙利族占6.6%，罗姆族（即吉卜赛人）占2.5%，日耳曼族和乌克兰族各占0.3%，其余民族为俄罗斯、塞尔维亚、斯洛伐克、土耳其、鞑靼等民族，占0.8%。罗马尼亚人信仰的宗教主要有东正教（信仰人数占总人口数的86.7%）、罗马天主教（4.7%）、基督教新教（3.2%）②。

罗马尼亚经济以工业为主，机械制造、石油化工、石油提炼、电力、钢铁等比较发达，轻纺工业也较发达。计算机尤为发达，主要体现在防病毒软件，其拥有世界第一的防病毒企业Bitdefender，它拥有世界最大的病毒库。农业生产现代化水平不断提高，主要作物有小麦、玉米、向日葵等。葡萄和水果等园艺业较发达，畜牧业产值在农业总产值中占40%以上。对外贸易以海运为主，康斯坦察是最主要的海港。主要输出石油化工产品、石油装备、拖拉机、卡车和农产品，输入以机器设备和铁矿石、天然橡胶、焦炭、有色金属等工业原料为主。罗马尼亚旅游资源比较丰富，主要旅游点有布加勒斯特，黑海海滨，多瑙河三角洲，摩尔多瓦地区北部，中、西喀尔巴阡山区等。

---

① 中国驻罗马尼亚大使馆经济商务参赞处：《对外投资合作国别（地区）指南——罗马尼亚》，商务部2015年发布，http://fec.mofcom.gov.cn/article/gbdqzn/，2016年9月16日。
② 中华人民共和国外交部官网：《罗马尼亚国家概况》，http://www.fmprc.gov.cn/web/gjhdq_676201/gj_676203/oz_678770/1206_679426/1206x0_679428/，2016年9月16日。

四　语言政策

罗马尼亚官方语言为罗马尼亚语，主要民族语言为匈牙利语。主要流行的外国语为英语和法语。

第二节　汉语教学简史

新中国成立之初，便有东欧留学生到清华大学学习汉语，其中有 3 名罗马尼亚青年。这是新中国对外汉语教学的开端。罗马尼亚的汉语教学起始于布加勒斯特大学，1956 年布加勒斯特大学正式开设中文专业，将中文正式纳入其高等教育中，也正式开启了罗马尼亚汉语教学的历史。布加勒斯特大学中文系是罗马尼亚培养汉语人才的摇篮，也是该国第一个开设汉语教学的大学。布加勒斯特大学在人才培养中除重视基础语言教学外，还重视对学生进行中国文学系统知识的传授。自 1956 年至今，该校已培养出 300 多名汉语人才，为中罗友好交往作出了重要贡献。现任罗马尼亚驻越南大使、罗马尼正亚驻华使馆前任参赞鲁百安就是布加勒斯特大学中文系培养出来的。他是罗马尼亚著名的汉学家、多产汉语翻译家，曾翻译出版了《水浒》《儒林外史》《诗经》《四世同堂》以及《邓小平文选》等 23 部中国文论作品。他为罗马尼亚的汉语教学、推广、翻译和研究工作做出了巨大的贡献①。还有一些汉学家，他们对中国文化、对汉语怀有深厚感情和浓厚兴趣，即便在晚年也不放弃培养汉语人才。罗马尼亚前驻华大使罗明的夫人、著名汉学家萨安娜女士退休后仍指导青少年学汉语。曾是"汉语桥"比赛的第一名获得者、布大二年级学生米·约努茨从上小学起就跟着萨安娜女士学习汉语，这位刚上大二的学生已能说一口流利的汉语。

---

① 张晓雅：《罗马尼亚汉语教学与推广情况研究》，硕士学位论文，山东师范大学，2014 年，第 6 页。

布加勒斯特大学中文系教授杨玲（中文名字）是 20 世纪 50 年代末在北京大学毕业的罗马尼亚人。这位培养了不少汉语人才的老专家依然关心中文系毕业生的就业问题。她认为罗马尼亚的市场经济体制还不够成熟和完善，罗中两国经济贸易等交流合作还不广泛，在罗马尼亚成规模的中资公司、企业还较少，学生很难在自己国内找到满意的、运用自己第一专业汉语的工作。其建议在布加勒斯特设立中国文化中心。中心除了向当地百姓提供书籍报纸杂志外，还可以放映电影，组织报告会和文化讲座以及开办小型展览会。中心还可以开办汉语学习班，吸引有志青少年来这里学习汉语①。

20 世纪 90 年代后，罗马尼亚汉语教学快速发展。1991 年，中、罗两国政府签署了 1991—1993 年的三年科学教育和文化合作协议。这确保了两国在文化、教育方面合作和交流的稳定发展。之后罗马尼亚汉语教学逐步快速发展，主要体现在罗马尼亚高校汉语教学的推广。20 世纪 90 年代初，布加勒斯特私立金星大学开设了汉语专业课。近几年，位于罗马尼亚西北部和东北部的克鲁日大学、锡比乌大学和雅西大学、布加勒斯特也分别开设了汉语专业课。此后，布加勒斯特有两所中学和一所小学，以及距首都西北部 110 公里处皮特什蒂市的一所中学也相继开设了汉语课。

汉语正变得越来越重要，已经到了非学不可的地步。2003 年 11 月 2 日在布加勒斯特举办的首届"汉语桥"比赛中，布加勒斯特大学中文系 9 名学生参加了角逐。而在台下 200 名多名观众中有不少是在学校里学汉语的中学生。

进入 21 世纪，罗马尼亚汉语教学快速发展。2004 年，胡锦涛主席访问罗马尼亚，中罗双方签署关于文化合作计划的文件。这对促进罗马尼亚汉语教学起到巨大的推动作用。2006 年罗马尼亚汉语教学有了新的突破。罗马尼亚国内第一家孔子学院成立，锡比乌大学孔子学

---

① 新华网：《罗马尼亚兴起汉语热、汉语教学增强中罗人民友情》，http：//news. xinhuanet. com/world/2004 - 02/04/content_ 1297928. htm，2016 年 9 月 18 日。

院启动运行。从 2014 年 6 月胡内多阿拉省图书馆和锡比乌省图书馆设立汉语角,到"西吉斯蒙德·托杜策"艺术中学、"米尔恰大公"中学等孔子课堂的建立,锡比乌大学孔子学院的课堂遍及康斯坦察市、德瓦市、皮特什蒂市、哈尔吉塔省等多地。汉语推广的范围不仅在锡比乌市,而且在罗马尼亚东南部及少数民族地区都有教学点可供当地学生学习汉语,并尝试将汉语纳入罗马尼亚的学分教育体系。学习和参加 HSK 考试的学生人数逐年增多,这离不开锡比乌大学孔子学院对汉语的大力推广工作。

2009 年至今,罗马尼亚汉语教学快速发展,先后成立了四所孔子学院和一所孔子课堂:2009 年巴比什—波雅依大学孔子学院成立,该校以其多元文化的教育体系而别具特色。2011 年 3 月 19 日奥维第乌斯大学孔子课堂成立。2011 年 3 月 29 日,特兰西瓦尼亚大学孔子学院启动运行。2013 年 3 月 19 日,布加勒斯特大学孔子学院启动。这是罗马尼亚 4 所孔院中最年轻的一所。布加勒斯特大学汉语系成立已有 60 多年的历史,培养了大批汉语和中国文化研究人才。这些汉语教学机构的成立快速推动了罗马尼亚的汉语教学工作。

罗马尼亚教育部外语教学总督学佩特古列斯库女士介绍罗马尼亚汉语教育时说,从 2011 年起罗马尼亚将汉语列为大学选修课程之一,并从 2014—2015 学年开始将汉语列入中等教育的选修课程。2016 年布大孔院成功助推汉语进入罗马尼亚国民教育体系,罗马尼亚教育部批准了布大孔院的申请,正式发文确认汉语列入中小学最新外语语言课程名单,这标志着汉语正式进入罗马尼亚国民教育体系,罗马尼亚中小学汉语教学迎来了新的里程碑[1]。

目前,汉语学习在罗马尼亚日益升温。罗马尼亚现有 4 所孔子学院、1 个孔子课堂及十多个汉语教学点。在国立大学中,布加勒斯特大学、锡比乌的卢奇安·布拉加大学、克鲁日的巴比什—波雅依大学

---

① 中国侨网:《汉语进入罗马尼亚国民教育体系、中小学将开课》,http://www.chinaqw.com/hwjy/2016/06 – 23/92897.shtml,2016 年 9 月 20 日。

以及布拉索夫的特兰西瓦尼亚大学等设有中文专业。2016 年 6 月 23 日,罗马尼亚教育部批准了布加勒斯特大学孔子学院的申请,发文确认将汉语列入中小学最新外语语言课程名单。布大孔院非常重视汉语基础教育,设立了许多中小学汉语教学点。这增强学生们学习汉语的热情,使汉语教学更加规范化,孔院在使汉语正式进入中小学课程的工作付出了巨大的努力。这标志着汉语正式进入罗马尼亚国民教育体系,罗中小学汉语教学迎来了新的里程碑。

布大孔院近期向教育部提交了 HSK 入中考、高考认可成绩的申请,实现汉语学习与考试、升学挂钩,有利于增强学生们的学习热情,以制度建设促进汉语学习和推广①。汉语教学还成了连接中罗两国人民友情和向罗马尼亚人介绍中国改革开放巨大变化的桥梁。汉语教学机构开设的基础汉语课、举办中国文化展、为罗中企业合作牵线搭桥和组织举办各种介绍中国的报告会等,这些活动加深了罗马尼亚市民对中国的了解,同时也激发了当地青年学生学习汉语和了解中国的热情。

汉语正式进入罗马尼亚国民教育体系,罗马尼亚已基本形成了“分布较为合理、形式较为多样”的汉语教学格局。汉语热已经在罗马尼亚全国兴起,对汉语感兴趣的不只中小学生,还有商人、学者等。孔子学院作为中外语言文化交流的窗口和桥梁,将为世界各国民众学习汉语和了解中华文化发挥积极作用。同时,在“一带一路”政策框架下,罗马尼亚作为沿线国家也将与中国在非通用语人才培养、语言政策研究等各领域开展深入的合作②。

---

① 中国侨网:《汉语进入罗马尼亚国民教育体系、中小学将开课》,http://www.chinaqw.com/hwjy/2016/06-23/92897.shtml,2016 年 9 月 20 日。

② 北京语言大学官网:《罗马尼亚锡比乌大学代表团访问北语》,http://news.blcu.edu.cn/c/2016-07-19/469603.shtml,2016 年 9 月 21 日。

第三节 汉语教学的环境和对象

罗马尼亚是中东欧巴尔干地区的大国，是欧盟中对华最友好的国家之一，中罗人民友谊源远流长。在罗马尼亚，汉语是仅次于英语的第二大外语，罗马尼亚民众学习汉语热情非常高。近年来，在国家汉办的大力支持下，罗马尼亚的汉语推广工作进展迅速。目前已在锡比乌、克鲁日和布拉索夫、布加勒斯特四座城市设立了 4 所孔子学院和 1 个孔子课堂，在雅西、德瓦、胡内多阿拉、加拉茨、皮特什蒂、蒂米什瓦拉、苏恰瓦、久尔久等城市设立的汉语教学点若干个。在罗马尼亚首都布加勒斯特，汉语推广工作蓬勃开展，除了汉语教学重镇布加勒斯特大学汉语专业之外，近年来又陆续在布加勒斯特经济学院、迪米特里耶—坎泰米尔、基督大学等高校，以及格奥尔基—拉泽尔中学、皮亚—布拉蒂亚努 19 中学、尼基塔—斯特内斯库中学、布加勒斯特二区政府社区中心、布加勒斯特二区中文学校等机构开设了汉语教学点。这些教学机构为罗马尼亚人们学习汉语提供了好的平台和机会。

一 锡比乌大学孔子学院的汉语教学①

所在城市：锡比乌

承办机构：锡比乌大学

合作机构：北京语言大学

启动运行时间：2006 年 8 月 21 日

锡比乌大学孔子学院 2006 年启动运行，是罗马尼亚第一家孔子学院，迄今已有 10 年的时间。在这 10 年期间，锡比乌大学孔子学院逐步发展壮大。汉语教学点和孔子课堂不断增加，从 2014 年 6 月胡内多

---

① 锡比乌大学孔子学院信息主要源自孔子学院总部/国家汉办官网：http：//www. hanban. edu. cn/，2016 年 9 月 21 日。

阿拉省图书馆和锡比乌省图书馆设立汉语角，到"西吉斯蒙德·托杜策"艺术中学、"米尔恰大公"中学等孔子课堂的建立，锡比乌大学孔子学院的课堂遍及康斯坦察市、德瓦市、皮特什蒂市、哈尔吉塔省等多地。汉语推广的范围不仅在锡比乌市，而且在罗马尼亚东南部及少数民族地区都有教学点可供当地学生学习汉语，并尝试将汉语纳入罗马尼亚的学分教育体系。学习和参加 HSK 考试的学生人数逐年增多。2014 年 6 月 14 日，锡比乌孔子学院下属的锡比乌、康斯坦察和胡内多阿拉县三个考点共有 101 人参加，这是锡比乌孔子学院举行的规模最大、分布最广的一次考试。至 2014 年，锡比乌孔子学院有注册学员 1500 余人次，2015 年有 148 人参加考试，这是继 2014 年 6 月后的又一次大规模汉语水平考试。锡比乌孔子学院自成立以来共有 803 人参加了 HSK 汉语水平考试，其中 2015 年上半年参加人数为 261 人，创历史新高。参与汉语学习和水平考试的人数持续升温，锡比乌大学孔子学院持续快速良好发展。丰富多彩的汉语课程班及文化推广活动使更多的罗马尼亚人们了解和认识了中国，并对中国文化产生了浓厚兴趣。2016 年"中罗国际艺术学校"的成立开创了中罗教育文化交流史上的新篇章。

2010 年 3 月 18—24 日，锡比乌孔子学院与人文艺术学院联合举办开放周活动，主要面向中学生，有 8 所中学 300 多名中学生进行了参观和咨询。孔院教师做了教学演示和图书文化用品的展览，重点宣传孔子学院正与人文艺术学院合力打造的汉英双语专业学位，并以实物、讲解、挂图、音像、投影等丰富多彩的形式介绍了孔子学院开设的语言班、围棋班、太极班，以及孔子学院乐队、诗歌沙龙和环保小组等多项活动。活动旨在提高当地中学生对汉语及中国文化的兴趣。

2014 年 6 月 1 日，锡比乌孔子学院代表团参加了第七届世界中学生汉语桥中文比赛，学生表现突出、成绩优异，包揽了罗马尼亚赛区总成绩的前四名。来自锡比乌孔子学院汉语教学点教育中学（Liceu Pedagodic）的葛安安（Grecu Andreea Adnana）和薄依兰（Popa Ana

Iarina）两位同学荣获冠军。

2014 年 6 月 4 日，胡内多阿拉省图书馆设立了罗马尼亚第一个中国专馆——汉语角，这是罗马尼亚境内的第一个汉语图书专馆。在图书专馆设立汉语角，为罗马尼亚人们提供了了解和认识中国的平台，人们可以在这里借阅有关中国的各类图书，并参加锡比乌孔子学院开设的汉语及文化课程。这是孔子学院发展模式的新尝试。

2014 年 6 月 14 日，锡比乌孔子学院同时在锡比乌、康斯坦察和胡内多阿拉县三地举办了 HSK 汉语水平考试，共计 101 人参加，这是锡比乌孔子学院举行的规模最大、分布最广的一次考试。最小的考生年仅 10 岁，最大的 76 岁。康斯坦察孔子课堂是锡比乌孔子学院下设课堂，是罗马尼亚唯一的大学孔子课堂。胡内多阿拉县图书馆考点是锡比乌孔子学院与胡内多阿拉县教育局签署教育合作协议后的首要合作项目。锡比乌孔子学院现有注册学员 1500 余人次，自成立以来共举办 HSK 考试 18 次，共 411 人报考参加了 HSK 考试。2015 年锡比乌孔子学院在康斯坦察孔子课堂和胡内多阿拉县图书馆汉语教学点同时举办了 HSK 汉语水平考试，共计 148 人参加，考试级别涵盖 1 级到 5 级。这是锡比乌孔子学院继 2014 年 6 月后又一次大规模汉语水平考试。人数比前一年有所增加，考生最小的 8 岁，最大的 75 岁，来自各行各业。锡比乌孔子学院自成立以来共有 803 人参加了 HSK 汉语水平考试，其中 2015 年上半年参加人数为 261 人，创历史新高。

2014 年 6 月 25 日，由国家汉办、中国教育图书进出口有限公司推出的"汉语角"项目在罗马尼亚锡比乌省图书馆落户，该汉语角是由锡比乌孔子学院和锡比乌省图书馆联合建立。"汉语角"的建立和开辟为当地罗马尼亚人学习汉语提供了一个便捷的场所，这是孔子学院为拓宽汉语在当地的发展，为社区居民提供便利学习的新举措。汉语角对当地居民免费开放借阅，并开设汉语课与文化体验专区。这不仅丰富了当地汉语教学以及中国研究的资源，还为市民提供了了解多元文化、感受世界文化的平台，也促进了汉语及中国文化在整个锡比乌及特兰西瓦尼亚地区的推广和发展。

2014 年 6 月 25 日，锡比乌卢奇安·布拉卡大学文学院为 150 名毕业生举行毕业典礼，其中有 13 名中文专业毕业生。该大学中文专业成立于 2010 年，课程全部由锡比乌大学孔子学院汉语教师教授，学生人数逐渐增长，毕业生人数近两年翻倍增长。

2014 年 7 月 5 日，锡比乌孔子学院与锡比乌省图书馆联合开设了为期一周的少儿暑期班汉语课程。此次的少儿暑期班汉语课是"汉语角"成立以来的首次开班，每天有二十余名孩子固定参加暑期班。汉语教师和志愿者为学生带来了语言、儿歌、剪纸、图画、影视等丰富多彩的课程，寓教于乐的理念和方法启发了孩子对中国文化的兴趣。2014 年 7 月 5 日，锡比乌孔子学院 5 名汉语教师获得了汉语推广特别贡献奖和汉语推广工作优秀奖，有孔子学院的汉语教师和志愿者，4 名学生获得了"中国梦奖学金"。

2014 年 9 月 29 日，锡比乌孔子学院在卢奇安·布拉卡大学图书馆举行了孔子学院创办 10 周年系列活动之中医讲座暨《中国的过去、现在和未来》新书发布会。来自布拉索夫的李宏医生做了题为《中国针刀医学在罗马尼亚》的中医讲座。孔子学院自落成以来，极大丰富了学校的文化气息，不仅为学生提供优质中文教学，也为大家打开了一扇了解和认识中国的文化之窗。

为宣传中国茶文化，2014 年 11 月 6 日，锡比乌孔子学院在省图书馆汉语角举办了第一期中华文化系列活动之"中华茶文化"。恰逢锡比乌省图书馆举办书展，市民被精彩的中国茶艺吸引，积极参加到孔院活动中。锡比乌孔院的志愿者做了题为"中国茶"的主题讲座，并展示传统茶艺，解说茶艺流程。市民了解了中国茶的历史脉络、由来、功效、种类，又欣赏了泡茶技法，对中国茶文化赞不绝口，并产生了浓厚兴趣。11 月 13 日，锡比乌孔子学院举行了中华文化系列的第二期活动"中国韵"，旗袍和传统发式为孔院学生及当地市民展示了中国传统文化的魅力与韵味。此次活动不仅使参与者感受到中华文化的魅力，更扩大了锡比乌孔子学院的影响力。11 月 20 日，锡比乌孔子学院在省图书馆汉语角举办了主题为"锦绣浮生——苏绣印象"的中国文化系列活动。活动介绍了苏绣的历史概况、制作过程、苏绣的传承与创新以及苏绣在世界范围内的影响和在当今时代的应用。文化体验环节展示了"双面三异绣"和"发绣"的作品图片和视频，现场观众对"以针作画，巧夺天工"的苏绣连连称奇。此次文化活动增强了罗马尼亚市民对中国刺绣文化的了解。12 月 4 日，锡比乌孔子学院在 Astra 图书馆举办"圣人之思——孔子论坛"的主题文化活动。锡比乌孔院汉语教师和罗马尼亚当地学者就孔子思想中的"仁""礼""中庸"等核心论题发表演讲，并对如何运用孔子思想促进中罗文化交流进行了深入的讨论。活动使中罗文化得到交流与碰撞。12 月 11 日，锡比乌孔子学院在省图书馆汉语角举办了主题为"畅心'筷'意"的文化活动。孔院教师详细介绍了筷子的起源、材料、名称演变、文化寓意等内容，并通过现场教学以及亲身体验环节，让大家在游戏中进一步体会中国文化的魅力。12 月 18 日，为庆祝圣诞节来临，罗马尼亚锡比乌孔子学院在 Astra 图书馆举办"中国魂之中华武术"之中国文化系列活动。锡比乌孔子学院汉语教师表演了太极拳。随后他们从中华武术的来源、中华武术与儒家思想的关系、武术流派、武术的当代影响、中国功夫电影的发展和功夫电影明星等不同层面为大家展示中华武术内涵。各种文化活动的推广使锡比乌当地居民对中华文化有了更多的了解。

2014 年 11 月 19 日，罗马尼亚德瓦市中学开设了少儿中国画绘画班。来自锡比乌孔子学院的汉语教师教学生画中国画。老师不仅给学生介绍了国画所需的工具，而且还教学生们画熊猫。通过此次学习，学生们对国画产生了浓厚的兴趣。

2014 年 11 月 18 日，锡比乌孔子学院下属的康斯坦察奥维第乌斯大学孔子课堂与康斯坦察国立"米尔恰大公"中学签署了教育合作协议。这是继康斯坦察"乔治·格林奈斯库"中学后，又一所与该孔子课堂签署合作协议并开设汉语及中华文化课程的中学。康斯坦察国立"米尔恰大公"中学成立于1896年，是康斯坦察省最好的中学。该孔子课堂接连与两所中学签署教育合作协议，这标志着汉语教学已逐步在罗马尼亚东南部地区推广开来。目前，孔子课堂及中学多方面正在积极推动，希望将汉语纳入学分教育体制。

2015年1月29日，罗马尼亚德瓦市"西吉斯蒙德·托杜策"艺术中学孔子课堂正式成立。这是罗马尼亚继康斯坦察大学奥维第乌斯大学孔子课堂之后的又一所孔子课堂，也是罗马尼亚首家中学孔子课堂。锡比乌孔子学院于2010年4月在该校建立汉语教学点，推广汉语及中国文化，并多次成功举办了中国日活动、系列文化讲座和HSK汉语水平考试。经过5年的精心准备，成功申请成为孔子课堂。鉴于其艺术学校的特色，它的建立为该地区的中小学汉语教学及中华文化项目的推广起到良好的推动和示范作用。

2015年3月26日，锡比乌孔子学院在市Astra图书馆举办"张灯结彩"中华灯笼系列文化讲座，与罗马尼亚人民一起欣赏中华人文之美。孔子学院志愿者以故事的方式，讲述了中国灯笼工艺和灯笼在中国的发展历程。回顾历史的过程中，灯笼多元的象征意义以及中华民族的灯笼情结为现场观众展示了中国文化的魅力。

2015年4月25日，锡比乌孔子学院第六届锡比乌"孔子杯"汉语大赛在Astra图书馆落下帷幕，来自西吉斯蒙德·托杜策艺术中学孔子课堂、胡内多阿拉省图书馆汉语角、高噶（Goga）中学、布鲁肯撒尔德语高中等汉语教学点的23名选手参加了比赛。比赛以"我的中国梦"为主题，分为大学组和中学组。分演讲、知识问答和才艺展示三个环节展开比拼。来自高噶中学的莉丝（Minculete Iunis）凭借流利的汉语演讲水平和优美的孔雀舞拿下中学组冠军。

2015年4月30日，锡比乌孔子学院举行了中国文化系列讲座之"中国扇子文化——尽扇尽美"，讲座在锡比乌Astra图书馆举行。孔院教师从扇子的历史渊源、文化内涵以及中西对比等方面对中国扇子文化展开了讲述。扇子不仅具有实用功能，还能体现出艺术家的个人情怀，是书画名家们笔墨情趣的表现。现场观众对具有深厚底蕴的中国扇子文化产生了浓厚兴趣。

2015 年 5 月 7 日，锡比乌孔子学院彼得罗沙尼大学（Universitatea Petroșani）汉语课堂成立。彼得罗沙尼大学汉语课的开展，能够促进中罗文化和教育的进一步交流。2015 年 5 月 14 日，锡比乌卢奇安·布拉加大学孔子学院举办了首届全球背景下的中罗合作论坛。主要就中国和罗马尼亚在文化、教育、语言、文学、艺术、宗教、历史、政治、社会、经济等领域的关系进行了讨论。学术小组研讨会的学者、教授对"共同的语言""交流的纽带""行走中的中罗友谊""过去、现在和未来"四个专题进行学术交流和探讨。学生小组研讨会中，来自卢奇安·布拉加大学中文专业的 20 余名学生就中国的教育、艺术、服饰、茶文化等内容展开了交流。

2015 年 5 月 16 日，锡比乌孔子学院参加了高噶（Goga）中学的国际文化展览日活动。中国元素作为特别推荐环节优雅亮相，文化展览涉及民族服装、舞蹈、京剧、太极、剪纸、书法、筷子等文化项目，讲解、欣赏及体验融为一体。文化交流与展览活动受到广大师生的喜爱和好评，不仅加深了当地学生对中国的了解，也推广了汉语和中国文化。

2015 年 5 月 31 日，第八届"汉语桥"世界中学生中文比赛罗马尼亚赛区选拔赛在锡比乌 Astra 图书馆举行。此次参赛的 22 名选手分别来自罗马尼亚多所孔子学院和孔子课堂。比赛主题为"学会中国话，朋友遍天下"，包括主题演讲、知识问答和才艺展示三个环节。锡比乌孔子学院的莉丝（Minculete Iunis）、辛雅（Stanese Sinziana Maria）获特等奖，白佳佳（Balan Iustina）、安丽娅（Andreea Maria Aldea）获一等奖，康斯坦察孔子课堂的马依依（Matei Cristina Valeria）、德瓦艺术中学孔子课堂的爱丽（Stan Alexandra Georgiana）获得二等奖。此次比赛锡比乌孔子学院连续四年蝉联桂冠，连续三年包揽比赛前四名。

　　2015 年 6 月 8 日，罗马尼亚王室成员拉杜亲王到访锡比乌孔子学院斐迪南国王学校汉语课堂。锡比乌大学孔子学院与斐迪南国王学校合作已有 5 年，正式在该校设立教学点已有 3 年。2013 年 9 月，汉语正式成为斐迪南国王学校的选修课。该校现有 6 个汉语教学班，150 名注册学生。2016 年 6 月 27 日，第三届"中国梦企业奖学金"颁奖典礼在中国驻罗马尼亚大使馆举行，共 15 名罗马尼亚大中学生和在罗中国留学生获得奖学金。10 名中、罗两国教育工作者获得中国文化推广特别贡献奖和优秀奖。其中锡比乌大学孔子学院获奖人数最多，共 4 名学生获得奖学金，4 位教育工作者获得奖励。2015 年 9 月 26 日，锡比乌大学孔子学院少年宫汉语课堂举行开课仪式。2015 年 10 月 16 日，罗马尼亚皮特什蒂中小学汉语课堂开学典礼在阿尔杰什省政府会议厅举行。目前，皮特什蒂已有 585 名中小学生报名学习汉语，并且人数在持续增加。

　　2015 年 11 月 27 日，哈尔吉塔省汉语课堂开放日暨开学典礼在该省首府梅尔库里亚丘克市（Miercurea-Ciuc）举行。此项目代表汉语课堂首次落户罗马尼亚少数民族地区。通过锡比乌孔子学院和哈尔吉塔省教育局的合作与推广及汉语教师的不懈努力，短短一个多月已有近 300 人报名参加汉语学习。目前已经在康斯坦察市、德瓦市、皮特什蒂市、哈尔吉塔省等地开设了汉语课堂。

　　2015 年 11 月 19 日，锡比乌孔子学院在锡比乌省图书馆举办武术专题讲座，40 余名当地武术爱好者参加了活动。锡比乌孔子学院汉语教师向观众讲解了中国武术的历史及在当今社会的发展，并对中国武术的核心精神进行了详细阐述。通过视频展示让观众体会到了武术与"水"的联系，初步理解了"上善若水"的道家哲学理念，感受到了中国武术文化的魅力。

　　2016 年 1 月 9 日，锡比乌孔子学院在卢奇安·布拉卡大学召开了 2016 年首届汉语教学工作研讨会。来自该孔子学院多个下设孔子课堂和两个图书馆汉语角的 17 名汉语教师和志愿者教师参加了研讨会。内容涉及了汉语语音教学、汉字教学、游戏在课堂中的运用、学生学习风格分析、跨文化交际能力的培养以及中小学汉语教学推广浅析等，突出了本土化特色。

2016 年 4 月 16 日，锡比乌孔子学院成功举办第七届锡比乌"孔子杯"汉语桥选拔赛，来自德瓦、锡比乌等教学点的 12 名选手参加。以"梦想点亮未来"为主题，分中学组和大学组两个组别，选手从演讲、知识问答和才艺展示三个环节展开比拼。卢奇安·布拉加大学大一学生康雪菲获得冠军。

2016 年 6 月 2 日，首届多瑙河流域国家孔子学院国际论坛在罗马尼亚康斯坦察举行。美国和多瑙河流域多个国家的孔子学院代表以及中国国内大学代表近 200 人参加了此次大会，共商多瑙河流域孔院合作与发展的大计。会议以"沟通、碰撞、融入、发展"为主题，内容涉及中国与多瑙河流域国家的政治、经济、文化、教育、医学等方面。30 余位代表就孔院之间开放合作、资源共享、共同发展的新型伙伴关系进行了积极探索，针对如何更好地服务于国家"一带一路"和中东欧"16 + 1"合作倡议，进行了探索性发言。

2016 年 10 月 2 日，罗马尼亚首家"中罗国际艺术学校"落户德瓦孔子课堂艺术中学。"中罗国际艺术学校"试点项目是由浙江省宁波市教育局、胡内多阿拉省教育局牵头，浙江省宁波外事学校与德瓦孔子课堂艺术中学合作进行的，该学校的成立开创了中罗教育文化交流史上的新篇章。

二　克鲁日巴比什—波雅依大学孔子学院的汉语教学①

所在城市：克鲁日

承办机构：巴比什—波雅依大学

合作机构：浙江科技学院

启运行动时间：2009 年 10 月 3 日

---

① 克鲁日孔子学院信息主要源自孔子学院总部/国家汉办官网：http：//www.hanban.edu.cn/，2016 年 9 月 22 日。

　　巴比什—波雅依大学是罗马尼亚最古老的大学，其前身是 1581 年由斯特凡巴托利国王建立的耶稣会学院。该校所在地区生活着不同的民族和宗教组织，这使得该校发展了多元文化的教育体系，并得到了具有较高资质的国际认证组织的认可。巴比什—波雅依大学孔子学院 2009 年 10 月 14 日正式开设汉语课，学员注册人数为 168 人，分为 6 个班，其中 5 个为初级班，1 个中级班。中文课程为《长城汉语》和《新实用汉语》，教学时数为 2009 年每生 28 课时。同时开设了体验中国书法课程，两个班，每生 8 课时。目前巴比什—波雅依大学孔子学院不仅把汉语教学的范围推广到罗马尼亚西部地区，而且把学习对象拓展到特殊学校的学生中，孔院整体得到了良好的发展。

　　2010 年 5 月 7 日，巴比什—波雅依大学国际学生日 "多元文化展" 在人文学院举行，法语联盟、英国文化协会以及在克鲁日市享有中国文化中心之称的孔子学院等出席了本次活动。孔子学院带来了 "璀璨中国，魅力汉语" 中国文化展，彰显了中华传统历史文化的魅力。中国象棋、鲁班锁、华容道、七巧板和九连环等古典寓智玩具使学生们产生了极大的兴趣。孔子学院带来的中国茶艺，丰富的汉语教材书籍、精美图片及音像资料吸引人们驻足观看。文化展很好地宣传了中国文化。2011 年 6 月 20 日，巴比什—波雅依大学在该校 Aula Magna 大厅授予国家汉办主任许琳女士荣誉博士学位。许琳成为该校首位中国籍荣誉博士。

　　2011 年 10 月 14—16 日，巴比什—波雅依大学孔子学院以及其他来自不同国家的 16 个团体参加了克鲁日市举办的首届多元文化艺术节。中国茶道表演、饮食及绘画书展、琳琅满目的罗语版茶文化宣传册、孔子名言书签、中国剪纸艺术、"九连环" 和 "毽子" 等传统益智游戏使现场人们对中国文化有了更为深刻的认识。中国教师现场为 300 多人书写了中文名字，中国汉字的文化魅力再一次充分展现。500 多人品尝了中国茶，西湖龙井、铁观音、普洱茶及茉莉花茶的香气让克鲁日市民回味无穷。

2012 年 3 月 30 日，克鲁日孔子学院联合罗马尼亚传统医药应用协会和中罗友好协会举办了中医养生讲座，主讲人为 Zagrean Iosif 教授。克鲁日医学界、大学教授及学生等 50 余人出席此次讲座。Zagrean Iosif 教授从《说文解字》对"医、针、灸"汉字结构的分析开始，用罗文向大家讲解了奇妙的中医哲学。讲座图文并茂、深入浅出地解释了"阴阳、五行"等相关中医理论，并结合人体经络图给大家现场展示了一些简单的中医穴位按摩法。此次讲座使罗马尼亚人们进一步了解了中国的中医文化。

2012 年 4 月 2—6 日，罗马尼亚中小学开展了"特色活动周"，克鲁日师范学校和 George Cosbuc 中学也如火如荼地开展了中华文化之窗展览活动及讲座。绘画展和中国文化讲座使学生们体会了东方文化的魅力。

2014 年 6 月 1 日，第七届"汉语桥"世界中学生中文比赛罗马尼亚赛区选拔赛在克鲁日巴比什—波雅依大学孔子学院成功举办。比赛以"我与孔子学院"为主题，来自克鲁日巴比什—波雅依大学孔子学院、锡比乌孔子学院、布拉索夫孔子学院、布加勒斯特孔子学院、布加勒斯特拉泽尔中学以及胡内多阿拉、德瓦等地教学点的 21 位选手参加了比赛。锡比乌孔子学院选手夺冠，克鲁日孔院有两名选手获二等奖。

2015 年 4 月 23 日，罗马尼亚胡内多阿拉孔子课堂揭牌。该课堂是克鲁日巴比什—波雅依大学孔子学院的下设孔子课堂。中国驻罗使馆官方人员还向孔子课堂及下设的教学点捐赠了汉语书籍和中国文化用品。

2015 年 10 月 8 日，克鲁日巴比什—波雅依大学孔子学院举办"全球化时代的汉语国际教育"学术研讨会，来自国内知名大学和瑞典、马耳他、比利时等国的语言学专家及孔子学院院长就汉语国际教育和孔子学院发展等方面做了发言。学者们就本土汉语教师师资队伍建设、教学方法等问题进行了深入的讨论和交流。

2016 年 3 月 7 日，克鲁日巴比什—波雅依大学孔子学院与位于该国西部阿拉德市的瓦西里·金诗西部大学就合作开办汉语专业及在莫埃斯·尼克尔拉国立中学开设汉语文化课程签署了协议。这为罗马尼亚西部学生提供学习汉语的平台和便利条件，并推动中、罗两国在文化及相关领域的交流与发展。瓦西里·金诗西部大学是罗马尼亚一所优秀的私立大学，在临床医学、药剂学领域独有建树，也是罗马尼亚唯——所获得 AHPGS 认证的大学。莫埃斯·尼克尔拉国立中学是罗马尼亚最顶尖的五所中学之一。

2016 年 3 月 29 日，巴比什—波雅依大学孔子学院下设孔子课堂的汉语教师赴当地第二特殊教育学校，为该校师生带来一场别开生面的中国剪纸体验活动。老师首先介绍了中国剪纸的历史、分类及图案题材等内容，然后让学生体验剪纸活动。这是该校学生第一次近距离接触中国文化，期待有更多机会接触多彩的中国文化。

为提高汉语教师教学水平，充分发挥新技术在汉语教学传播中的作用，2016 年 4 月 8 日，克鲁日巴比什—波雅依大学孔子学院举办了首届微课比赛暨汉语教学研讨会。来自巴比什—波雅依大学文学院汉语系、克鲁日孔子学院本部、胡内多阿拉孔子课堂、比斯特里察孔子课堂的 9 位教师参加了此次比赛和研讨。微课作品涉及罗马尼亚中小学教学、中国书法教学、孔子学院社会班教学和大学中文专业教学等多个层次。研讨会上，教师们围绕汉语教学、中罗文化差异、中小学汉语课堂管理和本土汉语教材开发等问题进行了研讨。教学研讨为他们提供了相互交流、相互学习、共同解决问题的平台。

2016 年 4 月 18 日，克鲁日巴比什—波雅依大学孔子学院胡内多阿拉孔子课堂在胡内多阿拉 IANCU 中学举办了 2016 年中国文化周活动，活动吸引了 400 余名师生参与其中。在孔院师生的指导下，品中国茶，欣赏中国书画，看京剧脸谱、剪纸、刺绣等工艺品。胡内多阿拉文化周系列活动的举办，激发当地学生和市民对学习汉语、了解中国文化的热情与渴望。

2016 年 7 月 3 日，比斯特里察孔子课堂教师石教旺受邀参加了比斯特里察—那瑟乌得县体育教学研讨会，作了中国太极拳推介活动。石教旺介绍了太极拳的历史渊源、门派特点、身心保健功能，阐述了太极拳中所蕴涵的内外兼修、身心和谐、阴阳调和以及以柔克刚等中国传统思想和精神，引起了与会者的极大兴趣。随后，石老师现场演练了24式简化太极拳，并教授了太极拳的基本动作。

三 特兰西瓦尼亚大学孔子学院的汉语教学①

所在城市：布拉索夫

承办机构：特兰西瓦尼亚大学

合作机构：沈阳建筑大学

启动运行时间：2011年3月29日

2015年3月10日，特兰西瓦尼亚大学孔子学院邀请塞尔维亚贝尔格莱德大学孔子学院外方院长普西奇（Radosav Pušic）做了题为《老子的宇宙观》的中文讲座。讲座关于道德经、太极八卦的内容引起了现场听众的强烈好奇心。此次中文讲座使特兰西瓦尼亚大学的学生进一步了解了中国神秘的哲学文化，提高了学生学习汉语的热情。

2015年3月17—20日，特兰西瓦尼亚大学孔子学院举办第三届"孔子杯"乒乓球比赛，特兰西瓦尼亚大学近50名师生报名参加。比赛分为男单、女单和团体赛三个部分，采用国际通行的11分制。比赛最终决出男子、女子和团体各前3名。2015年4月6—10日，特兰西瓦尼亚大学孔子学院举办开放日活动，来自布拉索夫市近百名中小学生前来参观。孔院教师向学生介绍了孔子学院的发展历程和发展目标，使更多人了解孔院、走进孔院。孔院教师准备的汉语体验课使学生掌握了一些基本的日常用语。通过学习大家对汉语产生了浓厚的兴趣，也进一步领略了中国文化的魅力。

2015年5月19日，特兰西瓦尼亚大学孔子学院中方院长杨兆宇

---

① 特兰西瓦尼亚大学孔子学院信息主要源自孔子学院总部/国家汉办官网：http://www.hanban.edu.cn/，2016年9月23日。

教授参加了迪米特里坎特米尔大学汉语教学点组织的"中国日"活动，在米哈依·爱明内斯库文化中心做了关于《易经》的讲座。讲座介绍了太极、两仪、四象、八卦、64 卦基本概念，并以乾卦为例说明用法，最后用"上""止""正"三个汉字对《易经》做了总结。

2015 年 9 月 10 日，特兰西瓦尼亚大学孔子学院和罗马尼亚 POLI-ROM 出版社共同举办中国当代文学作品研讨会。苏童、胡学文、葛水平、曹有云和谢有顺 5 位中国当代作家与罗马尼亚作家、文学评论家、汉学家齐聚一堂，深入探讨中国当代文学。中罗作家就中国当代"纯文学""网络文学"和社会转型时期的文学商业化倾向、当代中国作家的写作主题和风格等问题进行深入探讨。

2015 年 11 月 6 日，上海戏剧学院附属戏曲学校艺术团在特兰西瓦尼亚大学礼堂举行"粉墨中国"京剧演出，这是布拉索夫的第一场京剧演出，近 700 名观众观看了演出。巡演由国家汉办主办、特兰西瓦尼亚大学孔子学院承办。演出节目包括《三岔口》《天女散花》《挂画》《游街》和《虹桥赠珠》等经典的京剧折子戏。逼真灵巧的肢体表演，清新优雅的唱腔，武术与舞蹈珠联璧合、京剧独具特色的京胡使现场观众充分领略了中国京剧艺术的魅力。

2016 年 4 月 18—21 日，特兰西瓦尼亚大学孔子学院举办了中小学生文化周主题活动，孔院共接待了 5 所学校共 8 个班级的 200 余名中小学生。孔院为学生们准备了中国特色的节目和礼物。学生们对汉语和中国文化非常感兴趣，希望能在该校学习汉语和中国文化。

2016 年 5 月 28 日，特兰西瓦尼亚大学孔子学院承办了第九届"汉语桥"世界中学生中文比赛罗马尼亚选拔赛。比赛共有 20 名选手参赛，分别来自罗马尼亚的各个孔子学院、孔子课堂和教学点。布加勒斯特森诺博经济高中的洋龙同学和来自锡比乌孔子学院皮特什蒂汉语课堂的艾丽莎同学分别夺得了本次选拔赛的特等奖和一等奖。"汉语桥"提高了罗马尼亚中学生汉语学习的热情。

2016 年 10 月 8 日，特兰西瓦尼亚大学孔子学院参加布拉索夫城市的多元文化节活动，活动在当地商业中心考莱西举行。孔院师生表演了葫芦丝、舞蹈、中罗民歌演唱等节目，展示了书法、剪纸、民间传统玩具等项目和物品。大家对学习汉语和中国文化表现出了十分浓厚的兴趣。

四　布加勒斯特大学孔子学院的汉语教学

所在城市：布加勒斯特市

承办机构：布加勒斯特大学

合作机构：中国政法大学

启动运行时间：2013 年 3 月 19 日

布加勒斯特大学位于罗马尼亚的首都布加勒斯特市，其源自 1694 年建立的皇家学院。1864 年，当时的统治者库扎大公命令建立了布加勒斯特大学。布加勒斯特大学对罗马尼亚教学、科研和文化的发展以及现代化建设作出了重要贡献。布加勒斯特大学是一所具有 150 多年历史的名校，布加勒斯特大学汉语系成立近 60 年来，培养了大批汉语和中国文化研究人才。布加勒斯特大学孔子学院于 2013 年 11 月 22 日正式揭牌，是罗马尼亚 4 所孔院中最年轻的一所。这个时间正值中国国务院总理李克强访问罗马尼亚、中国—中东欧国家领导人在布加勒斯特会晤前夕，所以揭牌意义非同寻常，因此受到罗马尼亚社会各界的普遍关注。华人华侨以及罗马尼亚本地对汉语感兴趣的人来电或前来咨询参观。罗马尼亚国际电视台，罗马尼亚 AGERPRES 网站，MEDIA UB 网站等，新华社、中新社都积极报道了布加勒斯特大学孔院揭牌的相关消息。2014 年 1 月 8 日，罗马尼亚广播电台特别邀请了布加勒斯特大学孔子学院理事长米尔卡·杜米特鲁、孔子学院外方院长罗米教授在电台参加了有关孔院话题的直播节目，两人就建立孔院的经验和布大孔院的发展发表了自己的见解。1 月 10 日，《人民日报》海外版以"传播中国文化的桥梁——记布加勒斯特大学孔子学院"为题，对布大孔院成立以来的汉语教学、茶艺等文化活动进行了报道。

罗马尼亚媒体和驻罗中国媒体对布大孔院的宣传和报道，极大地激发了罗马尼亚人对孔院的热情。

布大孔院中方院长薛小建在接受采访时表示，第一，布大孔院要开设各种类型的汉语班，以满足不同的学员需求。包括零起点的初级班和有一定的汉语基础的中高级班，还有有特别要求的如为布大汉学系学生和其他有较高汉语水平的学生开设的商务汉语班，以及为参加HSK（汉语水平考试）、HSKK（汉语水平口语考试）的学员开设的考试辅导班等。同时为罗马尼亚学生前往中国参加如"汉语桥"比赛、申请前往中国学习汉语的"新汉学计划""夏令营"活动等提供信息和帮助。第二，布大孔院作为一所研究型孔院，将会举办系列的研讨会和其他的文化交流活动。第三，布大孔院是中罗文化交流的平台。孔院在中国和罗马尼亚开展一些介绍和宣传两国文化社会生活的活动，如音乐、电影、绘画艺术、中国茶艺、中国书法等，以增进两国人民之间的了解和友谊①。

2015年7月21日，布加勒斯特大学孔子学院开展了罗马尼亚儿童汉语夏令营活动。孔院教师带领19名儿童学习汉语、体验中华文化。通过夏令营孩子们学习了日常对话和初级汉语词汇，通过剪纸、打乒乓球、写中国书法等丰富多彩的文化活动，近距离接触了中国文化。2015年9月8日，中国作家协会派出由苏童等6名小说家、诗人和文学评论家组成的作家代表团抵达罗马尼亚布加勒斯特大学孔子学院进行为期4天的交流访问。当地汉学家、文学爱好者对中国小说和诗歌表现出浓厚的兴趣。2015年9月21日，国际儒联与罗马尼亚汉学家在布加勒斯特就"儒学与欧洲文明对话"做了首次对话。儒学是中国传统文化的重要组成部分，两国专家面对面的学术文化交流对推动两国关系发展、推动中欧地区的儒学研究和传播、推动中罗两国之间的文化和学术交流具有非常重要的意义。

① 欧洲网：《传播中国文化的桥梁——记布加勒斯特大学孔子学院》，http://www.duyii.com/ozxw/20140110_14091.html，2016年10月1日。

2016 年 1 月 27 日，布加勒斯特大学孔子学院外方院长白罗米、中方院长董京波参加了罗马尼亚前进出版社举办的中罗双语故事读本发行仪式。中罗双语故事读本的出版有利于罗马尼亚青少年学习汉语。孔子学院中外方院长与前进出版社汉语出版物负责人进行了深入讨论，未来双方将会在出版物的内容选择、质量把关等方面进行有效的合作。2016 年 2 月 7 日，中国歌剧舞剧院国家一级演员、著名戏曲表演艺术家李玉刚和著名演员于晓光走进布加勒斯特大学孔子学院，为孔院学生上了一堂生动有趣的"特别汉语课"。他们的书法和歌曲课得到了学生的好评。

2016 年 3 月 3 日，布加勒斯特大学孔子学院和罗美大学合作举办"不谢的青春"中国文化日活动。汉语教师带来了茶艺、民族服饰、书法绘画、剪纸和脸谱五类体验项目。有些华侨子女从小接受罗文教育，不会说中文。参加此次活动后，他们对中国的传统文化产生了浓厚的兴趣，想要重新开始学习中文，以后到中国留学。2016 年 4 月 14 日，布加勒斯特大学孔子学院下设雅西教学点首次参与"Friend，Freunde，Amis，朋友"中小学语言比赛，来自雅西及周边地区 4 所小学的近 50 名师生参加了此次活动。小学生语言比赛始于 2012 年，主办方为雅西 Euro Foundation，参赛对象为 7 岁至 11 岁的小学生，往届比赛涉及的语言主要有英语、德语和法语，本届比赛汉语首次被列为比赛语种。2015 年 10 月，布大孔院在雅西 EuroEd 小学设立汉语教学点。

2016 年 5 月 8 日，布加勒斯特大学孔子学院参加主题为"Opportunity Weekend"的活动。活动主要面向罗马尼亚优秀高中生，旨在为其创造更多学习和实践的机会，内容涵盖语言文化、舞蹈、艺术、公益服务等。教师向大家介绍孔院的课程设置、汉语的特点和优势、学习汉语的前景等，并根据咨询者的具体情况进行详细解说。对于汉语零基础的学生，孔院教师从学习汉语的乐趣和意义出发，激发其学习兴趣；而对于有一定基础的汉语学习者，则主要介绍汉语考试、留学及就业，帮助其进一步加强汉语学习。活动旨在扩大汉语的教学对象。

　　第 15 届"汉语桥"世界大学生中文比赛罗马尼亚赛区选拔赛 5 月 22 日在布加勒斯特举行。本届比赛主题为"梦想点亮未来",分为演讲、知识问答和才艺表演三个环节。来自布加勒斯特、克鲁日、锡比乌和布拉索夫等地的 16 名大学生参加了比赛。布加勒斯特大学中文系的米哈伊尔—米尔恰·斯坦卡拔得头筹。

　　2016 年 5 月 11 日,布加勒斯特大学孔子学院中外方院长同罗马尼亚教育部汉语教学学监 Rodica Cherciu 女士做了面谈,主要内容是汉语进入罗马尼亚中小学必修课课程的必要性。多方共同努力下,罗马尼亚教育部已准许汉语语种列入本年度中小学课程教学大纲,布大孔院已协助组建中小学汉语教学大纲编写组。布大孔院将继续推进相关工作,积极与罗马尼亚教育部沟通,助推汉语列入罗马尼亚中小学必修课。

　　2016 年 6 月 17 日,布加勒斯特大学孔子学院下属巴克乌费迪南德一世国立高中孔子课堂揭牌。巴克乌费迪南德一世国立高中汉语课堂成立于两年前,2015 年被孔子学院总部、国家汉办批准为布加勒斯特大学孔子学院下属孔子课堂。作为罗马尼亚摩尔多瓦地区第一个也是唯一的孔子课堂,揭牌仪式的举行标志着该校语言文化交流项目正式增加了中文语种,表明布大孔院影响力的进一步扩大。

　　2016 年 6 月,罗马尼亚教育部批准了布加勒斯特大学孔子学院的申请,正式发文确认将汉语列入中小学最新外语语言课程名单。这标志着汉语正式进入罗马尼亚国民教育体系,罗马尼亚中、小学汉语教学迎来了新的里程碑。布大孔院非常重视汉语基础教育,设立了许多中小学汉语教学点。为增强学生们学习汉语的热情,使汉语教学更规范化,孔院进行了汉语正式进入中小学课程的申报工作。布大孔院于一个月前向罗马尼亚教育部提交了申请,并积极与中国大使馆和罗教育部负责人沟通,阐明汉语进入中小学课程的必要性。在多方共同努力下,罗马尼亚教育部批准汉语教师参与本年度中小学外语课程教学大纲编写。随后,布大孔院协助组织了中小学汉语教学大纲编写组,孔院外方院长白罗米担任大纲编写组组长。2016 年，罗马尼亚教育部正式发文确认汉语列入罗马尼亚中小学课程。布大孔院近期向教育部提交了 HSK 入中考、高考认可成绩的申请，实现汉语学习与考试、升学挂钩的汉语推广目标，有利于增强学生们的学习热情，以制度建设促进汉语学习和推广。

罗马尼亚首都布加勒斯特第一个孔子课堂于 2016 年 6 月 24 日在克塞诺波尔经济高中揭牌，这是布加勒斯特大学孔子学院的一个汉语教学场所，克塞诺波尔经济高中从 2013 年起开设汉语课。目前，该校有汉语必修课学生近 70 人，另有 30 名学生选修汉语。目前，罗马尼亚共有 4 所孔子学院、6 个孔子课堂和众多汉语教学点。

2016 年 9 月 16 日，布加勒斯特大学孔子学院中外方院长助推少年宫汉语课开设工作。孔院和少年宫负责人就开设汉语课程的具体教学对象、教学时间、教学大纲等进行详细探讨，并制定了初步的课程方案。该少年宫已开设了多种语言课程，包括法语、德语、西班牙语等，此次合作是首次将汉语纳入少年宫语言课程。以少年宫为窗口，将会使更多当地中小学生参与到汉语课堂和中文学习中去。布大孔院在少年宫的定期文化活动，能让更多的青少年了解和喜爱中国文化。

2016 年 9 月 20 日，布加勒斯特大学孔子学院与布加勒斯特国际学校开展合作，为国际学校学生提供中文课程。孔子学院将在汉语教学方面给予国际学校大力支持，派教师前往该校开展汉语教学、文化交流等活动。孔院教师此前就教学目标、学生群体班级制分配以及未来汉语课堂发展等教学问题与国际学校校方进行了探讨。布加勒斯特国际学校是成立于 20 世纪 90 年代的一所私立学校，教授的语言课程包括英语、法语、西班牙语等，汉语作为新增课程首次出现在国际学校的课堂上。增加汉语这一门重要的课程对学校的发展意义重大，汉语教学覆盖范围的扩大能让更多的学生学习汉语、了解中国文化。

2016 年 9 月 27 日，布加勒斯特大学孔子学院为继续扩大在当地企业界的影响力，将孔院打造成汉语语言测试权威机构，根据市场需求，提供更多相应服务，助力"一带一路"国策。9月21日，布加勒斯特大学孔子学院中方院长董京波应邀前往教育点（Education Point）公司，与该公司代表拉维妮娅就面向企业提供汉语测试服务事宜进行了商谈。该公司客户希望能够长期招聘具有较高汉语口语水平的员工，以在未来扩大与中国的合作。因此，该公司希望布加勒斯特大学孔子学院能够为其提供专业的汉语测试服务，以保证应聘者的汉语口语水平。

2016年10月3—4日，由中国政法大学法学代表团、布加勒斯特大学法学院和布加勒斯特大学孔子学院共同举办的"一带一路国际经济法学研讨会"在布大法学院召开。学者们围绕"一带一路国际经济法律问题"做了发言，他们在国际贸易法、国际金融法和国际投资法方面分享了最新研究成果，就《联合国国际销售合同公约》（CISG）的适用、人民币国际化、亚投行、中罗反垄断法、中国—欧盟双边投资协定等问题展开了深入探讨，会议的举办有效地促进了两国法学界的交流。"一带一路"政策的成功实施离不开跨国法律制度的研究，而罗马尼亚又是"一带一路"重要国家，中国是罗马尼亚除欧盟外的最大的贸易合作伙伴，中罗双方在能源、基础设施等领域的合作取得积极进展，中罗法学界交流非常有必要。布大孔院策划组织的此次研讨会为"一带一路"国家法律制度的研究提供了支持。

五　奥维第乌斯大学孔子课堂的汉语教学

所在城市：康斯坦察

承办机构：奥维第乌斯大学

协议时间：2010年10月24日

启动运行时间：2011年3月19日

2015年2月18日，锡比乌孔子学院康斯坦察孔子课堂举办了"体验中国文化、喜迎中国新年"庆祝活动。此次活动主要由"中国书法""中国剪纸"及"筷子游戏与抽奖"三部分组成。市民对中国传统文化产生了浓厚兴趣，并充分体验了中国传统文化的魅力。2015年5月13日，奥维第乌斯大学孔子课堂成立4周年。北京语言大学国际交流与合作处处长张宝钧、国际关系学院院长贾烈英及国际商学院院长刘克访问了奥维第乌斯大学及孔子课堂，同来的还有北京外国语大学欧洲语言文化学院的教师代表。代表团还探望了正在上课的孔子课堂师生们，学生为代表团精心准备了中文歌曲、诗歌朗诵、陈式太极拳等表演节目，表演获得热烈的掌声。

六　普通中小学的汉语教学

罗马尼亚中小学汉语教学开展的较好，开设汉语课程的学校和学习汉语的中小学人数逐年增加。萨多万努中学20世纪90年代就开设了汉语课程，主要在9年级至12年级开设汉语选修课，每周两个学时，旨在培养中学生对汉语和中国文化的兴趣。皮特什蒂19中学是一所由1年级至12年级学生构成的国立全日制学校，于2000年左右开设汉语课，主要培养学生听说能力和兴趣。久尔久中学于2003年11月正式开设汉语课。布加勒斯特国际学校是一所从幼儿园至高中的设置完全的学校，该校于2003年9月开始设立汉语教室，开启了汉语课程的教学。布勒加斯特94小学于2003年开设了汉语课程[①]。2015年10月，罗马尼亚阿尔杰什省5所中小学中文班联合开班，该省有500多名中小学生开始通过中文班学习汉语[②]。除此之外，格奥尔基—拉泽尔中学、皮亚—布拉蒂亚努17中学、尼基塔—斯特内斯库中学都开设了汉语课程。近年来，开设汉语课程的中小学越来越多。匈牙利的孔子学院和课堂经过多年努力在该国的雅西、德瓦、胡内多阿拉、加拉茨、皮特什蒂、蒂米什瓦拉、苏恰瓦、久尔久等城市设立了多个汉语教学点，其中包括一些中小学教学点。

---

① 周元琳：《罗马尼亚汉语教学调查研究报告》，《国际汉语教学动态与研究》2006年第2期。
② 中华人民共和国驻罗马尼亚大使馆官网：《驻罗马尼亚大使徐飞洪出席阿尔杰什省中文班开班仪式》，http://www.fmprc.gov.cn/ce/cero/chn/sgxw/t1307506.htm，2016年10月2日。

　　2016 年 6 月，罗马尼亚教育部批准了布加勒斯特大学孔子学院的申请，正式发文确认将汉语列入中小学最新外语语言课程名单。这标志着汉语正式进入罗马尼亚的国民教育体系，罗马尼亚的中小学汉语教学迎来了新的里程碑。

第四节　汉语师资、教材及教法

　　罗马尼亚的汉语教学已经走过 60 多年的历史，学习汉语的人数越来越多，但目前该国的汉语教学师资还主要依靠中国政府派遣的教师及汉语志愿者。例如自 1956 年开始，我国教育部每两年向罗马尼亚布加勒斯特大学派遣一名汉语教师，50 年来，布大向罗马尼亚重要部门输送了 400 多名汉语人才，为中罗文化的交流和合作做出了巨大的贡献[①]。但是，本土汉语教师比较缺乏，罗马尼亚应该调整政策体制和运作机制，提高教师待遇，加大对教育的投入力度，从根本上培养本土汉语教师队伍。张晓雅（2014）指出，罗马尼亚的孔子学院曾经使用过《当代中文》《跟我学汉语》《汉罗交际语言基础》《长城汉语》《欢乐汉语》《汉语乐园》《体验汉语》等汉语教材。2010 年，孔子学院独立编辑的《汉罗交际语言基础》是罗马尼亚发行的第一套中罗两国合作出版的汉罗教材。罗马尼亚亟须更多的适合本国特点的汉语教材[②]。

　　罗马尼亚的汉语工作者比较重视汉语教学方法的探讨，自 2010 年始，每年都会召开关于汉语教学的座谈会。2010 年 11 月 13 日，驻罗使馆在布加勒斯特召开了汉语教学工作座谈会。克鲁日大学孔子学院冯少中院长和锡比乌大学孔子学院宋少峰院长先后发言，分别介绍了

---

① 周元琳：《罗马尼亚汉语教学调查研究报告》，《国际汉语教学动态与研究》2006 年第 2 期。
② 张晓雅：《罗马尼亚汉语教学与推广情况研究》，硕士学位论文，山东师范大学，2014 年，第 15 页。

两所孔子学院自成立以来所做的大量工作和取得的成绩。与会教师也畅所欲言，以自己在汉语教学第一线的切身感受，积极为汉语推广和教学工作献计献策，对改进汉语教学提出了意见和建议①。2013 年 11 月 9 日，来自罗马尼亚全国各地的汉语教师 40 多人在首都布加勒斯特齐聚一堂，出席了 2013 年罗马尼亚汉语教学研讨会。中国驻罗马尼亚使馆教育组负责人主持会议，锡比乌孔子学院中方院长宋少峰和布拉索夫孔子学院中方院长杨兆宇分别在研讨会上作了主旨发言。汉语老师在会上也踊跃发言，畅谈在罗进行汉语教学的酸甜苦辣，共同研讨汉语教学中遇到的各种问题，分享各自的教学经验②。2014 年 10 月 26 日，罗马尼亚汉语教学座谈会在中国驻罗使馆举行，来自罗全国各地的 50 余位汉语教师与会。座谈会由使馆教育组负责人卞正东主持。驻罗大使霍玉珍出席并与教师们互动交流③。应罗方要求，中方已在罗马尼亚布加勒斯特、布拉索夫、克鲁日和锡比乌市开设了 4 所孔子学院，在康斯坦察设立了孔子学堂，在其他十多个城市开设了汉语教学点。2015 年 10 月 8 日，"全球化时代的汉语国际教育"学术研讨会在罗马尼亚克鲁日巴比什—波雅依大学孔子学院举办。来自中国、罗马尼亚、瑞典、马耳他、比利时等国的语言学家就汉语国际教育和孔子学院发展等做了发言和讨论，研讨会吸引了巴比什—波雅依大学汉语专业的学生参加④。2016 年 1 月 9 日，罗马尼亚锡比乌孔子学院在卢奇安·布拉卡大学召开了 2016 年首届汉语教学工作研讨会。来自该孔子学院多个下设孔子课堂和两个图书馆汉语角的 17 名汉语教师和志愿者教师参加了研讨会。2016 年 4 月 8 日，罗马尼亚克鲁

① 中华人民共和国驻罗马尼亚大使馆官网：《驻罗马尼亚使馆召开 2010 年汉语教学工作座谈会》，http://www.hwjyw.com/info/content/2010/11/17/13037.shtml，2016 年 10 月 2 日。
② 中国新闻网：《2013 年罗马尼亚汉语教学研讨会召开》，http://www.chinanews.com/hwjy/2013/11-11/5487771.shtml，2016 年 10 月 2 日。
③ 中华人民共和国驻罗马尼亚大使馆官网：《驻罗马尼亚大使霍玉珍出席 2014 年罗汉语教学座谈会》，http://www.chinaembassy.org.ro/chn/jyxx/hytg/t1206472.htm。
④ 新浪新闻：《罗马尼亚克鲁日孔子学院举办汉语国际教育学术研讨会》，http://news.sina.com.cn/o/2015-10-10/doc-ifxiqtqy0709073.shtml，2016 年 10 月 2 日。

日巴比什—波雅依大学孔子学院成功举办了首届微课比赛暨汉语教学研讨会①。2016 年 9 月 15 日，罗马尼亚布加勒斯特大学孔子学院召开了新学年教学工作研讨会。

本章主要参考文献

张晓雅：《罗马尼亚汉语教学与推广情况研究》，硕士学位论文，山东师范大学，2014 年。

周元琳：《罗马尼亚汉语教学调查研究报告》，《国际汉语教学动态与研究》2006 年第
　　2 期。

王艺桦：《罗马尼亚中高级阶段离合词教学》，硕士学位论文，重庆师范大学，2015 年。

刘洋：《罗马尼亚初中级汉语水平学生使用形容词重叠式 AABB 的偏误分析》，硕士
　　学位论文，重庆师范大学，2015 年。

---

① 孔子学院总部/国家汉办官网：《克鲁日大学孔子学院举办首届微课比赛暨汉语教学研讨会》，
　　http：//www. hanban. edu. cn/article/2016 - 04/13/content_ 637871. htm，2016 年 10 月 2 日。

第三章　捷克的汉语教学

第一节　国家概况

一　自然地理

捷克共和国（The Czech Republic），是中欧地区的一个内陆国家，国土面积 78866 平方公里。捷克处在三面隆起的四边形盆地，土地肥沃。北有克尔科诺谢山，南有舒玛瓦山，东部和东南部为平均海拔500—600 米的捷克—摩拉维亚高原。盆地内大部分地区在海拔 500 米以下，有拉贝河平原、比尔森盆地、厄尔士山麓盆地和南捷克湖沼地带。伏尔塔瓦河最长，流经布拉格。易北河发源于捷克的拉贝河，可以通航。全国丘陵起伏，森林密布，风景秀丽。

国土分为两大地理区，一是位于西半部的波希米亚高地，二是位于东半部的喀尔巴阡山地，它由一系列东西走向的山脉组成。最高点是海拔为 2655 米的格尔拉霍夫斯基峰。境内高地、丘陵和盆地相间。边境多山，苏台德山的斯涅日卡山，海拔 1602 米。境内最低海拔 Elbe河，海拔为 115 米。捷克属海洋性气候向大陆性气候过渡的温带气候。

夏季炎热，冬季寒冷多雪①。

二 历史政治

5—6 世纪，斯拉夫人西迁至捷克和斯洛伐克地区。公元 623 年斯拉夫部落联盟萨摩公国形成，成为历史上第一个斯拉夫王国。公元830 年建立大摩拉维亚公国。9 世纪末至 10 世纪上半叶帝国解体，普热美斯家族成立以布拉格为中心的捷克公国。1086 年，捷克公国臣服于神圣罗马帝国。1867 年后处于奥匈帝国统治之下。第一次世界大战后奥匈帝国解体，捷克与斯洛伐克联合，1918 年 10 月 28 日成立捷克斯洛伐克共和国。1938 年 9 月，英、法同德、意签订《慕尼黑协定》，捷克斯洛伐克被迫将苏台德地区和与奥地利接壤的南部地区割让给德国。1939 年 3 月，德国占领捷克斯洛伐克全境。1945 年 4 月以共产党为主要领导者的捷克斯洛伐克民族阵线联合政府成立。5 月 9 日，捷克斯洛伐克全境解放。1948 年 5 月 9 日成立捷克斯洛伐克人民民主共和国。1960 年 7 月 11 日改国名为捷克斯洛伐克社会主义共和国。1989年 11 月捷政局发生剧变。1990 年 3 月改国名为捷克斯洛伐克联邦共和国，4 月改称捷克和斯洛伐克联邦共和国。1992 年，联邦解体。1993 年 1 月 1 日，捷克共和国成为独立的主权国家②。

捷克实行多党议会政治制度，积极奉行"返回欧洲"的对外政策。1992 年通过新宪法，确定捷克为多党议会民主制和平等、自由、法制的原则。议会是国家最高立法机构，实行参众两院制。总统是国家元首和武装力量的最高统帅，任期 5 年，可连任一届。全国设宪法法院、最高法院和最高检察院，院长均由总统任命。政府是最高行政权力机构，由总理、副总理和各部部长组成③。

---

① 中华人民共和国外交部官网：《捷克国家概况》，http：//www. fmprc. gov. cn/web/gjhdq_ 676201/gj_ 676203/oz_ 678770/1206_ 679282/1206x0_ 679284/，2016 年 10 月 9 日。

② 同上。

③ 中国驻捷克大使馆经济商务参赞处：《对外投资合作国别（地区）指南——捷克》，商务部2015 年发布，http：//fec. mofcom. gov. cn/article/gbdqzn/，2016 年 10 月 9 日。

三　人口经济

捷克国土面积 78866 平方公里。人口 1056 万人（2016 年数据）[①]。其中捷克族约占 90%，斯洛伐克族占 2.9%，德意志族占 1%，此外还有少量波兰族和罗姆族（吉卜赛人）。官方语言为捷克语，主要宗教为罗马天主教。捷克于 2004 年 5 月 1 日加入欧盟，成为正式成员国，于 2007 年 12 月 21 日成为申根公约成员国。捷克是啤酒生产和消费大国，其出口的主要对象是斯洛伐克、波兰、德国、奥地利和美国。农业用地面积 248.8 万公顷，其中耕地面积 146.8 万公顷。旅游也是捷克经济收入的重要来源，旅游业总收入占 GNP 的 5.5%。外贸在捷克经济中占有重要位置，国内生产总值 80% 依靠出口实现。捷克褐煤和硬煤资源较丰富。石油、天然气和铁矿砂储量很小，基本依赖进口。捷克森林资源丰富，森林覆盖率为 34%，约占全国总面积的 1/3，主要树种有云松、冷杉、橡树和榉树等。

四　语言政策

标准捷克语以中捷方言为基础，也是捷克的官方语言。捷克语使用人数近 1100 万人，属西斯拉夫语支的南分支。早期捷克境内通行教会斯拉夫语、拉丁语或德语，13 世纪下半叶开始出现真正的捷克语文献。15 世纪初胡斯发起宗教改革运动的同时，奠定了捷克语的拼音规则，对其他使用拉丁字母拼写的斯拉夫语也产生了重大影响。捷克语曾是原捷克斯洛伐克的主要官方语言，与斯洛伐克语可互通。

第二节　汉语教学简史

捷克汉语研究和教学开始的比较早，主要源于创立于 1348 年的查

[①] 中华人民共和国外交部官网：《捷克国家概况》，http：//www.fmprc.gov.cn/web/gjhdq_ 676201/gj_ 676203/oz_ 678770/1206_ 679282/1206x0_ 679284/，2016 年 10 月 9 日。

理大学。19 世纪下半期，查理大学就设置了东方学讲习所，卢·德沃夏克（Rudolf Dvorak）教授是第一位从事汉学研究的捷克人。但是，第二次世界大战之后，捷克的汉学研究和语言教学才系统全面的开始。捷克的汉语教学离不开它的开拓者雅罗斯拉夫·普实克（Jaroslav Prusek）先生，他是第一位精通汉语的汉学家。他曾来华学习中国文化和汉语，与我国的矛盾、鲁迅、冰心等作家都有来往。他还翻译过很多作品，例如《呐喊》《论语》《聊斋志异》《老残游记》《孙子兵法》《子夜》等名作。他的研究不仅对文学，而且对现代汉语语法及语音都产生了重要的影响。普实克不仅是捷克著名汉学家，也是欧洲有声望的汉学家之一。他的辛勤工作，为捷克培养了一批有成就的汉学工作者。捷克的汉学中心在首都布拉格，它的汉学人才集中在查理大学远东部及捷克科学院东方研究所。这两个汉语教学和汉学研究单位，都是当年普实克辛勤努力创办的。这两个单位的汉学人员，关系一直很密切。不少东方研究所的汉学家，也曾兼任查理大学的汉语教师。这些汉学家是捷克汉语教学的先驱者和开创者，为捷克的汉语研究和教学做出了巨大的贡献[1]。

查理大学由捷克国王查理四世创立，已有 600 多年的历史，它是中欧最古老的大学，也是全欧洲最古老的大学之一。查理大学于第二次世界大战前就开设汉语课程，当时既缺乏教材，又缺少必备工具书，全靠普实克教授一人苦心经营。后又遭德国法西斯破坏。第二次世界大战后，在国家重视下，汉语教学事业稳步发展，成长起来一批有水平的教师，购置、积累了一大批图书资料。从 1948 年到 1987 年这 40 年里，查理大学为国家培养了约 80 名汉学人才。

1968 年之后，由于历史、政治等多方面的因素，捷克汉语教学进入了长达 20 年的停滞期。20 世纪 80 年代末、90 年代初，捷克的汉语教学才开始新的篇章。查理大学中文系、帕拉斯基大学以及位于布拉格的捷克科学院东方研究所都是汉语教学和研究的重心。1987 年开始，查理大学改隔年招生为连年招生，并且布拉格经济大学也为外贸部招收 21 名

---

① 刘学敏、孟国：《捷克的汉学研究和汉语教学》，《世界汉语教学》2001 年第 3 期。

代培生。这样，布拉格学汉语的在校正式大学生，就由 1986 年的 13 人，增加到 32 人。1988 年增加的人数更多，除了上述两个单位继续招生外，查大法学院也招收了汉语学生。斯洛伐克首都布拉迪斯拉发，在中止了相当长的时间以后，也重新开始了招收学汉语的学生。自 1987 年开始，布拉格业余外语学校学汉语的人数也呈剧增趋势①。

21 世纪后，捷克汉语教学有了新的突破。2006 年 10 月，由北京外国语大学与帕拉斯基大学合作的孔子学院启动运行，这是捷克第一所孔子学院，也是目前为止唯一的一所孔子学院。目前帕拉斯基大学孔子学院有 4 名汉语教师志愿者和 1 名汉语教师在孔子学院任教，常年保持 3 名汉语教师志愿者和 1 名汉语教师，并同时聘请 5—7 名本校汉语专业研究生或本科生作为孔子学院兼职汉语教师。孔子学院在 2014 年面向帕拉斯基大学学生和教师开设 7 个班的汉语选修课，面对社会公众开设汉语班、书法课、厨艺课、太极拳课、中国乐器（二胡课）、中国武术课等共 10 个班；分别在布拉格的查理大学（Charles University in Prague）、布尔诺的马萨里克大学（Masaryk University in Brno），以及俄斯特拉发市（Ostrava）、奥洛穆茨市（Olomouc）、兹林市（Zlin）和普罗斯捷约夫市（Prostejov）的语言中学开设有汉语教学点 6 个。全年注册学员 300 多人，非注册学员 176 人，学员人数相比往年有大幅增长。孔子学院还为本校汉语专业本科生和研究生开设 HSK 系列课程，为本校学生、当地和周边中学以及社会大众提供了越来越多学习汉语、了解中国文化的机会②。

第三节 汉语教学的环境和对象

自捷克孔子学院设立至今，虽然只有十来年的时间，但其在汉语

---

① 董树人：《捷克斯洛伐克的汉语教学》，《语言教学与研究》1992 年第 2 期。
② 北京外国语大学孔子学院工作处官网：《捷克帕拉斯基大学孔子学院》，https：//oci. bfsu. edu. cn/archives/713，2016 年 10 月 12 日。

教学上取得了很大的成就。已经开设了小学汉语教学课堂和一所孔子学院。捷克汉语教学对象涉及范围广泛，从小学到大学。温家宝总理2012 年出席中国与中东欧国家领导人会晤和经贸论坛时，对外宣布"未来 5 年向中东欧国家提供 5000 个奖学金名额"。

2012 年 11 月，中国和捷克签署了 2012—2015 年的教育交流协议。截至 2013 年，捷克开设汉学专业的高校有查理大学、帕拉斯基大学、马萨里克大学。前两所学校的汉学专业历史比较悠久，有本科、硕士两个层次。此外，布拉格经济大学、捷克技术大学等高校也将汉语专业作为选修课列入了教学计划。2003 年，我国在捷克设立了"汉语水平考试"（HSK）考点。每年由我国驻捷使馆举办的"汉语桥"大学生中文比赛及各种汉语推广活动吸引了越来越多的捷克青年参加，汉语学习在捷克持续走热①。

捷克通过多次开展"汉语桥"比赛和汉语水平等级考试（HSK）工作，激发了学生学习动力、宣传了中国文化。从孔子学院建立之日起，不间断地举办汉语比赛活动。2010 年 5 月 28 日，第九届"汉语桥"世界大学生中文比赛捷克、斯洛伐克赛区预赛在布拉格技术大学图书楼举办。2011 年 2 月，帕拉斯基大学孔子学院联合布拉格捷华协会共同举办中国当代短篇小说翻译竞赛。2012 年 5 月 20 日，捷克帕拉斯基大学孔子学院作为目前捷克唯一的汉语考试考点，在奥洛穆茨市成功举办了首次新 HSK 考试。本次考试，该考点举办了新 HSK 二级、三级和五级三个级别的考试，共有 9 名考生报名参加，他们分别来自捷克不同地区，包括二十几岁的年轻人到五十多岁的中年人。2013年，孔院还举办了"汉语桥世界大学生中文比赛捷克、斯洛伐克赛区预赛""捷克、斯洛伐克地区汉语教学现状与发展研讨会""中捷语言生联谊会"等一系列大型汉语推广活动，新华网、《光明日报》、光明网、《布拉格时报》等多家媒体对活动进行了报道，反响十分热烈。

① 中华人民共和国教育部官网：《中国—捷克教育合作与交流简况》，http：//www. moe. edu. cn/publicfiles/business/htmlfiles/moe/moe_ 853/201005/87458. html，2016 年 10 月 16 日。

2013 年，还在布拉格查理大学和兹林中学新开设两个汉语教学点。2015 年 4 月 23 日，第十四届"汉语桥"世界大学生中文比赛捷克、斯洛伐克赛区预赛成功举办。汉语比赛和这些活动促进当地人们学习汉语的热情。汉语教学机构的设置为捷克人们学习汉语提供便利的平台和机会。

一 帕拉斯基大学孔子学院的汉语教学①

所在城市：奥洛穆茨

承办机构：帕拉斯基大学

合作机构：北京外国语大学

启动时间：2006 年 10 月 6 日

帕拉斯基大学孔子学院在中国文化的宣传上做出了杰出贡献，活动形式多种多样，例如针灸、茶道、书法等。孔子学院作为中捷文化交流的纽带，充分发挥了其纽带作用，加强了中捷之间的友谊。同时，为中国文化的推广，提高中国文化的影响力发挥了巨大作用。中捷之间的学术交流促进了中、捷两国的学者之间的认识和了解。虽然布拉格中华国际学校孔子课堂的成立时间比帕拉斯基大学孔子学院稍晚，但是其影响力并不低。汉语教学进入捷克的高等院校体现了汉语在国际的影响力。

2010 年 3 月 10 日，捷克帕拉斯基大学孔子学院联合中国驻捷克使馆文化处，在奥洛穆茨市帕拉斯基大学哲学院电影厅放映了中国影片《香巴拉信使》，拉开了"欢乐新春电影节"的序幕。此次中国电影节将依次放映 3 部故事片《香巴拉信使》《长调》和《剃头匠》，以及《走近中国》《新西藏》《少数民族服饰》《江南水乡》等七部专题片。中捷近年来的文化交流包括电影领域内的交流日益增加，向捷克人提供一个了解中国和认识中国的平台。

2010 年 5 月 28 日，第九届"汉语桥"世界大学生中文比赛捷克、

---

① 孔子学院总部/国家汉办官网：http://www.hanban.edu.cn/，2016 年 10 月 16 日。

斯洛伐克赛区的预赛在布拉格技术大学图书楼成功举办。来自捷克查理大学、帕拉斯基大学、布拉格经济大学以及斯洛伐克考门斯基大学的 10 名选手参加了比赛。经过 3 个环节的比试，布拉格查理大学的四年级学生杨盖博成为翘楚，考门斯基大学的罗杰和查理大学的维特并列第二，他们将代表捷、斯两国汉语专业的大学生前往中国参加"汉语桥"比赛的下一轮角逐。

2010 年 10 月 21—22 日，帕拉斯基大学孔子学院参加了在捷克中部城市哈弗利奇·布洛德市文化宫举办的大型秋季图书展，送展书籍和音像制品达上百册，题材涉及中国文化、国情和汉语教材等。捷克帕拉斯基大学孔子学院还应举办方邀请出席了 21 日晚在老市政厅举办的年度最佳图书颁奖晚会，捷克共和国众议院主席为获奖出版社和作者颁奖。

2011 年 2 月 18 日，由帕拉斯基大学孔子学院联合布拉格捷华协会在去年 9 月共同举办的中国当代短篇小说翻译竞赛，经过 5 名评委几个月的认真评审，结果分晓。布拉格查理大学中文系学生 Karin So-jkova 的译作在参赛的五部作品中脱颖而出，夺得第一名。她翻译的是作家老舍的短篇小说《老字号》；第二名由帕拉斯基大学汉语系学生 Martina Rysova 获得，参赛译作是作家余华的《十八岁远行》；另外一篇获奖译作是 Jana Suvakova 的《花开时节》。

2012 年 5 月 20 日，帕拉斯基大学孔子学院作为目前捷克唯一的汉语考试考点，在奥洛穆茨市成功举办了首次新 HSK 考试。本次考试，该考点举办了新 HSK 二级、三级和五级三个级别的考试，共有 9 名考生报名参加，他们分别来自捷克不同地区，包括二十几岁的年轻人到五十多岁的中年人。

2013 年 9 月 10 日，在帕拉斯基大学孔子学院中方院长及汉语教师于捷克兹林市语言中学正式启动该中学的汉语教学工作。该中学汉语教学点作为今年新建立汉语教学合作的几所中学之一，是帕拉斯基大学孔院首次将汉语教学点扩展至孔院所在城市以外的中学，随后孔院还会把汉语教学规模进一步向其他城市扩大。

2013 年 10 月 16 日，帕拉斯基大学最古老的大楼 Konvict 大楼一楼大厅举行了捷克帕拉斯基大学孔子学院"2013 年中国文化月"活动。"中国文化月"是捷克帕拉斯基大学孔子学院一年一度的大型中国文化主题推广活动，每年 10—11 月举行，面向大学师生和当地民众，以多种形式介绍和宣传当代蓬勃发展的中国和悠久古老的中国文化。

2014 年 9 月 8 日，为期一周的中医针灸讲习班在捷克帕拉斯基大学医学院拉开序幕。来自伦敦中医孔子学院的任课老师，受捷克帕拉斯基大学孔子学院之邀来到奥洛穆茨，协助帕拉斯基大学医学院开展中医针灸讲习班，这是捷克帕拉斯基大学孔子学院与英国伦敦南岸大学中医孔子学院的首次合作。本次中医针灸讲座也是帕拉斯基大学孔子学院为纪念孔子学院十周年系列活动之一。针灸讲习班结业典礼上，中方院长为同学颁发了课程结业证书。

2014 年 10 月，捷克帕拉斯基大学孔子学院在奥洛穆茨历史悠久的 Konvict 大楼举行了一年一度的"2014 年中国文化月"开幕式。帕拉斯基大学外事副校长伊万娜·奥博尔纳、中国驻捷克大使馆文化参赞出席了会议。此项活动使更多的中国文化爱好者汇聚一堂，使中国语言和艺术得以广泛传播。"中国文化月"的举办是中捷两国人民友好互信的表现。

2014 年 11 月 6 日，中国驻捷克大使马克卿在教育组唐云等使馆工作人员的陪同下，在孔院"中国文化月"期间专程访问帕拉斯基大学，并为学校师生做演讲。马克卿大使一行抵达帕拉斯基大学，与帕拉斯基大学校长雅罗斯拉夫·米勒尔（Jaroslav Miller）及外事副校长伊万娜·奥博尔纳（Ivana Oborna）会谈，就改善孔院的办公条件和管理体制等方面内容与校领导深入交换了意见。随后马克卿大使及其一行专门来到孔子学院的办公室和教学场地，看望了孔子学院全体教师，并听取了孔子学院中方院长黄小明和捷方院长 Lucie Lanikova 的工作汇报。马克卿大使应帕拉斯基大学邀请，为该校师生做了题为"中国外交与中捷关系"的演讲,并与现场学生进行问答互动。

为庆祝孔子学院成立 10 周年、纪念中捷建交 65 周年,2014 年 9 月 19—21 日,由捷克帕拉斯基大学孔子学院主办,帕拉斯基大学亚洲语文系、中国艺术研究院红楼梦研究所和中国西南交通大学外国语学院协办的"欧洲《红楼梦》多语种译介与海外红学研究研讨会"在捷克帕拉斯基大学召开。此次会议是首次在捷克举办的以红学研究为主题的高端学术会议。本次会议准备历时将近一年,最终邀请到了中国、捷克、斯洛伐克、丹麦、韩国、德国等 6 个国家 11 所著名高校或研究机构共 17 名红学专家和研究者参会。帕拉斯基大学外事副校长、中国艺术研究院红楼梦研究所所长、捷克布拉格查理大学的王和达(Old-rich Kral)先后致辞。此次帕拉斯基大学孔子学院召开研讨会,一方面力求为欧洲相关红学研究专家相互交流提供一次机会;另一方面借助国家汉办"孔子新汉学计划"这一项目,开创一个全新的中国文化高端学术交流平台,繁荣欧洲的汉学研究。

2014 年 11 月 19 日,帕拉斯基大学孔子学院布拉格分院正式成立,中国驻捷克大使出席了开幕式。帕拉斯基大学校长米勒尔教授高度评价孔子学院成立 7 年来对该校汉语教学、人才引进、学科建设及国际化发展等方面所发挥的积极作用。中国驻捷克大使表示,孔子学院和布拉格分院会立足捷克社会需求,与有关方面加强合作,提供优质的汉语教学,为文化交流服务,在增进两国民间的相互沟通和了解中发挥更大的作用。

2015 年 2 月 2 日,帕拉斯基大学孔子学院布拉格分院 2015 学年度汉语班正式开班。帕拉斯基大学孔子学院布拉格分院于 2014 年 11 月 19 日正式揭牌成立。在汉语授课过程中,布拉格分院采用《当代中文》和《跟我学汉语》两本教材,为布拉格乃至整个捷克的汉语爱好者提供全面而丰富的汉语课程。

2015 年 4 月 23 日,第十四届"汉语桥"世界大学生中文比赛捷克、斯洛伐克赛区预赛成功举办。此次预赛由孔子学院总部/国家汉办主办，中国驻捷克大使馆、捷克帕拉斯基大学孔子学院共同承办。本届"汉语桥"世界大学生中文比赛捷克、斯洛伐克赛区预赛在捷克奥洛穆茨市举办，共有来自捷克帕拉斯基大学、捷克马萨里克大学、斯洛伐克考门斯基大学、斯洛伐克经济大学等高校的选手参加。选手们的表现突出，取得了不错的成绩。

2015 年 4 月 24 日，中国驻捷克大使馆和帕拉斯基大学孔子学院联合举办"2015 年捷克、斯洛伐克地区汉语教学研讨会"。中国驻捷克大使馆的工作人员，捷克、斯洛伐克的 15 位汉语教师和学者参加了会议。参会人员就如何积极促进中国和捷克、斯洛伐克之间的文化交流进行了讨论。教师们还对目前的汉语口语教材进行改革或者重新编撰做了深入交流。大使馆教育组负责人表示，全力支持捷克与斯洛伐克地区的教材改革，促进教材的升级换代。

2015 年 6 月，中国国务院副总理刘延东访问捷克期间，代表中国政府热情邀请 100 名捷克学生于 2016 年赴华参加"汉语桥"夏令营活动，并宣布在未来 5 年，中国政府向捷克提供 200 个"中—捷交流专项奖学金"，用以支持捷克学生赴华留学。100 名捷克大、中学生于同年 7 月前往北京和天津参加夏令营活动，"百名捷克学生汉语桥夏令营活动"顺利完成。

2015 年 7 月 16 日，中国驻捷克大使工作人员访问帕拉斯基大学，视察孔子学院，并与校长雅罗斯拉夫·米勒尔进行了会谈，并还向帕拉斯基大学图书馆捐赠了 60 余册图书及一台液晶智能电视，由此在学校图书馆建立了"中国角"。中国驻捷克大使为"中国角"剪彩，随后与 50 余名来自四川和福建的 4 所高校来此参加帕拉斯基大学教育学院暑期班的中国学生亲切交流。

2015 年 9 月 22 日，中央文史研究馆代表团访问帕拉斯基大学孔子学院，并为孔子学院师生带来了一场中国文化专题讲座。帕拉斯基大学外事副校长伊万娜·奥博尔娜表示，希望能与中国文史研究机构建立起长期有效的交流机制。湖北省人民政府文史研究馆馆长李勇和中央文史研究馆副馆长、中国文联副主席、著名画家冯远先后做了题为《略论荆楚文化》和《来自东方的绘画》的专题讲座。

2015 年 9 月 30 日，北京外国语大学"非遗传承·茶香世界"茶道三巡团访问帕拉斯基大学孔子学院，向当地民众展示了中国茶文化的独特魅力与神韵。本次活动由孔子学院总部/国家汉办、北京外国语大学主办，中传笛声民俗文化（北京）有限公司、捷克帕拉斯基大学孔子学院承办，近百名学生和当地民众参加了活动。中国艺术研究院研究员苑利老师首先做了"茶与中国人的生活"主题讲座。讲座结束后，高级茶艺师侯雪艳老师进行了乌龙茶泡饮技法展示。整场茶道表演都伴随着中国著名古筝演奏家、国家二级演员李凡老师的古筝妙音。本次活动使当地人们充分感受了中国传统文化的魅力。

2016 年 2 月 3 日，帕拉斯基大学孔子学院"2016 新春音乐会"在奥洛穆茨市 Divadlo 音乐厅奏响。著名捷克主持人雅罗斯拉夫·杜谢克担任主持。250 余名高校师生、家长、华人华侨与当地观众欢聚一堂。压轴节目是由中国戏剧学院教师吴宏伟和彭晓亮表演的京剧《美猴王》。

2016 年 6 月 10 日，中国驻捷克大使馆举办了"2016 百名捷克学生汉语桥夏令营"活动。来自捷克 6 所大学和 12 所中学的百名学生及带队教师赴布拉格，参加了本次活动。2016 年 7 月 18—22 日，帕拉斯基大学孔子学院举办了中学生汉语实验班夏令营，25 名实验班学生与孔院教师一同度过了一段充实而有趣的时光。2016 年 8 月 1 日，捷克帕拉斯基大学孔子学院暑期班正式开课。暑期班学员们来自奥洛穆茨市及其他周边城市，年龄跨度较大。此次共开设了两个初级班和两个中级班，课程为期两周。这是孔院每年在暑期，为社会各界人士开设的免费汉语课程。

二　布拉格中华国际学校孔子课堂的汉语教学①

所在城市：布拉格

---

① 孔子学院总部/国家汉办官网：http://www.hanban.edu.cn/，2016 年 10 月 16 日。

承办机构：布拉格中华国际学校

协议时间：2007 年 12 月 11 日

启动时间：2007 年 12 月 11 日

2010 年 5 月 28 日，第九届"汉语桥"世界大学生中文比赛捷克、斯洛伐克赛区的预赛在布拉格技术大学图书楼成功举办。中国驻捷克大使霍玉珍为"汉语桥"比赛致开幕词。来自捷克查理大学、帕拉斯基大学、布拉格经济大学以及斯洛伐克考门斯基大学的 10 名选手参加了比赛。经过三个环节的比试，布拉格查理大学四年级学生杨盖博取得第一名，考门斯基大学的罗杰和查理大学的维特并列第二名，他们代表捷、斯两国汉语专业的大学生前往中国参加"汉语桥"比赛的下一轮角逐。

2010 年 11 月 24 日，由捷克技术大学举办的国家展示日活动吸引了各国留学生的参加。活动的主题是"Together We Conquer The World"，分别邀请了中国、波兰、印度、爱沙尼亚、斯洛文尼亚、保加利亚 6 个国家进行展示。为了让更多外国年轻人了解中国文化、认识中国，布拉格中华国际学校孔子课堂的小语种培训志愿者教师，把中国文化带入了本次展示活动。

2010 年 12 月 4 日，在捷克布拉格妇联年会上，布拉格中华国际学校孔子课堂的学生们带来的一场名为"中国风"的文艺演出，受到热烈欢迎。孔子课堂的华裔儿童用中、捷双语朗诵了捷克著名作家玛丽·里瓦伊的诗歌《貘》，获得满堂喝彩。中国少数民族舞蹈、钢琴独奏，以及中国武术表演，得到了现场观众的一致认可。此次活动很好地宣传了中国文化。

三 布拉格汉语课堂的汉语教学

2007 年 5 月 16 日，布拉格汉语课堂开设，这是布拉格中小学汉语教学的重大发展。"布拉格汉语课堂"是中国国家汉办、中国驻捷克大使馆支持和推动的主要面向捷克中小学生的汉语教学推广项目。国家汉办在欧洲地区首批实行"国际汉语教师海外志愿者计划",从捷克当地直接招募、选拔海外志愿者从事此项目的汉语教学。同时,国家汉办对此项目提供了汉语教材等方面的大力支持。中国、捷克双方合作开展主要面向捷克中小学生的汉语教学,这在捷克还是第一次。它为捷克的中小学生学习汉语提供了一个良好的学习平台①。目前汉语课堂根据年龄分三个班级,包括两个中小学班和一个成人班,总共45 人。戴波先生对中小学汉语教育今后的发展充满了期待:将汉语课堂从布拉格六区推广到整个布拉格,进而到整个捷克,使作为"第二外语"的汉语正式列入捷克中小学教学大纲;能把汉语课堂升级为"孔子课堂",同时引进少儿汉语水平考试和商务汉语水平考试,让海外的汉语教学走向系统化、正规化②。

第四节　汉语师资与教学法

德沃夏克和普实克等汉学家为捷克培养了大量的汉语人才,为本国汉语教师师资队伍的建设作出了重要的贡献。查理大学中文系是东亚研究所中最大的一个系。2001 年查理大学中文系有专任教授 6 位,罗然副教授在唐代诗歌方面有很深的造诣。克拉尔是一位红学家,同时也是一位翻译家,他翻译过《儒林外史》《红楼梦》《易经》等作品。戴维主要侧重于中国语言学,主要是古代汉语词汇及语法的研究,他是北京大学郭锡良教授的学生。包捷注重中国历史文化,以及古汉语的教学与研究。安德昌侧重于中国现代文学及文学理论的教学与研究。马三里主要研究先秦时期考古、文化与语言。

帕拉斯基大学也是捷克有名的高等学府之一。早在 1948 年就开设

---

① 孔子学院总部/国家汉办官网:《霍玉珍大使出席"布拉格汉语课堂"开幕仪式》,http://www. hanban. edu. cn/article/2007 – 05/18/content_ 143114. htm, 2016 年 10 月 12 日。

② 光明网:《汉语走进捷克小学课堂》,http://www. gmw. cn/01gmrb/2007 – 05/20/content_ 609419. htm, 2016 年 10 月 12 日。

了汉语课程。不久因故停开，1993 年又重新开设汉语，隶属于远东教学部，其师资相对薄弱。2001 年左右，该部有专任教师 3 名。施瓦尔尼教授当时虽然已年过八旬，依然奋战在汉语教学的前线。其开设了一门新颖的课程叫作汉语语音学，学生通过这个课程的学习，能很快掌握汉语的语音、语调等发音方法。吴大伟在比较语言学方面比较擅长，在南京大学攻读博士学位。海伦娜在帕拉斯基大学主要教授中国现代文学和文学理论。这些本土汉语教师组成强大的师资队伍，大大推动了捷克的汉语教学和研究工作。除此之外，查理大学还经常聘请国外的访问教授，开设一些有特色的课程，例如中国哲学与美学、中国戏剧与表演、中国传统绘画等。这些访问教授极大弥补了捷克本土汉语教师的不足，能更多地扩大学生的视野和吸引捷克学生对中国传统文化的兴趣①。

除了本土汉语教师之外，我国教育部还定期派遣汉语教师赴捷克进行汉语教学。2004 年至 2013 年，我国共向捷克派出 6 名孔院教师、8 名国家公派教师。2007 年至 2013 年，我国共向捷派遣汉语教师志愿者 20 名。2003 年至 2013 年，我国共向捷克赠送中文图书及音像制品共计 198676 册（套）。近年来，中捷高等院校之间的交流与合作日趋活跃，主要形式有互派专家教授短期讲学、合作研究；互派学生到对方学校学习进修；交换学术信息及图书资料等。签订校际协议的高校主要有：中国人民大学与查理大学、北京外国语大学与帕拉斯基大学、浙江大学与捷克技术大学、哈尔滨工业大学与布尔诺工业大学、湖南大学与布拉格化工大学、湖北工业大学与奥斯特拉发工业大学、山东经济学院与布拉格经济大学等②。这些合作和交流的进行大大促进了捷克的汉语教学和研究工作。

在教学方面，不同汉语教学机构的课程设置会有所不同。查理大

① 刘学敏、孟国：《捷克的汉学研究和汉语教学》，《世界汉语教学》2001 年第 3 期。
② 中华人民共和国教育部官网：《中国—捷克教育合作与交流简况》，http：//www.moe.edu.cn/publicfiles/business/htmlfiles/moe/moe_853/201005/87458.html，2016 年 10 月 22 日。

学中文系的课程设置相对稳定，五年的学习大致分为两个阶段。第一阶段是基础阶段（1—2 年级），每周 10 课时左右，占周课时的 50%，有汉字课、语音课、语法课、口语课。汉学的课程也是 10 课时左右，有中国文化概论、中国历史概论等。二年级后绝大部分中文系的学生都有机会到中国留学 1 年。第二阶段是高级阶段（3—5 年级），留学 1年归来后，汉语教学减至每周 6 课时，课型变化也较大，主要是会话专题、阅读专题、翻译等。同时加强了古代汉语、语言学、文学概论等课程。

与查理大学中文系不同，帕拉斯基大学中文专业的教学主要侧重于实用现代汉语，除了开设现代汉语语音、语法、汉字、口语、听力等课程外，还根据现代青年人的需求，开设了较为实用的经贸口语、经贸写作、中国国情和报刊等课程，促进了学生对现代中国情况的了解，达到了学以致用、跟上世界经济变革潮流的目的。该校的主要研究领域是现代汉语语音、语法、汉字和文学，尤以 19 世纪、20 世纪为重心①。

除此之外，捷克还十分重视汉语教学方法的研讨。2015 年捷克、斯洛伐克地区汉语教学研讨会在帕拉斯基大学举行。驻捷克、斯洛伐克使馆的工作人员，以及两国的 15 名汉语教师、学者参加了此次研讨会。大家就孔子学院的发展、各自所在学校汉语教学的现状、面临的问题、各自的经验和体会等内容进行热烈的讨论和互动交流。最后就组建教材改革小组，对目前捷、斯两地的汉语教材重新编撰，努力提高汉语在当地的重要性，推动汉语成为部分学校的学分课程，推动当地政府承认中国对外汉语教师资格证，以及汉语教师的派驻工作等内容达成一致意见②。研讨会促进了中国、捷克以及斯洛伐克三国之间的文化交流。

---

① 刘学敏、孟国：《捷克的汉学研究和汉语教学》，《世界汉语教学》2001 年第 3 期。
② 中华人民共和国驻捷克共和国大使馆官网：《2015 年捷克、斯洛伐克地区汉语教学研讨会在捷举办》，http：//www.fmprc.gov.cn/ce/cecz/chn/jylx/t1258815.htm，2016 年 10 月 25 日。

本章主要参考文献

董树人：《捷克斯洛伐克的汉语教学》，《语言教学与研究》1992 年第 2 期。

刘学敏、孟国：《捷克的汉学研究和汉语教学》，《世界汉语教学》2001 年第 3 期。

符华兴：《捷克的汉学研究和汉语教学》，《国外汉语教学动态》2003 年第 2 期。

徐宗才：《捷克的汉学家（二）》，《中国文化研究》1995 年第 4 期。

姚宁：《捷克汉学简史及现状》，《国际汉学》2000 年第 2 期。

第四章　斯洛伐克的汉语教学

第一节　国家概况

一　自然地理

斯洛伐克（THe Slovak Republic）位于欧洲中部，原捷克斯洛伐克社会主义共和国的东部，属于内陆国。北临波兰，东接乌克兰，南界匈牙利，西南与奥地利接壤，西连捷克。面积为 49037 平方公里，在欧洲 43 国中居第 27 位，与丹麦、瑞士和荷兰的面积相当，东西长428 公里，南北宽 226 公里。该国地势北高南低，斯洛伐克领土大部分位于西喀尔巴阡山山区。国家北部是西喀尔巴阡山脉较高的地带，大部分海拔 1000—1500 米，森林面积占全境三分之一。山地南坡为阔叶林，北坡为混交林和针叶林。西南和东南部边境地势较低，有小部平原，其中在斯洛伐克南部边境有匈牙利和奥地利的界河多瑙河，全境主要河流有瓦赫河、赫朗河等，属多瑙河流域。斯洛伐克属海洋性气候向大陆性气候过渡的温带气候，四季交替明显，年降水量 500—700 毫米，山区 1000 毫米以上。

二　历史政治

　　斯洛伐克作为这个地区的称呼首次有证可考的是在 15 世纪。从 1 世纪到 5 世纪，今天的斯洛伐克是罗马人和日耳曼人的边界。5—6 世纪斯拉夫族的西斯拉夫人在该地定居。9 世纪并入大摩拉维亚。大摩拉维亚崩溃后，斯洛伐克成为匈牙利王室的领地。第一次世界大战结束后，斯洛伐克人脱离匈牙利，于 1918 年与捷克人共同组成捷克斯洛伐克。1939 年 3 月德国法西斯占领了捷克斯洛伐克，同年 3 月 14 日在德国保护下成立了斯洛伐克 "独立国"。1945 年 5 月 9 日捷克斯洛伐克获得民族解放战争的胜利。同年斯洛伐克再次与捷克组建捷克斯洛伐克共和国。1960 年 7 月公布新宪法，改国名为捷克斯洛伐克社会主义共和国。1989 年，捷克斯洛伐克发生民主变革 "天鹅绒革命"，实行多党议会民主制。1992 年通过全民公投，1993 年 1 月 1 日斯洛伐克宣布独立，成立斯洛伐克共和国，简称斯洛伐克①。

　　斯洛伐克实行三权分立、多党议会民主的政治制度，立法权、司法权和行政权相互独立，相互制衡。总统为国家元首，是斯洛伐克武装力量的最高统帅，任期 5 年。国民议会为最高立法机构，实行一院制，共 150 个席位，每届任期 4 年。国民议会下设 19 个委员会，一般负责讨论议会交付的法律草案，如有必要也可直接向议会提交法律草案。政府是国家最高权力机构，对国民议会负责，由总理、副总理和各部部长组成，由总统任免。宪法法院、最高法院是国家最高司法机关，总检察院是国家最高检察机关，其院长、副院长、总检察长、副总检察长均由议会选举产生，总统任命。宪法法院有法官 13 名，由总统根据国民议会一体的 26 人名单进行任免，任期 12 年。最高法院设有司法理事会，任期 4 年，其主席为最高法院院长，由理事会提名，

---

① 斯洛伐克国家概况部分信息主要源自 http：//fec. mofcom. gov. cn/article/gbdqzn/，2016 年 10 月 26 日。http：//www. fmprc. gov. cn/web/gjhdq_ 676201/gj_ 676203/oz_ 678770/1206_ 679714/1206x0_ 679716/，2016 年 10 月 26 日。

总统任免，任期 5 年。

三　人口经济

截至 2013 年底，斯洛伐克全国总人口 541.6 万人。斯洛伐克主要民族为斯洛伐克族，占人口总数的 80.7%，匈牙利族占 8.5%，罗姆（吉卜赛人）族占 2%，其余为乌克兰族、日耳曼族、波兰族和俄罗斯族。斯洛伐克境内居民 68.9% 信奉罗马天主教，6.9% 的居民信奉斯洛伐克福音教，少数居民信奉东正教。

斯洛伐克林业较发达。在畜牧业方面，猪、牛、羊和家禽的饲养，以及奶制品的生产都有较高水平。金矿的开采历史悠久。国家的煤、陶瓷矿等资源丰富。1993 年国家推行市场经济，加强宏观调控，调整产业结构。斯洛伐克政府不断加强法制建设，改善企业经营环境，大力吸引外资，逐渐形成以汽车、电子产业为支柱，出口为导向的外向型市场经济。2006 年斯洛伐克跨入发达国家行列。2010 年工业生产总值为 486 亿美元，占国内生产总值的 53%。主要工业部门有钢铁、食品、烟草加工、石化、机械、汽车等。2012 年斯洛伐克吸引直接外资4.66 亿欧元，外资绝大部分流向工业生产、交通、邮电通信、金融和保险业、商业、建筑业、服务业等领域。主要投资国为荷兰、德国、奥地利、意大利、匈牙利等。

四　语言政策

斯洛伐克官方语言为斯洛伐克语。主要外语为英语、德语和俄语。主要少数民族语言为匈牙利语。

第二节　汉语教学简史

斯洛伐克汉语教学的历史是伴随着汉学研究发展起来的。1960

年，斯洛伐克科学院东方学研究所成立，这是斯洛伐克的第一个汉学
研究机构，主要研究中国历史、古代文学、现当代文学、汉语语音学
等。50 多年来，斯洛伐克先后涌现了四代汉学家。这些汉学家既是
汉学研究的先驱者，也是汉语教学的发动者和倡导者。20 世纪 50 年
代，马立安·高利克和安娜·多列扎洛娃是斯洛伐克的第一代汉学
家。在高利克教授的倡导和努力下，1988 年斯洛伐克建立了第一个正
式的汉语教学机构，即考门斯基大学哲学院东亚语言文化系汉语组，
马立安·高利克和安娜·多列扎洛娃便是从事汉语教学的教师。马立
安·高利克教授 1958 年毕业于布拉格查理大学，是"布拉格汉学学
派"的代表人物之一，也是欧美享有盛誉的比较文学学者。1958 年，
他到北京大学进行了为期两年的进修学习，主要是听课和收集资料。
当时他的导师是吴组缃，并听过王瑶、王力和严家炎的课程。在北
京时，高利克所写的文章都由茅盾帮他修改。高利克还见到了很多著
名的学者，包括戈宝权（1913—2000），巴人（王任叔）（1901—1972），
王永生、王季思、陈则光（1917—1992），刘授松（1912—1969），叶
子铭（1935—2005）等，还有一些作家，如老舍、叶以群（1911—
1966），王西彦（1914—1999）等。1996 年他凭论文《茅盾与中国现
代文学批评》获博士学位，1980 年出版的《中国文学批评发生史》被
柳无忌先生赞誉为"前无古人，后亦不易有来者"的"一部有系统、
有创见的学术性论著"。1986 年出版的专著《中西文学关系的里程碑》
是《中国文学批评发生史》一书的姊妹篇，被北京大学的乐黛云教授
称为"马立安·高利克先生的集大成之作"。全书分为十二章，以大
量的史实论述了从梁启超、王国维、鲁迅、郭沫若、茅盾、曹禺、洪
深、冯乃超、何其芳、冯至、巴金、老舍直至文革作家卢新华等人的
创作与西方文学之间的"对抗过程"，开拓了比较文学研究的一个崭
新领域①。在教学方面，高利克教授主要教授中国历史、哲学和文学。
1989 年起，他还在华东师范大学担任顾问教授。2010 年起，他在中国

---

① 叶蓉：《汉学与汉语教学在斯洛伐克》，《世界汉语教学》2003 年第 1 期。

人民大学担任顾问教授①。

安娜·多列扎洛娃也是斯洛伐克著名的汉学家、翻译家，是考门斯基大学的教授。大学毕业后在斯洛伐克科学院社会学所东方学非洲学研究室工作，主要从事中国现代文化、现代文学批评和中国古代史的研究。1960 年，她翻译出版了郁达夫的短篇小说集《春风沉醉的晚上》，这是第一部直接从中文译成斯洛伐克文的翻译作品。1971 年用英文发表专著《郁达夫文艺创作之特征》，之后又译介了鲁迅、叶圣陶、张天翼、钱钟书等作家的作品。她翻译的长诗《阿诗玛》曾获 1971 年度斯洛伐克最佳翻译奖，她对中国现代文学及其作家的研究，已达到世界级的水平②。汉学研究推动了汉语教学活动的形成，他们既是汉学研究的中坚力量，又是直接的汉语教学参与者。

考门斯基大学哲学院东亚研究系是斯洛伐克唯一开设汉语课程和日语课程并有资格颁发学士和硕士学位的院系。从 2010 年 9 月起，东亚研究系的毕业生还有机会在该系继续进修博士学位课程。考门斯基大学汉语教学的发展离不开斯洛伐克另外一位著名的汉学家、哲学家和翻译家，是以翻译《红楼梦》闻名的黑山女士（玛丽娜·查尔诺古尔斯卡）。黑山女士 1969 年毕业于查理大学，最初的研究方向是中国古典哲学，翻译了《论语》、《孟子》、《荀子》等儒家经典。又与捷克汉学家埃根·邦迪合作翻译了的老子《道德经》。黑山女士在翻译中注重发掘原文的韵律美，她把古代经典哲学文章按诵读节奏拆分为诗歌的形式，以中、斯对照的版式用诗一般的语言译为斯语，取得了哲学与文学艺术的共振，从而更好地凸显了原文美丽的哲学思想③。

考门斯基大学东亚语言文化系于 2006 年招收第一届汉学专业本科生。到 2009 年底，考门斯基大学哲学院东亚研究系汉学专业已毕业学

---

① 方瑜：《斯洛伐克汉语教学现状调查》，硕士学位论文，南京师范大学，2011 年，第 6 页。

② 徐宗才：《斯洛伐克汉学家（二）》，《中国文化研究》1997 年第 4 期。

③ 方瑜：《斯洛伐克汉语教学现状调查》，硕士学位论文，南京师范大学，2011 年，第 8 页。

生 35 人，其中有 34 人获得汉学硕士学位。2010 年开始招收第一届博士生，考门斯基大学的汉语教学取得了长足的发展①。

2005 年，斯洛伐克国立语言学校开始开设汉语课。之后 5 年，平均每年有 30 名左右的汉语学习者，保持较为稳定的状态。2007 年 5 月 17 日，斯洛伐克汉语教学有了一个新的突破。布拉迪斯拉发孔子学院在位于多瑙河畔的斯洛伐克技术大学正式揭牌，这是斯洛伐克第一所孔子学院。该孔子学院成立后很快步入正轨，并在传播中国文化方面取得了很大的进展。

2015 年 10 月 12 日，斯洛伐克汉语教学进一步发展，由斯洛伐克考门斯基大学和上海对外经贸大学合作建立的孔子学院成立，这是该国的第二所孔子学院。该孔子学院的成立为当地人们学习汉语提供了更加便捷的平台和机会。

总体来讲，斯洛伐克的汉语教学是伴随着汉学研究成长起来的，汉学家既是汉语研究的主力，也是汉语教学和推广的生力军。从 1988 年至今，斯洛伐克的汉语教学得到了一定的发展。中国政府对斯洛伐克的汉语教学给予了极大的支持，除赠送教学设备和电脑、捐赠参考书和教材外，中国教育部还提供奖学金，使汉学专业的学生在学期间有 1—2 年的时间在北京大学、中国人民大学、北京语言大学等著名高校留学等。中国的支持也促进了斯洛伐克的汉语人才的培养和汉语教学的进步。在目前 "16 + 1" 和 "一带一路" 的大背景下，他们面临着更好的发展机遇和空间。

第三节　汉语教学的环境和对象

斯洛伐克的汉语教学活动主要集中在高校，例如：由天津大学合作、斯洛伐克技术大学承办的布拉迪斯拉发孔子学院，上海对外经贸

---

① 方瑜：《斯洛伐克汉语教学现状调查》，硕士学位论文，南京师范大学，2011 年，第 9 页。

大学合作、考门斯基大学承办的考门斯基大学孔子学院，马杰伊·贝拉大学和斯洛伐克国立语言学校等都是汉语教学的重要机构。除此之外，还有一些私人培训机构和汉语的培训班。目前斯洛伐克的汉语学习对象既有大学生，也有中小学生、幼儿和一些社会人士。斯洛伐克高校在汉语教学和中国文化的推广方面发挥了重要作用。

一　布拉迪斯拉发孔子学院的汉语教学[①]

所在城市：布拉迪斯拉发

承办机构：斯洛伐克技术大学

合作机构：天津大学

启动时间：2007 年 5 月 17 日

布拉迪斯拉发孔子学院是斯洛伐克第一所孔子学校，由斯洛伐克技术大学和天津大学承办。2007 年 5 月 17 日，布拉迪斯拉发孔子学院在位于多瑙河畔的斯洛伐克技术大学正式揭牌。两年后，孔子学院逐渐步入正轨，并在传播中国文化方面取得很大进展。经过努力，孔子学院陆续招收了 4 个班 20 多名学生。学院根据学生年龄、职业情况等选用不同教材。儿童采用"快乐汉语"教材，成人采用"中国全景"教材，商界人士采用"商务汉语入门"教材等。虽然目前学生数量不多，但这在斯洛伐克却是一个历史性的开端，开通了汉语非学历教育的渠道，受到社会各界的关注。

2010 年 2 月 6 日，中国驻斯洛伐克使馆和布拉迪斯拉发孔子学院联合举办了"中国日"活动。这次活动是在布拉迪斯拉发市中心的一座大型商场 Polus City Center 的大厅内举行。来自中国中央电视台、香港凤凰台、新华社、当地斯洛伐克电视台等多家媒体对此次活动进行了采访和报道。此次活动旨在宣传了汉语和中国文化。

2010 年 10 月 15 日，布拉迪斯拉发孔子学院院长带领汉语教师志

---

① 布拉迪斯拉发孔子学院相关信息主要来自孔子学院总部/国家汉办官网：http：//www. han-ban. edu. cn/，2016 年 10 月 29 日。

愿者赴维也纳，与维也纳孔子学院同仁们开展了一次全面生动的经验交流会，交流会促进了彼此的了解和汉语教学。2010 年 12 月 14 日，布拉迪斯拉发孔子学院举办了一次"网络孔子学院推介活动"，本次活动旨在为斯洛伐克学习汉语的学生提供一个自主学习汉语的网络平台，让他们了解汉语学习的优质资源库，愿意利用它学习汉语，并达到良好的学习效果。来自斯洛伐克技术大学、考门斯基大学近 40 名师生参加了活动。

　　2011 年 5 月 20—22 日，布拉迪斯拉发孔子学院应邀参加斯洛伐克第三届国际艺术节。本届国际艺术节在斯洛伐克度假胜地温泉城皮耶什佳尼举行，有 9 个国家的手工和艺术代表参加，艺术节共设立 200 余个参展台，规模空前，各个国家都展出了具有本国特色的手工艺术品。此次是布拉迪斯拉发孔子学院第二次参加国际艺术节，展览的手工艺品包括中国剪纸、中国结、灯笼、风筝、太极剑等，展示了中国传统文化的魅力与风采；同时亦包括有关中国文化、地理、历史方面的书籍，为参观者深入了解中国提供参考，展现了中国文化的博大精深。2011 年 6 月 23 日，布拉迪斯拉发孔子学院在多瑙河上"日利纳号"客船上举办开放日活动，孔子学院学生、学生家长、华人华侨及社会知名人士等 100 多人参加了此次活动。活动促进了当地人们对中国文化的深入了解。2013 年 7 月 27—28 日，布拉迪斯拉发孔子学院应邀参加了斯洛伐克腹地 Hlohovec 举办的国际手工艺术节。以红色为主调的中国区，展示了中国文化中重要元素——剪纸、书法、青花瓷制品和中国结等。7 月 29 日斯洛伐克孔子学院应当地武术学校邀请，前往该校夏令营 Prievidza 做中国文化讲座。此次夏令营有 60 人参加，学生集中训练中国武术。布拉迪斯拉发孔子学院于 2009 年正式运营，填补了当地汉语教育的空白。

　　2013 年 10 月 1 日，布拉迪斯拉发孔子学院邀请陕西民间艺术团来到斯洛伐克技术大学的大教室，在这里举办了一场别开生面的艺术演出。此次演出主要表演提线木偶、皮影戏、剪纸。中国传统艺术极大提高了当地居民对汉语和中国文化的兴趣。

2013 年 11 月 29 日，布拉迪斯拉发孔子学院举行了一场别开生面的大学生联欢活动，斯洛伐克大学生体验到了浓郁的中国文化氛围。古琴和葫芦丝演奏将中国乐器内涵的深邃与美感用一种自然而亲切的方式表达出来。小提琴表演将小提琴绝美的声音和高度的演奏技巧结合，演绎了与中国乐器和而不同的神秘感。此次联欢活动使观众深切体会了中国文化的魅力。

2014 年 6 月 1 日，为庆祝"六一"国际儿童节，布拉迪斯拉发孔子学院为学习汉语的中斯儿童举办了一场"同（童）乐会"。孔子学院院长为小朋友们讲解儿童节的意义，希望他们能够积极学习汉语，为搭建中斯友谊的桥梁做出自己的贡献，做世界的新主人。为了让中斯小朋友快速彼此了解，孔院教师组织了一系列考验默契度的游戏，如萝卜蹲、你画我猜等，孩子们很快在游戏中成为了朋友，并互相展示了舞蹈、歌唱等才艺。2014 年 9 月 30 日，由布拉迪斯拉发孔子学院和中国驻斯洛伐克大使馆共同于斯洛伐克国家电台，举办了中斯建交 65 周年暨孔子学院成立 10 周年庆典活动。此次活动特邀云南声音演唱团上演精彩原生态音乐，使斯洛伐克当地人近距离感受原生态的音乐魅力。

2015 年 7 月 26 日，天津大学举行了布拉迪斯拉发孔子学院夏令营开营仪式，来自斯洛伐克农业大学的 17 名学生参加此次夏令营。夏令营中，学生们除了进行汉语、中国书法、绘画、剪纸、中国结、中国烹饪等多种形式的语言和文化课学习之外，还参加了丰富多彩的体验活动。2015 年 9 月 29 日—10 月 2 日，恰逢天津大学 120 周年校庆，斯洛伐克布拉迪斯拉发孔子学院举办了一系列活动庆祝建国 66 周年和第二届"全球孔子学院日"等喜庆的节日。在中国驻斯洛伐克大使馆举办的国庆招待会中，孔院师生表演的功夫扇、中国歌曲演唱等拿手节目，赢得了阵阵掌声和喝彩。

2016 年 2 月 18 日，斯洛伐克布拉迪斯拉发孔子学院举办 2016 年春节招待会。中国驻布拉迪斯拉发大使、斯洛伐克政府代表、当地媒体、中资企业代表、当地华人社团及孔子学院师生等 200 多人参加了此次会议。大使充分肯定了孔子学院在汉语教学、两国教育文化交流中所起到的桥梁作用，"汉语热"在斯洛伐克的持续升温，使孔子学院发挥更大的平台作用。

二 考门斯基大学孔子学院的汉语教学

所在城市：布拉迪斯拉发

承办机构：考门斯基大学

合作机构：上海对外经贸大学

启动时间：2015 年 10 月 12 日

考门斯基大学是斯洛伐克共和国历史最为悠久、规模最大的综合性大学，立于 1919 年。其前身是匈牙利国王于 1465 年颁布法令成立的伊斯的利亚半岛学院。考门斯基大学在国际科学界享有广泛的声誉，教学质量举世公认。目前大学有在校学生 26000 人，其中全日制学生 17000 人，留学生 1000 多人。考门斯基大学院系设置全面，有电子工程及信息技术学院、语言及预科学院、医学院、管理学院、自然科学学院、经济学院、科技学院等在内的 12 个学院，科研教学能力极强。考门斯基大学大多数学院都提供英语和斯洛伐克语双语授课，与欧盟国家的大学之间相互承认学分。考门斯基大学下属的语言及预科学院是斯洛伐克唯一一所为国际学生提供大学预科课程的教育机构，已经成立 40 余年。

2015 年 10 月 12 日，由考门斯基大学和上海对外经贸大学合作建立的布拉迪斯拉发考门斯基大学孔子学院举行揭牌仪式。考大孔子学院是在斯洛伐克设立的第二所孔子学院，是中斯教育、文化合作的重要成果。近年来，中斯关系深入发展，各领域合作日益紧密，越来越多的斯洛伐克青年学生和各界民众希望学习中国语言，了解中国文化，考门斯基大学孔子学院以此为契机应运而生。考门斯基大学孔子学院能为中国和斯洛伐克各领域合作培养更多通晓汉语的人才，为双边合作创造更多的有利条件①。

三 斯洛伐克国立语言学校的汉语教学

斯洛伐克国立语言学校 1953 年成立，但直到 2005 年才开始汉语教学。国立语言学校成立后，主要由斯洛伐克籍教师担任教学工作。从 2005 年至 2010 年，学校设有初级班和高级班，每年招生人数保持在 30 人左右。开设的汉语课每周两次课，每次两小时。使用过北京语言大学出版社 1981 年出版的刘珣《实用汉语课本》的汉语教材。国立语言学校的汉语学习对象主要为社会人士。班级成员之间的年龄差别较大。除此之外，斯洛伐克的一些高校也开设了汉语课程：例如斯洛伐克经济大学、斯洛伐克技术大学、斯洛伐克医科大学、马杰伊·贝拉大学等。首都布拉迪斯拉发是汉语教学活动比较集中的城市②。

第四节 汉语师资、教材及教法

一 师资状况

斯洛伐克汉学研究有 50 多年的历史，老一代汉学家是汉学研究的中坚力量，也是早期汉语教学活动的发起者，他们培养了大量的汉语人才。斯洛伐克的汉语教师既有专职教师、也有兼职教师，既有本土汉语教师，也有中国外派的教师。2007 年，斯洛伐克在北京与我国教育部签署了 2007—2010 年的教育合作协议，数据显示，2004—2007 年，我国共向斯洛伐克派出 6 名公派汉语教师③。方瑜（2011）考察数据显示，考门斯基大学哲学院东亚研究系汉语专业有 3 名本土教师

① 外交部官网：《斯洛伐克考门斯基大学孔子学院举行揭牌仪式》，http：//www. fmprc. gov. cn/web/zwbd_ 673032/nbhd_ 673044/t1305585. shtml，2016 年 10 月 28 日。
② 方瑜：《斯洛伐克汉语教学现状调查》，硕士学位论文，南京师范大学，2011 年，第 11 页。
③ 中华人民共和国教育部官网：《中国—斯洛伐克教育合作与交流简况》，http：//www. moe. edu. cn/publicfiles/business/htmlfiles/moe/moe_ 853/201005/87477. html，2016 年 10 月 28 日。

和 2 名外派教师。斯洛伐克国立语言学校有 1 名专职汉语教师。斯洛伐克布拉迪斯拉发孔子学院有 1 名本土招聘的华裔汉语教师、1 名中国国家汉办派遣的汉语教师和 1 名汉语志愿者。除此之外，大部分都是兼职汉语教师。因此，从整体来看，兼职教师多于专职教师。教师队伍的薄弱将会严重制约斯洛伐克汉语教学的发展和水平的提高。

二　教材的选用

斯洛伐克使用过的汉语教材种类很多，据方瑜（2011）考察，斯洛伐克使用比较广泛的教材是《新实用汉语课本》（刘珣主编，北京语言大学出版社 2003 年版）。考门斯基大学汉学专业、斯洛伐克国立语言学校汉语班都使用过该教材。有的孔子学院使用《当代中文》（吴忠伟主编，华语教学出版社 2010 年版）这一教材。孔子学院针对社会人士，使用《中国全景》（吕必松主编，中央广播电视大学音像出版社 2010 年版），这是一部专门为还未汉语学习者编写制作的大型电视系列教材。孔子学院在商务班使用《商务汉语入门》（张黎主编，北京大学出版社 2008 年版），以及《经理人汉语》（李明、丁安琪主编，外语教学与研究出版社 2010 年版）。针对儿童学习者，斯洛伐克主要使用《快乐汉语》（李晓琪主编，人民教育出版社 2003 年版）、《跟我学中文》、《轻松学汉语》等教材。但是，斯洛伐克没有专门针对本国汉语学习者的本土教材①。

三　教学方法

斯洛伐克十分重要汉语教学方法的探讨。从 2011 年开始，斯洛伐克开始举办中小学汉语教材培训班。第一期在布拉迪斯拉发孔子学院举行。斯洛伐克汉语教师、部分学生和在斯洛伐克的中国留学生参加了此次活动。活动内容主要有培训情况介绍、中小学汉语教材介绍、

---

① 方瑜：《斯洛伐克汉语教学现状调查》，硕士学位论文，南京师范大学，2011 年，第 18—19 页。

交流讨论三个环节，活动目的在于使更多的本土汉语教师了解汉语教学，从而完善教学方法、提高汉语教学水平。丁树德教授介绍了汉语教材《快乐汉语》的优点、编写体例以及教材的使用情况，并展示了《快乐汉语》的教学录像，让教师和学生了解《快乐汉语》的基本教学方法。孔子学院汉语教师王业奇以《跟我学汉语》教材为例，向大家介绍了这本曾获"优秀国际汉语教材奖"的中小学汉语教材的优缺点以及在教学中应该注意的问题。斯洛伐克本土教师代表介绍了《儿童汉语》这本教材的教学经验①。2013 年 6 月 24 日，斯洛伐克举办了第二期汉语教材培训班暨教学研讨会。孔子学院教师对汉办规划教材进行了培训。斯洛伐克本土汉语教师袁丹以《新使用汉语课本》为对象，从教材选择、教学技巧、教材优缺点等方面进行了阐述，并加入了个人使用心得。孔子学院汉语教师王媛媛就《当代中文》体系和总体层次进行了详细描述，根据个人实际教学经验选取其中一课作为实例，阐述了教材融合中国文化因素的重要性。孔子学院汉语志愿者马红以《跟我学汉语》为蓝本作报告，建议应当重视汉字教学，并提出新的汉字教学方法。同时，与会人员还就如何使用汉办教材资源，如何提高汉语听说读写各项语言技能进行了讨论②。

除此之外，斯洛伐克还和其他国家联合举办汉语教学研讨会。2013 年 5 月 10 日，中国驻捷克使馆举办"捷克、斯洛伐克地区汉语教学现状与发展"研讨会。来自中国、捷克、斯洛伐克三国的汉学家、孔子学院院长、汉语教师代表共计 15 人参加了此次会议。帕拉斯基大学孔子学院黄小明院长介绍了孔子学院总部设立的"孔子新汉学计划"。斯洛伐克技术大学孔子学院丁树德院长介绍了斯洛伐克地区汉语教学现状与未来发展设想。中华国际学校戴波校长介绍了布拉格地区中小学校中文教学状况。捷克汉学家提出了他们在长期教学与研

---

① 　中国新闻网：《斯洛伐克举办第一期中小学汉语教材培训班》，http：//news. hexun. com/2011 -
01 -21/126940166，2016 年 10 月 28 日。
② 　中国新闻网：《斯洛伐克第二期汉语教材培训班暨教学研讨会召开》，http：//www. chinanews.
com/hwjy/2013/06 -24/4960663. shtml，2016 年 10 月 28 日。

究过程中在教材、中文专业培养制度等方面遇到的实际问题和困难①。
2015 年 4 月 29 日，捷克、斯洛伐克汉语教学研讨会在捷克举办。中国
驻捷克大使馆工作人员、教育组负责人，中国驻斯洛伐克共和国大使
馆工作人员以及捷克、斯洛伐克的两国汉语教师和学者参加了会议。
研讨会就一些问题达成了一致意见：加强两国之间的教学交流；组建
教材改革小组，对目前捷克、斯洛伐克两地的汉语教材重新编撰；努
力提高汉语在当地的重要性，推动汉语成为部分学校的学分课程；推
动当地政府承认中国对外汉语教师资格证，以利于汉语教师的派驻工
作等②。研讨会极大促进了汉语教学工作在两国的发展和推广。

本章主要参考文献

方瑜：《斯洛伐克汉语教学现状调查》，硕士学位论文，南京师范大学，2011 年。

叶蓉：《汉学与汉语教学在斯洛伐克》，《世界汉语教学》2003 年第 1 期。

徐宗才：《斯洛伐克汉学家（二）》，《中国文化研究》1997 年第 4 期。

赵燕平、何培忠、崔玉军：《当代斯洛伐克的中国研究》，《国外社会科学》2011 年第
　　4 期。

鲍彦敏：《多瑙河畔的红学家——记斯洛伐克文〈红楼梦〉翻译家黑山女士》，《红楼
　　梦学刊》2007 年第 5 期。

---

① 中国新闻网：《中国驻捷克使馆举办捷克、斯洛伐克地区举办汉语教学现状与发展研讨会》，
　　http://www.chinanews.com/hwjy/2013/05 – 15/4818670.shtml，2016 年 10 月 28 日。
② 中华人民共和国驻捷克共和国大使馆官网：《2015 年捷克、斯洛伐克地区汉语教学研讨会在
　　捷举行》，http://www.fmprc.gov.cn/ce/cecz/chn/zjjw/t1258815.htm，2016 年 10 月 28 日。

第五章　保加利亚的汉语教学

第一节　国家概况

一　自然地理

保加利亚共和国（The Republic of Bulgaria），简称"保加利亚"。是欧洲东南部巴尔干半岛东南部的一个国家，与罗马尼亚、塞尔维亚、马其顿、希腊和土耳其接壤，东部濒临黑海。国土总面积 111001.9 平方公里，海岸线长 378 公里。2015 年，人口总数 715.37 万人。多瑙河是保加利亚与罗马尼亚的界河。伊斯克尔河长 368 公里，是保加利亚最长的河流。境内低地、丘陵、山地各约占三分之一。西南部是罗多彼山脉，穆萨拉峰海拔 2925 米，是保加利亚和巴尔干半岛的最高点，是旅游和登山运动中心。保加利亚平均海拔 470 米。巴尔干山脉横贯中部，以北为广阔的多瑙河平原，以南为罗多彼山地和马里查河谷低地。森林面积 388 万公顷，约占全国总面积的 35%。年平均降雨量在 450—600 毫米（山地达 1300 毫米）。北部属大陆性气候，南部属地中海式气候，冬季较暖[1]。

---

[1] 保加利亚国家概况部分信息主要源自 http：//fec. mofcom. gov. cn/article/gbdqzn/，2016 年 11 月 1 日。http：//www. fmprc. gov. cn/web/gjhdq_ 676201/gj_ 676203/oz_ 678770/1206_ 678916/1206x0_ 678918/，2016 年 11 月 1 日。

二　历史政治

6 世纪，斯拉夫人来到当地，与由阿斯帕鲁克率领、从黑海北岸和北高加索迁移到梅西亚的讲突厥语的保加尔人融合，产生了保加利亚人。历史上，保加利亚先后被东罗马帝国和奥斯曼帝国统治过。两次世界大战期间又追随德国，成为战败国。1944 年 9 月苏联红军进入保加利亚，保加利亚人民在共产党的领导下举行武装起义，在苏联红军帮助下，推翻了法西斯政权，成立了祖国阵线政府。在中国人当中很有名气的共产国际领导人格奥尔基·季米特洛夫成为国家领导人①。1946 年 9 月 15 日宣布成立保加利亚人民共和国，此后保加利亚共产党长期处于执政地位。1990 年，保共决定实行多党制和市场经济，后保共也改称保加利亚社会党。同年 11 月国民议会决定将国名改为"保加利亚共和国"。保加利亚是一个发达的资本主义国家，2004 年 3 月 29 日加入北约，2007 年 1 月 1 日加入欧盟。保加利亚为议会制国家，总统象征国家的团结，并在国际上代表保加利亚。共和国总统是国家元首和武装力量总司令，由全民直接选举，任期 5 年。保加利亚议会称为国民议会，议长被称为国民议会主席。据 1991 年宪法，议会具有立法权和监督权。内阁称部长会议，是中央行政机关，其主席（总理）根据总统授权组织政府。政府成员根据总统提名，由国民议会选举产生。司法机构有最高司法委员会、最高行政法院、总检察院等。

三　人口经济

2015 年，人口总数 715.37 万人。保加利亚族占 83.9%，土耳其族占 9.4%，吉卜赛人占 4.7%，其他民族占 2%；居民中 82.6%信奉东正教，12.2%信奉伊斯兰教，1.3%信奉天主教、新教等其他宗教②。

---

① 黄日涵、梅超：《"一带一路"投资政治风险研究之保加利亚》，http://opinion.china.com.cn/opinion_1_144501.html，2016 年 11 月 1 日。

② 中商情报网：《一带一路沿线国家：保加利亚 2015 基本情况介绍》，http://www.askci.com/news/finance/2015/11/09/115721498s.shtml，2016 年 11 月 1 日。

保加利亚传统上是一个农业国，玫瑰、酸奶和葡萄酒历来在国际市场上享有盛名。工业以食品加工业和纺织业为主，旅游业近年来也有所发展。保加利亚是中欧自由贸易协定组织的成员。主要农产品有谷物、烟草、蔬菜等。全国可耕地约占 40%。农产品主要有小麦、烟草、玉米、向日葵等，盛产蔬菜、水果。在农产品加工方面尤以酸奶、葡萄酒酿造技术著名。主要工业部门有冶金、机械制造、化工、电机和电子、食品和轻纺等。雪茄烟的输出量以及玫瑰油的产量、输出量均占世界首位。

保加利亚主要的玫瑰产地位于国土中央的登萨河谷，此谷素有"玫瑰谷"之称。北面高耸挺拔的巴尔干山脉挡住了来自北方的寒冷空气，而温暖湿润的地中海气流沿着河谷一路吹进来，带来了充沛的降水。暖湿的气候与肥沃的土壤，为玫瑰花的生长提供了最适宜的环境条件，长达一百多公里的河谷种满了玫瑰花，经过 300 多年的培植，生产 7000 多种玫瑰，成为各国游客的旅游胜地。保加利亚是重要的玫瑰油出口国，其产量占全世界总产量的 40%。保加利亚被誉为"玫瑰之国"。旅游业比较发达，黑海、温泉以及罗马时代和拜占庭时期的古迹，各地的古镇博物馆、众多的修道院、古城堡、各式古代教堂、罗马文化遗留下来的建筑群等，生态旅游也是保加利亚推崇的旅游项目之一。

四　语言政策

保加利亚语为保加利亚的官方语言，属印欧语系斯拉夫语族南斯拉夫语支东南斯拉夫语次支。保加利亚语有东西两种方言。西部方言又可分出西北次方言和西南次方言，东部又可分出北、中、南三个次方言。保加利亚语标准语是以东部的中央次方言（巴尔干次方言）为基础形成的。保加利亚语与马其顿语极为相近，但与其他斯拉夫语言截然不同。土耳其语为主要少数民族语言。

第二节　汉语教学简史

保加利亚的汉语教学开始的比较早，起于 20 世纪 50 年代。1952
年中、保两国签订《中华人民共和国和保加利亚人民共和国政府文化
合作协议》。保加利亚成为新中国成立以后向国外派遣汉语教师的首
批四个汉语教学点之一。1952 年 9 月，北京大学教授、中国著名语言
学家朱德熙先生来到保加利亚索非亚大学教授汉语。

1953 年 2 月，朱德熙先生和生活在索非亚的中国学者张荪芬女士
一起开设索非亚大学汉语讲习班。该讲习班成为索非亚大学全校性选
修课。1954 年 5 月，科学艺术出版社出版了朱德熙和张荪芬合著的第
一本教材《汉语教科书》。到 1991 年索非亚大学成立汉语专业为止，
这本书一直是汉语讲习班的主要教材。1954 年和 1980 年张荪芬女士
做过两次修订。

1953—1991 年，这 38 年中，汉语讲习班培养了 500 多名汉语人
才，特别是培养了保加利亚第一批汉学家。其中的鲍拉和戈戈娃后来
成为索非亚大学汉语专业的文学和汉语语言学方向的博士生导师。

1955—1965 年，汉语讲习班每年都招生，每批学生学习汉语 3 年
至 4 年，总人数有 40 人左右。每周有两天上课，没有课型上的分工，
只有一门综合课，包括听、说、读、写、译等，课型单一。1965 年开
设 "古代东方文学史" "中国文学史"，由鲍拉老师讲授。

1971—1976 年，汉语讲习班的课程被索非亚大学西方语言文学系
做为必修课和第二专业课。东方语言文学教研室的三个专业中，突厥
语专业把全部汉语课（现代汉语、古代汉语、中国文学史、中国历
史、中国民俗）做为选修课。中国古代文学做为阿拉伯语专业和突厥
语专业的选修课。1974 年索非亚大学把汉语课从选修课改为正式课。
1976—1981 年索非亚开设 "中国民俗" "中国历史" "古代汉语" "报

刊阅读"等课程。1977 年戈戈娃开设"社会语言学",1989 年鲍拉讲授汉保翻译理论和实践。

1991 年索非亚大学正式设立"汉语言文学"专业。每年招收本科生 15 人左右。已经形成了从本科、研究生到博士生的一个完整的汉语教学与研究体系。博士分为"中国文学"和"汉语语言学"两个方向。经历了选修课到第二专业汉语到汉语专业的过程。1991—1992 年这三种形式并存。

20 世纪 50 年代注重听说读写译汉语交际能力的培养,60 年代后期增设"文言""古代东方文学史""中国文学史"等。70 年代中期把汉语做为一门正式课程。70 年代后期汉语讲习班又增加了"社会语言学""中国民俗""中国历史""汉保翻译理论和实践"。1991 年正式开设汉语言文学专业,教学目标定位是汉语教学和汉语研究并重。主要课程设置有:实用汉语(包括精读、听力、阅读、口语、汉字)每周 16 课时。理论课包括语言学、文学、中国概况、哲学等。中国汉语教师主要教授 1—4 年级的口语课,3 年级、4 年级的作文课,有时候也教授其他课程,每周 14—16 课时。教材自选,有《初级汉语口语》《高级汉语口语》《北京行》《汉语写作》(供二、三年级用)。教学设备由中国政府捐赠,有一个语音教室、一台打印机、一台电脑、两台复印机等①。

保加利亚汉语教学的成就离不开汉学家、汉语教师和志愿者的努力和奉献。张荪芬是保加利亚汉语教学的开拓者。1949 年 10 月 4 日,保加利亚继苏联之后最早与新中国建立外交关系,同时也是新中国成立后最先派去汉语教师和首批同中国交换留学生的国家之一。此后,赴保访问的中国代表团都能见到张荪芬忙碌的身影。在筹建中国大使馆的过程中,张荪芬辞掉在医院的工作,在大使馆身兼翻译、内勤、外联等职。1980 年,张荪芬毅然从索非亚大学退休,把非常难得的正

---

① 保加利亚汉语教学史信息主要源自国际汉语教师协会官网:《保加利亚索非亚大学赴外中文教师招聘》,http://www.itact.com.cn/hwzp/2013/1122/605.html,2016 年 11 月 1 日。

式老师的位置让给年轻后辈。2004 年 5 月 21 日，索非亚大学授予张荪芬国家教育最高荣誉奖——蓝带勋章。中国驻保加利亚大使谢杭生说，张荪芬教授是中保文化交流最优秀的使者，她为保加利亚的汉语教学事业付出了毕生的心血①。

近年来"汉语热"在保加利亚正不断升温。索非亚孔子学院外方院长安东尼娅·灿科娃认为，越来越多的保加利亚学生选择汉语专业，其中一个主要原因是该专业就业前景良好，保加利亚政府部门及一些与中国有生意往来的公司都倾向招聘能熟练掌握汉语的人才。中国驻保大使馆教育组提供的数据显示，在保加利亚共 8 个城市的 12 所中小学设有汉语教学点，目前有 1051 名中小学生学习汉语。保加利亚的汉语教学也呈现出学生低龄化趋势。越来越多保加利亚小朋友有意学习汉语，索非亚孔子学院已就此筹备开设低龄教学班。从汉语教学点设置来看，继索非亚第 51 综合学校从小学二年级起开设汉语课后，特尔戈维什特市第一小学也开始了汉语低年级教学。

中国驻保大使馆教育组负责人袁纪纲指出，2014 年到 2015 年，中国政府向保加利亚提供了 27 个新增奖学金名额，鼓励保加利亚学生赴中国学习、进修。中国每年向保加利亚大学生提供的全额奖学金名额目前已增至 65 个，中保两国的教育交流和合作在不断增强。"汉语热"在保加利亚悄然绽放②。

第三节　汉语教学的环境和对象

保加利亚是丝绸之路经济带上的重要沿线国家。中、保两国近年来在政治、经贸、人文领域交往不断增多，双方务实合作的意愿不断

---

① 河子：《保加利亚汉语教学的开拓者》，《汕头日报》2009 年 9 月 25 日第 6 版。

② 新华网：《保加利亚"汉语热"悄然绽放正当时》，http://news.xinhuanet.com/world/2014 - 03/11/c_ 119717811. htm，2016 年 11 月 2 日。

增强，双边合作取得了积极进展，但总体来讲，合作成果还不够多，规模也不够大。当前中保经贸合作面临新的发展机遇和合作空间。两国应充分利用中国—中东欧国家 "16 + 1" 合作机制和丝绸之路经济带合作倡议，进一步提升互利合作水平①。

2014 年 12 月，第三次中国—中东欧国家领导人会议在塞尔维亚首都贝尔格莱德举行。参加峰会的保加利亚地区发展与公共工程部部长帕芙洛娃向中国企业发出了赴保投资的邀请。她表示，保加利亚是 "一带一路" 沿线上最为和平稳定的国家之一，"一带一路" 倡议是一个长期的规划。保加利亚在铁路公路建设工程等长期项目上能成为 "一带一路" 计划中的一个重要参与国。

保加利亚是中东欧国家中最早开展汉语教学的国家之一。1952 年，中国语言学家朱德熙先生在索非亚开创了保加利亚的汉语教学事业。曾为中国人民抗日战争作出贡献的保加利亚医生甘杨道及其夫人张荪芬女士为保加利亚的汉语教学付出了毕生精力。近年来，保加利亚汉语教学取得长足发展，保加利亚学习汉语人数逐年增加。现有 37 所大中小学 1742 名学生学习汉语，59 名中外教师教授汉语。目前保加利亚有两所孔子学院，他们已经成为当地汉语教学和中国文化传播的重要机构，为保加利亚人了解中国、学习中国文化提供了桥梁和窗口，成为中保两国民间交流的重要平台。

一　索非亚孔子学院的汉语教学②

所在城市：索非亚

承办机构：索非亚大学

合作机构：北京外国语大学

---

① 中华人民共和国驻保加利亚共和国大使馆：《驻保加利亚大使魏敬华就推动共建 "一带一路" 接受保多家媒体联合采访》，http：//www.chinaembassy.bg/chn/dssghd/t1253380.htm，2016 年 11 月 2 日。

② 索非亚孔子学院信息主要源自孔子学院总部/国家汉办官网：http：//www.hanban.edu.cn/，2016 年 11 月 3 日。

启动运行时间：2005 年 12 月 1 日

索非亚大学与北京外国语大学 2006 年合作开办了孔子学院，该孔子学院是保加利亚乃至巴尔干地区成立最早的孔子学院。索非亚孔子学院一直致力于提高中国语文教学水平、科研能力以及和当地其他教育机构和政府部门的合作，为促进保加利亚和中国之间教育和文化的交流与合作，为保加利亚人民更好地了解中国传统和现代中国做出了重大贡献。索非亚示范孔子学院制订了非常具体的汉语教学计划，教学活动以学院内办班、全国大中学汉语教学点教学为主，共设置了汉语初级班、汉语中级班、汉语提高班、长城汉语远程教学班、少儿汉语培训班、本地教师进修班、HSK 培训班等。并计划针对特定人群开设包括商务汉语、旅游汉语等课程①。

2014 年汉语教学与推广工作又有了新的进展，教学点由原有的 10 个增加到 13 个，参加汉语培训学员达 1823 人。孔子学院及各教学点举办各类文化活动，2014 年全年举办 32 场，讲座 19 次，研讨会 11 场，受众人数达 21900 人。获奖学金人数 10 人；HSK 考试参加人数 129 人。孔子学院院长组织了巡视团对各教学点的教学工作进行监督和指导，并在学院内举办首期汉语水平考试教师培训班。定期出版的《索非亚孔子学院杂志》，为学生提供了一个汉语学术研究、教学实践和文化活动交流的平台。

2015 年 9 月 8 日，索非亚示范孔子学院启用仪式在保加利亚首都索非亚举行。保加利亚总理博伊科·博里索夫（Boyko Borisov）、中国国家汉办主任许琳、中国驻保加利亚大使魏敬华以及欧洲部分孔子学院院长近 300 人出席了仪式。保加利亚总统罗森·普列夫内耶夫（Rosen Plevneliev）十分重视保加利亚孔子学院和课堂的发展，专门为新教学大楼正式启用发来贺信。索非亚示范孔子学院新教学楼位置优越，处于市中心，邻近地铁，内部环境实用优美，设有教室、语音室、

---

① 北京外国语大学孔子学院工作处官网：《保加利亚索非亚孔子学院》，http：//oci. bfsu. edu. cn/archives/738，2016 年 11 月 3 日。

茶室、图书馆、多功能厅等设施①。新教学楼使用面积 2000 多平方米，新址启用后将大幅提升其日常活动、教学和开展文化活动的能力，为开展大规模的国内和国际活动创造了条件。索非亚示范孔子学院的建立，大大提高了学院的教学质量，增大了其日常活动和开展教学的空间，更有利于开展大规模的国内和国际活动，扩展孔子学院的文化功能；在师资培训、汉学研究、中医、书法等特色教学，以及职业技术培训等方面发挥带动、辐射作用②。

索非亚示范孔子学院制订了未来的发展计划，今后注重与所在大学及社会文化机构的融合，每年 10 月份举办"孔子学院学术研讨周"，加大开展文化活动和学术交流活动的力度。索非亚示范孔子学院现下设 4 所孔子课堂，要加强对孔子课堂的监管和指导，充分发挥孔子学院在汉语推广方面的辐射作用。在文化活动方面，做好调查研究，根据社会对中国文化的兴趣，定期举办文化推广活动。通过活动给汉语爱好者提供更多接触汉语的机会，向保加利亚民众更加全面地介绍中国和中国文化。

索非亚示范孔子学院图书馆现有藏书近万册，音像资料 2000 多件（盘、片）。目标是将索非亚示范孔子学院的图书馆建成全保加利亚最大、最好的中国图书信息中心。今后需扩大藏书量、增加图书的题材和种类，要适当增加外文图书（以英文和保文为主）的比例，除了继续通过汉办赠书获得英文图书外，还可以在保加利亚购买有关中国的保文书籍，方便更多的人，尤其是不懂汉语的人查阅资料。

索非亚孔子学院建立 10 年来，办学规模不断扩大，办学质量显著提高，成为中东欧地区乃至全球影响最大、效果最好的孔子学院之一。索非亚示范孔子学院是全球最早确立的 14 家示范孔子学院之一，也是欧洲第一家正式启用的示范孔子学院。索非亚孔子学院近年来已在保

---

① 国际在线官网：《保加利亚索非亚示范孔子学院正式启动》，http：//gb. cri. cn/42071/2015/09/08/8011s5094175. htm，2016 年 11 月 4 日。

② 北京外国语大学孔子学院工作处官网：《保加利亚索非亚孔子学院》，http：//oci. bfsu. edu. cn/archives/738，2016 年 11 月 4 日。

加利亚全境设立了 10 余个汉语教学点（含 4 个孔子课堂），成为当地民众学习汉语和中国文化以及了解中国的窗口，受到该国各级政府和民众的欢迎。

2013 年 6 月 5 日，索非亚孔子学院在索非亚大学大礼堂举办"中国文化日"活动，吸引了 150 多名中国文化爱好者。活动包含中国武术、舞蹈、戏曲、歌曲、美食等。索非亚大学中文专业老师准备了照片展，同时介绍了中国不同地区、不同民族的文化和历史。保加利亚玄龟武术队表演的开场舞《舞狮》、太极拳及棍术表演，以及索非亚孔子学院中方院长顾维萍教授的歌曲获得了观众的一致认可。这些活动加深了保加利亚市民对中国地理、历史和文化的了解①。

索非亚孔子学院自 2007 年开办以来，学员人数连创新高，影响力不断扩大，组织的保中春节联欢会、"丝绸之路"国际研讨会等活动在当地引起较大反响。

2014 年 10 月，为庆祝孔子学院 10 周年，索非亚孔子学院在保加利亚索非亚市中心鲍里斯国家公园举办了中国茶文化体验活动，这是索非亚孔子学院庆祝全球系列活动之一。索非亚各大中小学校长和学生，以及保加利亚茶文化爱好者 200 余人。索非亚孔子学院院长介绍了全球孔子学院 10 年的历史和发展现状和中国茶文化的起源、种类、功能和茶饮习俗。孔子学院老师为大家讲解和表演中国茶艺，观众对中国茶艺表现出浓厚兴趣。此次活动既推广了中国文化，也扩大了索非亚孔子学院在保加利亚的影响力。保加利亚国家电视台、新华社等多家媒体对活动进行了报道②。

2014 年 10 月 8 日，索非亚孔子学院邀请保加利亚外交部亚太司司长安格尔·奥尔贝措夫（Angel Orbetsov）做了题为《现代保中关系的基本特点》的讲座。讲座介绍，保加利亚在 1949 年继苏联之后，是

---

① 中国新闻网：《保加利亚索非亚孔子学院举办"中国文化日"活动》，http：//www. chi-nanews. com/hwjy/2013/06－06/4901052. shtml，2016 年 11 月 5 日。

② 中国网：《保加利亚办茶文化体验活动、庆祝孔子学院十周年》，http：//www. china. com. cn/travel/txt/2014－10/15/content_ 33769480. htm，2016 年 11 月 5 日。

第二个承认新中国的国家，开始了两国关系发展的新篇章，两国互派大使，中国也开始派留学生到保加利亚学习。"文化大革命"期间，保、中关系停滞。1996 年保加利亚总理让·维德诺夫和 1998 年总统彼得·斯托扬诺夫对中国的访问，大大促进了两国关系的改善。2000年以来，两国加强了政治对话，双方多次进行高层互访，在政治、军事、文化科技，特别是农业等各个领域展开磋商并卓有成效地合作，两国商贸洽谈也将随之更加深入地开展。此次讲座使观众对中国和保加利亚的关系有了更加深入的认识。

为了让索非亚大学学生和普通民众更深地了解中国文化，2014 年10 月 7 日，索非亚孔子学院在东方语言文化中心孔子厅举办了关于中国宗教的讲座。讲座由东方语言文化中心主任亚历山大·费多托夫 Alexander Fedotoff 教授主讲。费多托夫教授从佛教最初传入中国讲起，讲到在中国接受佛教过程中起过重要作用的一些帝王。同时也谈到了翻译经书对佛教在中国的传播和发展所做出的贡献及深远影响。

2015 年 4 月 25—26 日，第 14 届"汉语桥"世界大学生中文比赛暨第 8 届"汉语桥"世界中学生中文比赛保加利亚赛区预赛在大特尔诺沃大学举行。来自索非亚、大特尔诺沃、普罗夫迪夫、鲁塞等市的13 名中学生选手和 9 名大学生选手参加比赛。经激烈对决，张炳辰和童谣分获"汉语桥"保加利亚中学生预赛的亚军和季军，多妮获得大学生预赛亚军。

2015 年 6 月 2 日，圣彼得堡大学教授 Alexander Storoshuk 在保加利亚索非亚孔子学院做了"传统中国日常生活中的仪式与信仰"文化讲座。Storoshuk 教授讲述了中国人生活中的各种仪式与信仰，介绍了中国民间信仰中的"灵魂"概念，及其在日常生活中的体现，同时把灵魂与中国的儒释道思想文化相结合进行分析。此次讲座使现场观众深入了解了中国的宗教文化。

2015 年 6 月 4 日，索非亚孔子学院、中国国家汉办、北京外国语大学和索非亚大学联合举办的第三届"丝绸之路"国际学术研讨会在索非亚大学开幕。此次国际学术研讨会是加深两国科学、文化、教育和经济关系的重要机会。在当前"一带一路"的全球背景下，"丝绸之路"是欧亚经济贸易的重要通道，是中西方紧密联系、沟通双方经济、文化和思想的大动脉。此次学术会对中国和保加利亚在内的欧洲国家的教育文化合作产生重要积极的推动作用。

2015 年 6 月 13 日，索非亚孔子学院召开中小学汉语教学联盟研讨会。来自各个教学点的中国志愿者教师各自总结了自己任期内的工作，分享了自己的教学工作经验。索非亚大学中国语言文学系教师介绍教学联盟的加入条件、具体工作等。各校代表也积极提问，热烈讨论，对资源调配、教学设置和改进提出了很多建设性意见。

2016 年 4 月 16—17 日，第九届世界中学生"汉语桥"及第十五届世界大学生"汉语桥"中文比赛保加利亚选拔赛在索非亚孔子学院举行。"汉语桥"中学选拔赛上，来自索非亚第 18 中学、第 138 中学、普罗夫迪夫法语中学、鲁塞中学、旧扎戈拉高尔基中学的 13 名选手参赛。比赛分中国文化知识笔试、演讲和中华才艺展示三部分。经过激烈角逐，来自索非亚第 18 中学的贝贝（Izabel Ignatova）和鲁塞中学的依丽（Iliana Georgieva）分获前两名，将代表保加利亚赴中国参赛。这是索非亚示范孔子学院启用后第一次举办"汉语桥"比赛。

2016 年 6 月 2 日，索非亚孔子学院外方院长阿夏（Aksiniya Koleva）、中方院长葛志强赴保加利亚北部城市蒙塔纳（Montana）和洛维奇（Lovech）就当地中小学开展汉语教学一事进行会谈。洛维奇当地的语言学校是保加利亚历史上首所语言学校。学生和家长对汉语兴趣浓厚，对汉语课程十分期待。2016 年 9 月 24 日，索非亚孔子学院开展"全球孔院日"系列活动之汉语公开课。参加学习的民众中有高龄老人，也有幼童。公开课增强了保加利亚市民对汉语和中国文化的兴趣。

2016 年 9 月 29 日，索非亚孔子学院 10 周年成就展在保加利亚圣·西里尔与圣·美多迪乌斯国家图书馆举行，该图书馆位于索非亚市中心，是索非亚地标性建筑之一，创建于 1878 年。此次活动展为期一个月，旨在庆祝中国国庆 67 周年暨索非亚孔子学院成立 10 周年。图书馆陈列了 20 余块记录孔院 10 年发展的展板，展柜里陈列着孔子学院提供的汉语课本、杂志、词典、百科全书、生词卡片以及近年来出版的论文集，还有保加利亚语介绍中国的文献和保加利亚人在中国拍摄的一些精美照片。参观者可依此了解孔子学院的特色和发展，领略中国的悠久文化和美丽自然风光。

二　大特尔诺沃大学孔子学院的汉语教学

所在城市：大特尔诺沃

承办机构：大特尔诺沃大学

合作机构：中国地质大学

启动时间：2012 年 3 月 28 日

由中国地质大学（武汉）和大特尔诺沃大学合作的大特尔诺沃大学孔子学院于 2012 年 10 月成立，是保加利亚的第二所孔子学院。2014 年 5 月 14 日，大特尔诺沃大学孔子学院举办年度中国文化日活动，为当地民众献上一场中国文化盛宴，来自保加利亚首都索非亚等多个城市的近 700 名大、中、小学生及其家长参加了活动。

2014 年 3 月 29 日，大特尔诺沃大学孔子学院下属的特尔戈维什特市第一学校孔子课堂举行揭牌仪式。第一学校孔子课堂的揭幕在特尔戈维什特市是一个历史性的时刻。孩子们上了汉语课，并参观中国历史与文化图片展、民族服饰和中国工艺品展。包括第一学校孔子课堂在内，大特尔诺沃大学孔子学院已在特尔戈维什特市的 9 所中小学和幼儿园开设了汉语课程。

2015 年 9 月 25—26 日，大特尔诺沃大学孔子学院举办"中国与中东欧政治、经济、文化关系"国际研讨会。来自索非亚大学、舒门大学、中国地质大学（武汉）等教育研究机构的专家和学者，普罗夫迪夫大学和大特尔诺沃大学的多位博士研究生，以及孔子学院中方汉语教师和志愿者参加此次会议。25 位专家和学者围绕中国与中东欧国家的政治、经济和文化关系与进展展开深入讨论。大特尔诺沃大学孔子学院理事长普拉门·列格科斯图普（Plamen Legkostup）探讨了孔子学院在中保两国文化、教育、经济交流中的角色，肯定了孔子学院对发展两国关系起到的重要作用。中方院长龙涛作了《孔子学院合作平台下的中国与中东欧国家教育文化交流的展望》的主题报告，倡议中东欧国家的孔子学院能加强合作，搭建平台，更好地促进教育与文化的交流与合作。在文学艺术民俗方面，多位与会学者探讨了中保两国的电影、舞蹈、神话、唐代服饰、传统婚俗、军事艺术、《红楼梦》等话题。此外，与会专家还围绕汉语教学中的汉字教学作了深入讨论。

2016 年 4 月 14 日，大特尔诺沃大学孔子学院下设的鲁塞市瓦塞尔·列夫斯基中学孔子课堂举行了揭牌仪式。鲁塞大学校长韦林查娜·彭切娃、孔子学院理事会理事长普拉门·列格斯科图普、鲁塞中学校长加林·甘彻夫及孔子学院中外方院长等嘉宾出席了本次活动。瓦希尔·列夫斯基中学从 2005 年开设汉语课，至今已有 11 年之久。目前，该校 1 年级至 12 年级均开设了汉语课，有 400 多名学生学习汉语，是保加利亚最大的汉语教学点。

三　中小学的汉语教学

保加利亚中小学汉语教学起步比较早，1992 年索非亚第 18 中学把汉语作为 8 年级至 12 年级的一门外语必修课，到 2002 年该校的汉语教学已经初具规模，培养的学生在汉语桥比赛中表现突出。瓦塞尔·列夫斯基学校是保加利亚东北部最大的学校，从 2005 年始，该校 1 年级至 12 年级都开设汉语课程，每学期约有 400 人在学习汉语。2011 年，瓦尔纳数学中学开始招收汉语学生，首批就有 120 余名学生报名。2012 年，索非亚第 138 中学从小学到高中开设汉语必须课，深受学生欢迎。2013 年保加利亚中小学汉语教学取得重大进步，新增加了 7 个汉语教学点，包括索非亚的意大利学校、维丁中学、普罗夫迪夫的数学示范学校、大特尔诺沃市的技术学校、高尔基综合中学、特尔戈什维特第一小学和特尔戈什维特外国语学校等。2013 年保加利亚中小学学习汉语的人数为 920 多人，是 2007 年人数的倍。截至 2014 年 2 月，中小学汉语教学点的数量为 12 个。

保加利亚中小学汉语课程的形式有必修课、选修课、兴趣班与辅导班，有 3 所学校将汉语作为必修课程，其余大部分学校把汉语作为选修课或者兴趣课。有些学校既把汉语作为必修课，同时又开有兴趣辅导班。在课程的设置方面，中小学汉语课程以综合课为主，文化课为辅。设置听力、口语和写作等技能课的学校不多。虽然保加利亚的中小学汉语教学取得不错的成绩，但是还面临一些挑战，如本土汉语教师缺乏、教材种类短缺、本土教材匮乏等问题①

第四节　汉语师资、教材及教法

一　师资状况

保加利亚的汉语教学开始比较早，已经有 60 多年的历史。从 1952 年开始，就获得我国教育部的支持，申请派遣学者来保教授汉语。尹海良、李孝奎（2014）认为②，相对于日益增多的学生数目来讲，保加利亚的师资队伍存在严重不足和滞后。汉语教师流动频繁导致稳定性不够，而且兼职教师较多，师资队伍的梯队行不够健全，新老交替较慢，同时汉语教师们的科研成果多集中于文学方面，而语言方面的研究成果较少。尹海良、李孝奎（2014）的调查数据显示，索非亚大学的专任本土汉语教师不足 10 名，外派中方汉语教师 1 名，另有孔子学院汉语教师 3 名。大特尔诺沃大学有专任教师 3

---

① 高伟、央青：《保加利亚中小学汉语教学现状及面临的挑战》，《汉语国际传播研究》2014 年第 2 期。

② 尹海良、李孝奎：《保加利亚汉语言文化传播的历史、现状及发展策略》，《汉语国际传播研究》2014 年第 1 期。

名，外校兼职 1 名，外派中方汉语教师 1 名，孔子学院汉语教师 1 名。普罗夫迪夫大学本土专职教师 2 名，外派中方汉语教师 1 名，还有 1 名留学的音乐专业中国教师担任部分汉语听说课。卢塞市、瓦尔纳市的汉语教学则各有 2 名公派汉语志愿者。本土汉语教师数量的明显不足和一定的流动性，使得汉语教学的质量以及有关的汉语研究的可持续性不强。

二 教材的开发与选用

1952 年，朱德熙先生来到保加利亚进行了为期 3 年的汉语教学。期间为更好地满足当地学生学习汉语的需要，他和张荪芬女士开始着手编写汉语教材《汉语教科书》，并于 1954 年由保加利亚科学艺术出版社出版。该教科书是专门针对保加利亚学生而编写的国别化教材。教材主要包括绪论和主体两部分，主体包括语音和语法两部分内容。在课文的选择上，不仅有反映保加利亚日常生活和社会生活的话题，还有反映中国文学和文化的内容，例如寓言故事《龟兔赛跑》、诗歌《有的人》、剧本《西门豹》等。后来，张荪芬女士根据《汉字简化方案》《汉语拼音方案》等新成果，再结合其教学实践经验，对《汉语教科书》进行了修订。之后，又进行了第二次修订，增加了笔顺和有针对性的练习题等内容。董淑慧（2006）认为，该教材无论在内容、编排体制和语法等发面都具有十分突出的特点和价值。该教材不仅是保加利亚的第一部汉语教材，也是新中国对外汉语教学史上第一部由中国学者编写的对外汉语教材，它很好体现了朱德熙先生早期的对外汉语教学理念和思想①。修订后的《汉语教科书》在保加利亚的使用时间长达 30 多年。20 世纪 90 年代，索非亚大学和大特尔诺沃大学开设汉语专业后，主要使用我国国内编写的、有英文注释的教材，例如《初级汉语课本》、《中级汉语教程》（北京语言学院出版社 1988 年版）、《高级汉语教程》（北京语言学院出版社 1990 年版）。索非亚第

---

① 董淑慧：《朱德熙、张荪芬编著〈汉语教科书〉评介》，《世界汉语教学》2006 年第 4 期。

18 中学 1992 年开始开设汉语课程，选用《实用汉语课本》（商务印书馆 1981 年版），后来改用《初级汉语课本》。也有一些学校采用《当代中文》等教材。孔子学院和汉语教学点的教材主要来自我国教育部和国家汉办的赠送。这些教材种类繁多，可供选择的余地大，但不是针对保加利亚的专门教材，不懂英语的学生学习过程中难度较大。尹海良、李孝奎（2014）认为，《汉语教程》虽然是一套比较优秀的汉语教材，但是由于国外汉语学时不够，语言知识点的分散导致一些常用语法点不能被涉及，从而影响学生语言表达的准确性①。

另外，张荪芬女士还编写了汉语学习的工具书，例如《保汉分类字典》（保加利亚索非亚大学出版社 1969 年版），《汉保常用词汇》（保加利亚索非亚大学出版社 1978 年版）②。这些工具书为保加利亚学生学习汉语提供了便利，但是由于年代久远，已经不能满足现代人们汉语学习的需要。2007 年，外语教学与研究出版社出版了北京外国语大学编纂的《保加利亚语汉语词典》。这部词典收录丰富，内容涵盖量大，但是例句释义缺乏合适性，而且它不是双语双向查询，只能查询保加利亚语。除此之外，还有一些工具书在中国本土出售，例如《汉语图解词典》（保加利亚语版），商务印书馆于 2010 年出版；《汉语 800 字》（中、英、保版），外语教学与研究出版社 2010 年出版。这些词典虽然收词有限，但为人们学习外语提供了一定的便利③。

刘娜（2014）以保加利亚舒门大学课堂教学为例，对保加利亚语版《快乐汉语》和《跟我学汉语》两部教材的内容结构与体例、两本教材语言文化项目安排等方面进行对比研究。文章主要从话题、词汇和文化元素引入等方面做了对比。其认为《跟我学汉语》在文化引入的种类和在教材中所占的比重更大。《快乐汉语》要加强对文化元素

---

① 尹海良、李孝奎：《保加利亚汉语言文化传播的历史、现状及发展策略》，《汉语国际传播研究》2014 年第 1 期。
② 董淑慧：《朱德熙、张荪芬编著〈汉语教科书〉评介》，《世界汉语教学》2006 年第 4 期。
③ 尹海良、李孝奎：《保加利亚汉语言文化传播的历史、现状及发展策略》，《汉语国际传播研究》2014 年第 1 期。

的引入比重。同时还提出，两部教材中还存在文化元素没有一个很好的索引，不利于学生查阅，对歌曲的引入也比较单一等问题。这些研究有助于汉语教材的进一步修订和提高对外汉语教学实践①。

三　教学法

近年来，保加利亚汉语教学取得长足发展，社会各行各业学习汉语的人数逐年增加。除大学开设汉语专业外，中学也掀起学习汉语的热潮。中国政府十分重视在保加利亚开展汉语教学工作，陆续向保加利亚有关院校赠送了大批教学设备及教材，并坚持选派优秀汉语教师赴保加利亚任教。

保加利亚的汉语工作者比较重视汉语教学方法的研究，经常举行研讨会，对汉语教学法进行沟通交流和研讨，以促进保加利亚的汉语教学。2011 年 6 月 3 日由保加利亚索非亚孔子学院、中国国家汉办、北京外国语大学和索非亚大学联合举办的"丝绸之路"国际研讨会于索非亚大学举行。为期两天的研讨会旨在庆祝索非亚孔子学院成立 5 周年和纪念保加利亚汉语教学事业奠基人张苏芬女士逝世一周年。来自亚欧非 10 个国家的 50 多名专家学者参加了此次会议，共同探讨"丝绸之路"的过去、现在与未来发展，以及汉学和中国文化的传播与发展。与会专家学者提交了近 40 篇学术论文，内容涉及汉学和东方研究领域的多个课题，包括语言学、文学、文化、哲学、宗教、历史、社会经济发展和国际关系等方面。此外，此次研讨会还共同研讨海外汉语教学的理论与实践，这不但是对索非亚孔子学院 5 年来工作的回顾与总结，也将极大提升保加利亚汉语教学研究的水平，激发更多的保加利亚人学习汉语和研究中国文化的热情。"丝绸之路"大大促进了东西方政治、经济、文化、宗教、语言的交流与融合，对推动科学进步、文化传播、物种引进和各民族思想、感情的交流做出了重要贡

---

① 刘娜：《〈快乐汉语〉与〈跟我学汉语〉对比研究——以保加利亚舒门大学课堂教学为例》，硕士学位论文，兰州大学，2014 年，第 3 页。

献。此次研讨会一定会为与会各国的汉语教学研究和文化交流起到积极推动作用，激发与会专家学者的灵感，产生新的想法，进而开发出一些共同的研究项目，从而进一步推动中西方文化和学术的交流①。

本章主要参考文献

程丹：《保加利亚中学生汉语课堂问题行为及教师反应研究》，硕士学位论文，中央民族大学，2015 年。

董淑慧：《朱德熙、张荪芬编著〈汉语教科书〉评介》，《世界汉语教学》2006 年第 4 期。

董淑慧：《保加利亚汉语教学现状》，《云南师范大学学报》2006 年第 6 期。

河子：《保加利亚汉语教学的开拓者》，《汕头日报》2009 年 9 月 25 日第 6 版。

高伟、央青：《保加利亚中小学汉语教学现状及面临的挑战》，《汉语国际传播研究》2014 年第 2 期。

尹海良、李孝奎：《保加利亚汉语言文化传播的历史、现状及发展策略》，《汉语国际传播研究》2014 年第 1 期。

李丛：《浅析保加利亚索非亚大学汉语本科专业课程设置》，《鞍山师范学院学报》2009 年第 3 期。

刘娜：《〈快乐汉语〉与〈跟我学汉语〉对比研究——以保加利亚舒门大学课堂教学为例》，硕士学位论文，兰州大学，2014 年。

孙书光：《保加利亚外语教育印象及启示》，《淮南师范学院学报》2001 年第 2 期。

徐家荣：《保加利亚汉语教学的开创者张荪芬》，《东欧中亚研究》2001 年第 6 期。

谢佳萍：《保加利亚"汉语桥"世界中学生中文比赛选手培训的个案研究》，硕士学位论文，北京外国语大学，2015 年。

---

① 中国新闻网：《亚欧非学者齐聚保加利亚孔子学院研讨汉语教学》，http://www.chinanews.com/hwjy/2011/06-07/3092597.shtml，2016 年 11 月 8 日。

第六章　波兰的汉语教学

第一节　国家概况

一　自然地理

波兰共和国（The Republic of Poland）简称"波兰"，是一个位于中欧、由 16 个省组成的民主共和制国家。东部与乌克兰及白俄罗斯相连，东北与立陶宛及俄罗斯接壤，西部与德国接壤，南部与捷克和斯洛伐克为邻，北面濒临波罗的海。大部分为低地和平原。其面积约 31.3 万平方公里，地势北低南高，中部下凹。海拔 200 米以下的平原约占全国面积的 72%。境内主要山脉有喀尔巴阡山脉和苏台德山脉。主要河流有维斯瓦河（长 1047 公里）和奥得河（波兰境内长 742 公里）。最大的湖泊是希尼亚尔德维湖，面积 109.7 平方公里。海岸线长 528 公里。全境属于由海洋性气候向大陆性气候过渡的温带阔叶林气候。

二　历史政治

波兰国家起源于西斯拉夫人中的波兰、维斯瓦、西里西亚、东波美拉尼亚、马佐夫舍等部落的联盟，公元 9—10 世纪建立封建王朝，14—15 世纪进入鼎盛时期，18 世纪下半叶开始衰落。曾三次被沙俄、普鲁士和奥匈帝国瓜分。19 世纪波兰人民多次举行争取独立的武装起义。1918 年 11 月 11 日恢复独立，成立资产阶级共和国。1939 年 9 月，法西斯德国入侵波兰，第二次世界大战爆发，德国纳粹军队占领了波兰全部领土。1944 年 7 月苏军与在苏联组建的波军进入波兰国土，同年 7 月 22 日，波兰民族解放委员会宣告波兰新国家诞生。第二次世界大战后 40 多年由波兰统一工人党（共产党）执政。1952 年颁布人民共和国宪法，取消总统制，设立国务委员会。1980 年发生团结工会大罢工，1981 年 12 月至 1983 年 7 月实施战时状态。1989 年 4 月波兰议会通过宪法修正案，确认团结工会合法化，决定实行总统制和议会民主。1989 年 12 月 29 日将波兰人民共和国改名为波兰共和国。1997 年 4 月，波兰国民大会通过新宪法。新宪法于 1997 年 10 月生效。新宪法确立了三权分立的政治制度和以社会市场经济为主的经济体制。

　　波兰实行三权分立的政治制度，立法权、司法权和行政权互相独立，互相制衡。1997 年通过新宪法，宪法规定：众议院和参议院拥有立法权，总统和政府拥有执法权，法院和法庭行使司法权。总统是国家的最高代表，由全民直接选举产生，任期 5 年。议会由参议院和众议院组成，是国家最高立法机构，任期 4 年。政府总理由总统提名，议会任命。最高法院是最高国家审判机关①。

三　人口经济

　　人口数量为 3849 万人（2015 年 6 月数据），总人口中波兰族约占 98%，此外还有德意志、白俄罗斯、乌克兰、俄罗斯、立陶宛、犹太等少数民族，德意志人占 1.3%，乌克兰人占 0.6%，白俄罗斯人占

---

① 波兰国家概况部分信息主要源自 http://fec.mofcom.gov.cn/article/gbdqzn/，2016 年 11 月 9 日；http://www.fmprc.gov.cn/web/gjhdq_676201/gj_676203/oz_678770/1206_679012/，2016 年 11 月 9 日。

0.6%。波兰城市人口数量为 2316.9 万人，占全国人口总数的 60.2%，2002 年城市人口占 61.8%。信仰天主教的占 95%，东正教、基督教新教和其他教派占 5%。

波兰经济自 1989 年转轨以来，总体上得到了较快发展。1992—2003 年，波兰经济一直保持增长势头，经济实力不断增强，国际竞争力逐步提高。采矿、机械制造、钢铁、交通运输设备、化工、食品等是波兰的支柱产业。通过结构调整、技术改造和吸收外资，波兰工业的技术水平和竞争力得到较大提升，对外贸易和吸引外资发展迅速。近年来，波兰政府通过降息、减税、减轻企业负担、扶持中小企业、加大基础设施投入、鼓励出口和投资等措施刺激经济增长。波兰于 2004 年 5 月 1 日加入欧盟，实行与欧盟一致的对外经贸政策。民主自由是波兰传统文化的第一特征。开放文化是波兰传统文化的第二特征。宗教宽容是波兰传统文化的第三特征。

四　语言政策

官方语言是波兰语。波兰早期通行拉丁文及捷克文，至 14 世纪时才正式产生书面文字，标准语形成于 16 世纪。

第二节　汉语教学简史

波兰汉语传播的历史久远，汉语教学的基础良好。远在 17 世纪中叶，波兰传教士 Iicliael Boym（汉名"卜弥格"，1612—1659）在中国传教时，便从事中国文化和语言的研究工作。他编纂了汉语拉丁语和汉语法语词典，回国后他编纂了号称欧洲最早的汉语词典，其所著的《中国植物志》一书轰动了欧洲汉学界，因此他成为波兰汉学界的奠基人之一[①]。20 世纪初，波兰学者杨·雅沃尔斯基和乌·雅布翁斯基

---

① 劳宁：《波兰的汉语研究》，《当代语言学》1965 年第 5 期。

留学巴黎，潜心研究中国的佛教、文学史和文化史。1925 年，汉学工作者 B. 里切尔在华沙大学开设了汉语课。1933 年，汉学家杨·雅沃尔斯基在华沙大学正式建立了远东学院汉学系，并成为第一位汉学教授，首任汉学系系主任。1937 年，建立了汉学系。从此，汉学便在华沙大学这个波兰最高学府扎下了根。乌·雅布翁斯基一直致力于中国文学研究，他翻译了《白毛女》《离骚》《中国文学作品选》《中国文学史》等作品，为波兰新汉学发展做出了不朽的贡献。20 世纪 50 年代，一批年轻汉学工作者在老一代汉学家的哺育下脱颖而出。他们按照自己选定的汉学方向努力开拓。M. J. Kuenstler 学习研究汉语、中国文学史和中国艺术史。T. Zbikowski 学习研究中国戏剧史和中国文学。M. R. stawinski 学习研究中国现代史。G. Zdun 学习研究中国佛教史。这些汉语工作者为波兰的汉学研究和汉语教学做出了重要的贡献①。

新中国成立以后，波兰是较早承认中华人民共和国的国家之一。20 世纪 50 年代，两国在教育和文化方面就开始交流。1950 年，捷克斯洛伐克和波兰向中国政府提出交换留学生的请求。于是，同年 7 月清华大学成立了东欧交换生中国语文专修班，这是我国第一个进行专门进行汉语教学的机构。此次专修班就有来自波兰的青年学生。另外，王力先生曾于 1957 年赴波兰教授汉语。这些事实说明，波兰不仅汉学研究开始较早，而且汉语教学活动开展得也很早。

20 世纪 60—70 年代，由于历史的原因，我国和波兰的教育及文化交流较少。但是从 80 年代开始，汉语课逐渐恢复。密茨凯维奇大学 1988 年成立东方学院。罗兹大学 1988 年开始开设汉语课。雅盖隆大学 1992 年开设汉语公共课。除此之外，波兰其他一些高校也逐渐开设汉语公共选修课②。

进入 21 世纪之后，波兰汉语教学快速发展，进入良好的运行状

---

① 侯桂岚：《波兰汉语教学今昔谈》，《世界汉语教学》1995 年第 2 期。
② 刘薇：《波兰汉语教学及教材使用概况》，《国际汉语学报》2012 年第 1 期。

态。截至 2016 年底，波兰全国共有 5 所孔子学院、2 个孔子课堂，还有汉语教学点和一些私人的汉语培训机构，整体呈现良好的发展势头。2006 年 12 月，由北京外国语大学合作、雅盖隆大学承办的克拉科夫孔子学院启动运行；2008 年 6 月，由天津理工大学合作、密茨凯维奇大学承办的密茨凯维奇大学孔子学院启动运行；2008 年 9 月 1 日，由厦门大学合作、弗罗茨瓦夫大学承办的弗罗茨瓦夫大学孔子学院启动运行；2008 年 10 月，由北京工业大学合作、奥波莱工业大学承办的奥波莱孔子学院启动运行；2015 年 9 月，由中国青年政治学院合作、格但斯克大学承办的格但斯克大学孔子学院启动运行。在华沙和托伦有 2 个孔子课堂：2011 年 6 月，由天津理工大学合作、维斯瓦大学承办的维斯瓦大学孔子课堂启动运行；2016 年 5 月，由湖北大学合作、雅盖隆学院承办的雅盖隆学院孔子课堂启动运行。波兰汉语教学的重心在大学，但除大学之外，幼儿园和中小学汉语教学工作也逐步发展起来，而且产生很大的影响。

　　中国政府对波兰汉语教学与文化交流的重视，大大促进了波兰的汉语教学工作。2011 年 12 月 20 日，中国和波兰在北京签署了《中华人民共和国教育部与波兰共和国科学与高等教育部教育合作协议》（2011—2015 年）。该协议数据显示：我国自 1950 年接受 9 名波兰奖学金生以来，截至 2013 年共接受波兰中国政府奖学金生 1072 名。2009 年至今，我国向波兰提供孔子学院奖学金名额 170 人次。2013 年全年在华学习的波兰学生总数为 865 名，其中奖学金生 187 名（含国别奖、单方奖、专项奖），自费生 678 名。2004 年至今，我国共向波兰派出国家公派汉语教师 36 名，汉语志愿者教师 20 名。2003 年至今，我国向波兰赠送中文图书及音像制品共计 23638 册（套）①。

　　目前，波兰汉语教学工作开展得如火如荼。开展汉语教学的城市不仅是首都华沙，开展汉语教学的机构也不仅是波兰的高校，而是形

①　中华人民共和国教育部官网：《中国与波兰教育合作与交流简况》，http：//www. moe. gov. cn/s78/A20/s3117/moe_ 853/201005/t20100511_ 87462. html，2016 年 11 月 9 日。

成了由点到面、由高校到中小学及幼儿园、由公立学校到私人培训机构、由汉语口语培训到汉字打字教学、由大学生到社会人士的良好局面。在"16＋1"合作机制和"一带一路"倡议的大背景下，波兰汉语教学面临良好的发展机遇。

第三节　汉语教学的环境和对象

　　截至 2016 年底，波兰全国共有 5 所孔子学院、2 个孔子课堂，还有汉语教学点和一些私人汉语培训机构，整体呈现良好的发展势头。这些汉语教学机构为波兰当地人们学习汉语提供便利的条件和平台。特别是孔子学院在推广汉语和宣传中国文化方面做出了巨大贡献。孔子学院通过开办不同的汉语教学班、师资培训、举行"汉语桥"比赛、文化的交流和访问、举行国际性学术研讨会等不同方式的活动，激发波兰人们学习汉语和中国文化的兴趣。

一　克拉科夫孔子学院的汉语教学①

所在城市：克拉科夫

承办机构：雅盖隆大学

合作机构：北京外国语大学

启动运行时间：2006 年 12 月 1 日

　　克拉科夫孔子学院位于波兰克拉科夫市，是波兰第一所孔子学院。克拉科夫孔子学院由北京外国语大学和波兰雅盖隆大学共同承办。启动时间是 2006 年 12 月 1 日。雅盖隆大学于 1992 年开始开设汉语公共课程，于 2001 年前后建立了远近东关系学院和日汉系，开设了汉语、中国文学、中国文化等课程，并在该校的外语语言中心将汉语作选修

---

① 波兰孔子学院信息主要源自孔子学院总部/国家汉办官网：http：//www.hanban.edu.cn/，2016 年 11 月 9 日。

课程。雅盖隆大学现有汉语教师 6 名，其中中国公派教师 3 名，波方教师 2 名，留波华人教师 1 名。目前开设 12 个成人汉语学习班，5 个儿童汉语学习班，以及克拉科夫孔子学院自开办至今的传统项目——书法学习班。

2007 年 12 月 13—14 日《翘首振翅：国际舞台上的当代中国》青年汉学家研讨会于波兰雅盖隆大学市中心的图书馆召开。此次研讨会为期两天，是继《中国儒家传统迈向新世纪》后的第二次国际研讨会。来自波兰各地的大学及科研机构的 25 位青年汉学家发表了论文，提出了精辟的见解。会后，主办方将研讨会上发表的论文结集成册，作为“中国及中国文化研究系列丛书”第二辑出版。

2008 年 2 月 17 日，克拉科夫孔子学院“中国文化展”在波兰雅盖隆大学举行。此次“中国文化展”展示了中国电影、音乐、书画等作品，同时还进行了中国武术表演，介绍中国旅游并举办丰富多彩的中国文化讲座。中波双方今后将继续加强合作，不断加深中波在文化、教育等领域的各项交流。克拉科夫孔子学院成立一年来，开办了汉语培训班，并开展了汉语角、研讨会、中国书法班、中国诗歌吟赏会等一系列丰富多彩的活动。目前，克拉科夫孔子学院已成为波兰接受高水平汉语教学、了解中国文化的重要场所①。

2008 年 6 月 22 日，由克拉科夫孔子学院和 Decjusz 宫共同主办的“新丝绸之路——主题中国日活动”在克拉科夫 Decjusz 宫殿举行。此次活动旨在通过展示中、波两国文化交流的悠久历史，激发波兰人进一步了解中国文化的热情。活动日包括文化讲座、中国人文风情图片展、茶艺表演、钢琴演奏会等多个部分的内容。此次活动以直观、富有感染力的形式向波兰民众介绍了中国文化和中、波双方文化教育交流所取得的成果②。

---

① 中国网：《波兰克拉科夫孔子学院举办“中国文化展”》，http://www.china.com.cn/culture/txt/2008–02/17/content_10012146.htm，2016 年 11 月 10 日。

② 茅银辉：《波兰克拉科夫孔子学院的“新丝绸之路”》，《人民日报》（海外版）2008 年 7 月 14 日第 6 版。

　　2011 年 5 月 14 日，克拉科夫孔子学院举办了小波兰省的初中学生中国问题知识竞赛。这次活动得到小波兰省有关政府部门的支持。竞赛先在雅盖隆大学大讲堂进行笔试。其中的 10 名优胜者再去孔子学院进行决赛。决赛用抽题口头回答的方式进行，回答的问题涉及中国的历史、文化、经济等方面，题目都具一定的深度。学生们的回答反映了当代波兰青年对中国都比较感兴趣，并对中国有相当的了解。最后决出的三名优胜者，他们参加了当年 7 月北京的夏令营活动。

　　2013 年第一届 "小小汉语桥" 比赛约有 80 名学生参加，到了 2016 年人数已达到近 200 名。"小小汉语桥" 活动不但成为克拉科夫孔子学院的品牌项目之一，也真正成为当地小学生学习汉语、了解中国文化的桥梁。

　　2015 年 3 月 29 日，克拉科夫孔子学院举办了 2015 年首次汉语水平考试。共有 151 名考生参加了此次 HSK 及 HSKK 考试。克拉科夫孔子学院是波兰最早开始举办 HSK 及 HSKK 考试的考点，自 2011 年起正式作为 HSK 考试考点，三年来，克拉科夫孔子学院每年组织两次各级 HSK 考试和一次 HSKK 考试，考生报名非常踊跃。

　　2015 年 4 月 5 日，克拉科夫孔子学院与当地中医研究中心合作举办 "中医日" 活动。当地中医研究学者、专家受邀做了中医讲座和中医咨询。专家们做了题为 "中医理论中的疾病预防方法" "针灸疗法" 及 "中医与食疗" 等不同主题的讲座。讲座结束后，还开展了与这些讲座主题相关的实践课程、展示体验及诊断咨询等活动。此次关于中国医学、药学的文化活动，使当地市民近距离接触中国医学与药学知识，亲身体验中国医学与西方医学的区别。

　　2015 年 5 月 31 日，第十五届克拉科夫传统节日——游龙节在克拉科夫老城广场热烈举行。克拉科夫孔子学院的中国龙也是第四次参加此项盛会，并成为当天最亮丽的一道风景线。当克拉科夫孔院的中国龙结束游行后，观众们报以热烈的掌声。当地多家媒体为此次活动

中的中国龙拍了特写并发表了相关报道，克拉科夫孔院的中国龙也登
上了多家报纸及网站的头版头条①。

　　2015 年克拉科夫国家博物馆举办了题为"龙的世界"大型中国文
物展，此次展览是有史以来波兰境内规模最大的中国文物展，展品均
为克拉科夫国家博物馆馆藏珍品。克拉科夫孔子学院还在国家博物馆
组织讲座及中国文化体验活动，展览让波兰人民及当地外国游客了解
中国的悠久历史及中华文明的源远流长，并零距离体验中国艺术文化
的无穷魅力。克拉科夫孔院组织关于中国历史、哲学、艺术等开放性
知识讲座十余场②。

　　2015 年 8 月 30 日，克拉科夫在最大的购物中心 Galeria Krakowska
举办中国文化展览周。此次活动设有许多关于中国文化的展览，让市
民们置身于中国风情的文化海洋，真实地接触了中国文化。此次活动
拉开了大型中国文化推广活动"中国——东方智者"中国文化展览周
的序幕。克拉科夫孔院为文化的交流搭建了一座相互了解、传播文化、
传承友谊的桥梁③。

　　2016 年 1 月 31 日，克拉科夫孔子学院在雅盖隆大学大礼堂组织
了猴年春节庆祝活动，活动包括中国文化讲座及汉语主题课程和中国
文化体验活动。孔子学院的志愿者们开设的民族舞体验区受到好评。
雅盖隆大学大礼堂内还上演了一场由内蒙古艺术团带来的"欢乐春
节"演出。这次活动在当地引起了强烈的反响，除了使克拉科夫市民
亲身接触到了中国文化外，也加深了两国人民的深厚友谊④。

　　2016 年 6 月 10 日，克拉科夫孔子学院组织的第 4 届"小小汉语

---

① 　波兰克拉科夫孔子学院官网：《中国龙舞动克拉科夫》，http：//instytutkonfucjusza. pl. chi-
　　 nesecio. com/zh－hans/node/223，2016 年 11 月 12 日。
② 　同上。
③ 　波兰克拉科夫孔子学院官网：《克拉科夫中国文化周"中国——东方智者"大型主题展在当
　　 地最大购物中心盛大开幕》，http：//instytutkonfucjusza. pl. chinesecio. com/zh-hans/node/224，
　　 2016 年 11 月 12 日。
④ 　波兰克拉科夫孔子学院官网：《克拉科夫孔子学院猴年"欢乐春节"大型文艺演出》，http：//
　　 instytutkonfucjusza. pl. chinesecio. com/zh-hans/node/246，2016 年 11 月 12 日。

桥"活动在克拉科夫雅盖隆大学礼堂举行。近 200 名来自当地各小学的学生参加了比赛。小学生们通过歌曲、舞蹈、汉语情景对话展示等一系列表演展现了自己学习汉语的成绩。歌曲"童年""健康歌""蓝精灵之歌"等在中国耳熟能详的儿歌获得了现场观众的好评。

二　密茨凯维奇大学孔子学院的汉语教学

所在城市：波兹南

承办机构：密茨凯维奇大学

合作机构：天津理工大学

启动运行时间：2008 年 6 月 14 日

密茨凯维奇大学孔子学院是波兰的第二所孔子学院。天津理工大学是中方合作大学，密茨凯维奇大学是承办机构。

2010 年 1 月 22 日，密茨凯维奇大学孔子学院在密茨凯维奇大学植物园举行中国植物图画展览，同时还举办了相关讲座。讲座激起了学生对中国植物的极大兴趣。2010 年 1 月 23 日，密茨凯维奇大学孔子学院与华沙天狮集团东欧总部联合举行了"认识中国"文化交流活动。密茨凯维奇大学孔子学院应华沙天狮集团欧洲总部的邀请，为其高层员工提供"认识中国"培训，进行文化交流。此次文化交流活动获得高度评价，并愿意与孔子学院进行长期和广泛的合作。

2010 年 2 月 12 日，密茨凯维奇大学孔子学院在波兹南民族博物馆举行了付海峰先生书法作品展览开幕式，各界人士 100 余人参加，共展出付海峰先生 30 余幅作品。作品展使学生充分体会到中国的书法文化。2 月 13—14 日，付先生连续开设了四次书法体验课，为来宾讲授书法的笔画等基本知识，并耐心地教授来宾如何写好汉字"爱"。来宾们兴致勃勃地练习用毛笔书写汉字，体验到零距离接触中国文化的快乐。此次书法展览增进了波兰民众对中国文化的了解，取得了良好的社会反响。

2010 年 4 月 9 日至 5 月 19 日，密茨凯维奇大学孔子学院与波兹南市文化中心在波兹南文化中心举办了中国著名摄影师慕辰与邵逸农艺术摄影展。此次摄影展共展出慕辰与邵逸农艺术摄影作品 20 余幅，作品以摄影艺术视角拍摄了中国南方小镇不同时代的各种会议礼堂，跨度达多半个世纪，以此反映中国从落后愚昧走向现代化的不平凡道路。对展现和传播中国文化发挥了重要作用。

2010 年 5 月 28 日，密茨凯维奇大学孔子学院应 Dąbrowa 市 Zespół Szkół 技术学校校长邀请，为该校师生举办中国文化日活动。杨建华教授做了中国太极文化的讲座。他深入浅出地讲述中国太极思想，并请来宾欣赏运用太极思想构建的村落、民宅建筑等图片，同时也展示借助太极理念设计的瓷器，绘制的书画作品等图片，最后他还介绍了太极养生理念。通过与学生互动学习，加深学生对中华文化的理解。

2010 年 5 月 22 日，应波兰密茨凯维奇大学孔子学院和波兰武术协会共同邀请，天津理工大学武术团在华沙国际武术比赛现场进行了一场高水平的武术表演。武术选手们所表演的刀枪剑戟、锤鞭棍拳等精彩的表演和技艺获得了观众的认可。这是密茨凯维奇大学孔子学院在波兰首都进行的第一次大型孔子学院文化活动。此次天津理工大学武术团赴波兰的演出，以高水平传统文化项目展现了中国文化的无穷魅力，打开了中波两国人民互相认识和友好交往的一个新窗口，意义深远。

2011 年 1 月 31 日，密茨凯维奇大学孔子学院为小学生举办了寒假冬令营活动。冬令营旨在不仅将孔子学院的汉语及中国文化活动在青年或成年人特别是在大、中学的学生中进行，而且要利用寒假的时机进一步推进到广大的小学生中去，以进一步扩大孔子学院的影响力，为波兰小学生未来学习汉学及中国文化、为培养出更多优秀的贯通中波语言与文化的人才奠定更为长远的坚实基础。冬令营活动分为两大板块，即基础汉语学习和文化与艺术游乐园，以生动活泼的形式开展适合孩子特点的各种活动。结业仪式上，孩子们用学会的汉语进行会话，展出制作的作品，表演学会的舞蹈节目。精彩的节目获得家长们的一致认可。

2011 年 5 月 18 日，华沙维斯瓦大学举办文化周活动。密茨凯维奇大学孔子学院及在维斯瓦大学所设立的汉语教学点与维斯瓦大学密切配合，以多种形式对中国传统文化进行展示，尽显中国传统文化之博大精深、源远流长。此次维斯瓦大学举办的文化周活动大大活跃了该校的文化生活，促进了文化交流与了解，也为宣扬中国传统文化提供了一个极好的机会，使更多人有机会直接接触和感受中国文化。

2011 年 10 月 11 日，密茨凯维奇大学孔子学院和植物园联合在密茨凯维奇大学植物园展览馆共同举办了"中国园林艺术"的讲座。讲座由专门从事中国艺术和建筑领域研究的密茨凯维奇大学汉学系毕业生 Anna Brzezinska 女士主讲。讲座用丰富的资料展现了具有东方神韵的中国园林艺术，同时还有详尽的解释。此次讲座以中国园林艺术为题，以一个新颖的视角把对汉语感兴趣的朋友带进中国文化中去，这对宣扬汉语文化、促进文化交流是个很有益的探索。

2011 年 10 月，密茨凯维奇大学孔子学院举办秋季周末《中国京剧脸谱色画》文化活动。将小学生分为两个年龄组，即 6 岁至 8 岁班和 9 岁至 12 岁班。老师首先向小朋友们介绍了中国京剧艺术的有关知识，特别是京剧丰富多彩的各种脸谱。然后小朋友们实际操作学画脸谱。活动使学生又一次走进了中国文化。密茨凯维奇大学孔子学院非常重视孔院的长期可持续性发展，不定期举办专门面向小学生的中国文化活动便是为此目的而精心安排的重要举措之一，这将为孔子学院的健康持续发展不断增添新的活力。

2011 年 10 月 31 日，密茨凯维奇大学孔子学院在什切青老年大学（University of the Third Age）举办了中国书法艺术讲座。何悠女士以诙谐幽默的语言对中国书法艺术进行了深入浅出的介绍，讲座激起这些老年大学学员们对中国文化和书法艺术的极大兴趣。讲座后还举办了中国书法培训班。

2011 年 11 月 8 日，北京同仁堂专家在维斯瓦大学孔子课堂做了关于中国传统中医药文化的讲座。北京同仁堂中医药集团非常重视对中国传统中医药文化的宣传，成立的专家讲师团在世界各地举办中国传统中医药文化讲座，以此在海外大力弘扬中国传统中医药文化、拓展海外市场。讲座主讲人是同仁堂专家李智医生。李医生用流利的英语、娴熟的中医药知识，以深入浅出的方式全面解说中国传统中医药文化的深奥内涵，讲座的精彩内容吸引了在座的听众。这是维斯瓦大学孔子课堂成立以来举办的第一场中国传统中医药文化讲座，同时也是在波兰举办的第一场大型中国传统中医药文化讲座。此次讲座对于中国传统中医药文化在波兰的进一步弘扬传播起到良好的开端作用。讲座后维斯瓦大学校长 Arif Erkol 先生与同仁堂及密茨凯维奇大学孔子学院人员商谈了未来合作与发展等事宜。

2011 年 12 月 5 日，在波兰波兹南阿波罗影院的展厅和放映室举行上海早期广告海报的文化讲座和展览。上海大学美术学院的潘耀昌教授和李超教授在密茨凯维奇大学孔子学院举办"上海太太"文化讲座及展览。孔子学院学员、汉学系学生、社会各界人士及部分在波兰的中国留学生共计 300 多人参加了此次活动。这次文化活动是克拉科夫孔子学院和密茨凯维奇大学孔子学院成功进行文化资源共享的一个成果。观众被栩栩如生的极具中国传统文化特色的上海早期广告海报吸引，他们惊叹中国早期广告海报所蕴涵的中国传统文化底蕴。

2011 年 12 月 4 日，来自密茨凯维奇大学孔子学院的学员、密茨凯维奇大学和华沙大学汉学系的学生以及来自格但斯克和周边地区城市的考生，齐聚现代化的密茨凯维奇大学孔子学院专用汉语教室，参加中国汉办 1 级至 6 级新 HSK 考试及听力、口语等考试项目。密茨凯维奇大学孔子学院举办的新 HSK 考试的一个特点是考生参加的考试项目齐全，从 1 级到最高级 6 级都有考生报名参加。今年在密茨凯维奇大学孔子学院参加报名考试的考生人数达 70 余人。随着汉语教学的开展和汉语文化的不断扩展，参加汉语考试的人数将逐年增加。2012 年 5 月 20 日，密茨凯维奇大学孔子学院成功举办了 HSK 汉语考试。考试规模继续扩大，报考人数在前一年 70 余人的基础上又有大幅提高，创下历史新高。

2012 年 4 月 5 日，密茨凯维奇大学孔子学院重视发挥本土教师雄厚的中国文化学术实力，开展了一系列范围广泛的中国文化系列学术讲座与研讨活动。今年孔子学院第一次"走遍中国"学术讲座，主题为"美丽的眼泪——制约中国发展的习俗"。50 余名孔子学院学员、密茨凯维奇大学中文系及其他学院师生、中学汉语教学点学生及社会各界人士参加了讲座，这些学术讲座对于深入了解和研究中国非常有意义。

2012 年 4 月 26 日，密茨凯维奇大学孔子学院举办了主题为"音乐在古代中国的作用"的讲座主讲人为 Hanna Kupś 女士。她将中国的音乐分为古代、早期、近现代（1840—1949）和当代四个时期，然后对音乐在古代中国的作用从五个方面对进行了详细介绍和讨论。听众对这个话题非常感兴趣。2012 年 5 月 10 日，密茨凯维奇大学孔子学院继续举办"走进京剧剧院"活动，开始了关于中国传统京剧艺术的系列讲座。由曾在北京京剧研究院攻读中国京剧理论的波兰华沙大学中文系博士莫里斯·卡瓦斯基（Maurycy Gawarski）先生主讲。这些学术讲座有助于学生深入了解和研究中国音乐和戏剧文化。

2015 年 9 月 26 日，中国驻波兰大使馆和密茨凯维奇大学孔子学院在波兹南展览中心共同举办了"中国刺绣展"。中国美轮美奂的刺绣精品使现场观众深入了解了中国的刺绣文化。

2016 年 3 月 21 日，密茨凯维奇大学孔子学院举办了一场中国民乐音乐会，肖邦文化交流基金会主席张光明和天津音乐学院、山西师范大学的教师进行了精彩表演。孔院师生、华人华侨和当地民众等100 余人参加了此次音乐会。中国民乐丰富的表现力吸引了现场观众。密茨凯维奇大学孔子学院希望通过举办中国音乐会使波兰民众深入了解了中国民乐文化，进而推动中国民乐走向世界①。

---

① 密茨凯维奇大学孔子学院信息主要源自孔子学院总部/国家汉办官网：http：//www. hanban. edu. cn/，2016 年 11 月 12 日。

三　弗罗茨瓦夫大学孔子学院的汉语教学①

所在城市：弗罗茨瓦夫

承办机构：弗罗茨瓦夫大学

合作机构：厦门大学

启动运行时间：2008 年 9 月 1 日

弗罗茨瓦夫大学孔子学院启动运行时间 2008 年 9 月 1 日，由弗罗茨瓦夫大学承办、与厦门大学合作，是波兰建立的第三所孔子学院。该孔子学院成立后，举办了丰富多彩的文化活动，很好地宣传了汉语和中国文化。弗罗茨瓦夫大学孔子学院已成立 8 年，在这期间，孔子学院学员人数从 2008 年初建设时的 18 人发展到超过 1000 人，发展态势良好。孔院目前课程设置多样，教学对象也涵盖从幼儿、大中小学学生到成人各个年龄段。未来几年，弗罗茨瓦夫大学仅汉语专业学生将扩展至 100 人，弗罗茨瓦夫大学届时将成为波兰重要的汉语专业人才培养基地。

2009 年 5 月 30 日，弗罗茨瓦夫大学孔子学院举行了弗罗茨瓦夫地区新 HSK1 级和 2 级的考试。20 名考生在孔子学院参加了考试。考生大部分都是孔子学院的学员。他们都想通过考试检验和提高自己的汉语水平。2012 年 5 月 20 日，弗罗茨瓦夫大学孔子学院再次成功举办了 HSK 考试，考生人数有 51 人，是上次考试人数的 2.5 倍。5 月 26 日，弗罗茨瓦夫大学孔子学院首次举办中小学生外语考试（YCT），人数为 25 人，其中 9 名参加了初级口语考试。考生大部分来自该孔院定点开展汉语教学的一所名为达·芬奇小学的学校。

2011 年 2 月 1—8 日，在弗罗茨瓦夫大学以及周边地区进行孔子学院春节巡演活动，与当地民众共度中国新春佳节，观众累计达 500 多人。2 月 2 日，第一场演出在弗罗茨瓦夫市的一家综合商场，2 月 3 日 "喜迎中国新年文化系列暨中国电影展播活动" 在弗罗茨瓦夫市多

---

① 弗罗茨瓦夫大学孔子学院信息主要源自孔子学院总部/国家汉办官网：http：//www. hanban. edu. cn/，2016 年 11 月 12 日。

媒体电影院举行。2 月 4 日艺术团来到本市即将建立孔子课堂的弗洛茨瓦夫第一中学举行舞狮和书法表演。此次演出使弗罗茨瓦夫市民深入真实地了解中国春节文化。

2011 年 5 月 23 日，波兰弗罗茨瓦夫大学孔子学院在弗罗茨瓦夫大学礼堂举办了周剑生中国和波兰世界遗产摄影展。这次展览照片包括中国长城、布达拉宫、兵马俑、澳门历史建筑群、黄龙风景名胜区等列入联合国教科文组织自然和文化遗产名录的中国著名景观，以及奥斯维辛集中营、马尔堡条顿骑士团城堡以及维耶利奇卡盐矿等 6 幅波兰的世界遗产照片。参观者惊叹于中国秀丽的自然景色和灿烂的古代文明。摄影展很好地促进了文化的交流和传播。

2012 年 4 月 26—28 日，第三届厦门大学共建欧洲孔子学院联席会议于在波兰弗罗茨瓦夫大学举办。来自厦门大学在欧洲共建的 7 所孔子学院的中外方院长，波兰弗罗茨瓦夫大学校长等出席了会议。会议就孔子学院如何开展汉语教学和文化推广活动，以及有效地提高孔子学院的影响力进行了协商，并达成了一系列共识。

四　奥波莱孔子学院的汉语教学①

所在城市：奥波莱

承办机构：奥波莱工业大学

合作机构：北京工业大学

启动运行时间：2008 年 10 月 8 日

2008 年 10 月 8 日，由中国北京工业大学和波兰奥波莱工业大学合作兴办的孔子学院 8 日在波西南部城市奥波莱正式成立。当时该学院有 5 名中文教师，学院计划招收 13 个班，进行中文和中国文化等课程的教授。

为促进中波全面合作，奥波莱孔子学院于 2009 年 10 月 14—16 日

---

① 奥波莱孔子学院信息主要源自孔子学院总部/国家汉办官网：http://www.hanban.edu.cn/，2016 年 11 月 12 日。

举办了"中欧 21 世纪科学与经济合作前景"大会，以经济合作和生活质量为主题，探讨中欧在工程、环境、经济和商务等多领域的合作问题。大会的召开，对促进与会各国，尤其是中、波、德三国在技术、经济和商务等方面的合作产生了积极的影响。

2011 年 4 月 8 日，奥波莱孔子学院举行了一场中国文化推介活动。奥波莱孔子学院波方院长 Maria Kania 女士介绍孔院的发展情况，中方教师向当地居民展示了汉字的演化极其精妙的文化内涵，并进行了太极表演。当地居民积极参与到中国文化体验活动中，并表达出对中国文化的喜爱以及对中国人民的友好感情。波兰奥波莱孔子学院成立于 2008 年，成立近三年来已经有近千名波兰学生、社会人士和留学生学习汉语，举办了十几场中国文化表演和推介活动，在奥波莱当地及周边地区产生了积极良好的反响。

2011 年 5 月 16 日，波兰克拉科夫 Ignatianum 大学哲学与教育学教授 Jan Konior 博士在奥波莱孔子学院做了主题为"中国的'人'与'仁'"的哲学讲座。他指出，学习中文不只是掌握一门语言，而是要对中国传统文化精髓做深入地解读，这样才能更好地了解和认识中国。Jan Konior 博士主要对中国哲学思想中的"人"与"仁"做了讲解。讲座使学生深入了解了中国的哲学文化。

2011 年 5 月 16—17 日，第三届欧洲经济会议在波兰卡托维茨开幕。奥波莱孔子学院参加了青年经济论坛，会议主题为"中国制造——亚洲对欧盟的经济潜力"。经济论坛使国外人们更多地了解中国、认识中国，使更多的人们学习汉语和了解中国文化。

2011 年 6 月 11 日，奥波莱孔子学院在奥波莱工业大学为在此学习的伊拉斯谟国际学生举办了一场"中国文化日"活动。活动内容有体验中国的太极拳、中国书法、包饺子、吃中国菜等。丰富多彩的活动内容使在波兰留学的伊拉斯谟国际交流学生领略到了中国文化的博大精深。

2011 年 6 月 13 日，奥波莱孔子学院准备了一次汉语及中国文化体验课。课堂上，孔子学院教师用丰富的图片和视频资料向小朋友们展示了中国概况、中国的文化遗存与山川胜迹。汉语知识介绍环节，针对孩子们的认知特点，教师特别为小朋友准备了合适的学习材料，孩子们在涂涂画画、手舞足蹈的互动体验中，对汉语有了初步的感性认识。

2011 年 6 月 19 日，波兰奥波莱孔子学院在奥波莱市近郊的 Moszna 城堡举办了"中国漆器艺术展"，展出为期两周。这次展出的漆画、漆器等展品，无论是在制作工艺，还是艺术水平方面，都达到了很高的水平，代表了中国传统工艺美术审美特点，反映出中国艺术的深厚底蕴。这次漆器展使中国的艺术品与欧洲的古老城堡交相辉映，相得益彰，营造出良好的中欧文化交流氛围。

2011 年 11 月 9—11 日，由奥波莱工业大学机械工程系、捷克孟德尔农林大学农艺系、华沙居里夫人肿瘤学研究所共同主办的第九届"农业、科技、健康和社会生活"国际学术研讨会在波兰疗养城市 Głuchołazy 召开，会议议题涵盖农业、工程、健康与生活等内容。这项国际学术研讨会旨在促进学科间的广泛深入交流。中方院长章帆做了题为"中国农业概况"的演讲，对中国农业的基本形态、主要特点、取得的突出成绩等作了概要的阐述，使与会者对中国农业有了整体性的了解。孔子学院的中方教师还在会议间隙为与会者表演了太极拳，给大家留下了深刻的印象。

2016 年由奥波莱孔子学院等联合举办的"一带一路"大型研讨会在奥波莱举行。与会者围绕"一带一路"的政治、经济和科技等方面的问题进行了探讨。与会者就"一带一路"倡议的目的和挑战、给地区合作带来的潜力以及在运输和物流、知识和产品转化中的作用四个专题进行了讨论。讨论促进了学术和文化的交流。

五　格但斯克大学孔子学院的汉语教学①

所在城市：格但斯克

---

① 格但斯克大学孔子学院信息主要源自孔子学院总部/国家汉办官网：http://www.hanban.edu.cn/，2016 年 11 月 12 日。

承办机构：格但斯克大学

合作机构：中国青年政治学院

启动运行时间：2015 年 9 月 21 日

格但斯克大学孔子学院启动运行时间是 2015 年 9 月 21 日，由格但斯克大学承办、中国青年政治学院合作。是波兰的第五所孔子学院，也是波兰最年轻的孔子学院。该孔院成立后对中波两国的学术、文化的交流发展产生了重要的影响。

2016 年 1 月 27 日，格但斯克大学孔子学院举办了 2016 "欢乐春节——波兰行" 活动。活动演出在格但斯克莎士比亚剧院进行。来自内蒙古民族艺术剧院、鄂尔多斯民族歌舞剧院的杂技、歌舞演出团为中波观众带来了一场文化与艺术的视觉盛宴。中国驻波兰大使馆文化参赞，格但斯克大学校长，以及波兰各界人士及华人华侨近 600 人观看了本场演出。演出使格但斯克人们充分领略了中国传统文化的魅力。

2016 年 3 月 16 日，格但斯克大学孔子学院首次举办中国日体验活动，孔院师生以及与孔院合作的中小学师生，共 150 多人参与了此次活动。活动包括节目表演、中国文化体验和中国美食品尝三个部分。中国文化体验活动在多个教室进行，包括中国书法、剪纸、茶艺、抖空竹、踢毽子、拔河等。来自格但斯克音乐学院的中国留学生、格但斯克大学中文系学生以及格但斯克第九中学中文班学生为现场观众带来了歌曲、乐器演奏、诗歌朗诵等多个表演节目。中国知识竞猜和数字游戏，让大家在感受中国文化的同时也获得知识的乐趣。中国日活动使格但斯克学生深入了解了中国文化。

2016 年 4 月 15 日，全波兰汉学系国家交流课活动在格但斯克大学孔子学院拉开序幕。此次全国汉学系交流课活动持续 3 天，活动包括三大部分，第一部分为理论研讨部分，设置了三个分论坛，包括法律与经济研讨分论坛、中国历史与文化分论坛、语言学研讨分论坛。第二部分是中国文化实践技能，分为陈氏太极、中国功夫与武术套路、茶道表演、中国剪纸、书法等。第三部分是休闲娱乐部分，包括中医按摩推拿、中国桌游、麻将、中国特色食品、KTV、漆弹等。此次活动免费对学生和社区居民开放。通过聆听与交流，加强了与会者对中国历史和文化的了解，提高他们的汉语交流能力与表达水平。

六　维斯瓦大学孔子课堂的汉语教学①

所在城市：华沙

承办机构：维斯瓦大学

合作机构：天津理工大学

启动运行时间：2011 年 6 月 26 日

维斯瓦大学孔子课堂启动运行时间是 2011 年 6 月 26 日，由维斯瓦大学承办，天津理工大学合作，是波兰的第一个孔子课堂。

2014 年 6 月 7 日，在波兰首都华沙 Kepa Potocka 公园举行了第 15 届奥林匹克野营日。这个活动由波兰体育旅游部、中国使馆、华沙维斯瓦大学孔子课堂联合举办。市民通过参加体育竞技和游戏活动、观看中国文化展示，表达了对体育运动和中国文化的兴趣，同时也近距离地了解同年 8 月下旬在中国南京举行的第二届夏季青年奥林匹克运动会。

2012 年 9 月 29 日，维斯瓦大学孔子课堂举行了中秋文化联欢会。来自中国及波兰的朋友们欢聚一堂，庆祝中国的这个传统节日。这次文化活动使波兰朋友们享受了一次中国文化大餐，也增进了他们对中国及中国文化艺术的了解。

2013 年 1 月 22 日，维斯瓦大学孔子课堂举办了迎蛇年新春、学汉语中国文化行活动，来自中方及波方的朋友们参加了此次活动。文化联欢会把文艺节目、讲座、观摩课、文化活动一起进行，表演文艺节目的同时开展文化活动。这次文化活动使波兰朋友们享受了一次中国文化大餐，增进了他们对中国文化及艺术的了解。2014 年 10 月 20 日，

① 维斯瓦大学孔子课堂信息主要源自孔子学院总部/国家汉办官网：http：//www. hanban. edu. cn/，2016 年 11 月 12 日。

华沙维斯瓦大学孔子课堂在波兰首都华沙 Jan·Brzechwa 国立小学体育馆举办了"中国日"大型文化活动，这场活动对宣传中国文化和在当地推广汉语有很大的帮助。2014 年 10 月 28 日，华沙美国国际学校举办了"国际日"活动，来自该校的中国学生家长与维斯瓦大学孔子课堂共同举办了以京剧为主题的"中国文化专区"活动。参加活动的观众达 3000 多人次。这次活动使不同国籍的孩子了解了中国文化，同时欣赏了中国传统文化的魅力。2015 年 2 月 19 日，华沙市中心的亚太博物馆举办了"中国京剧展"，京剧展使华沙市民了解了中国的京剧文化。

第七届"汉语桥"世界中学生中文比赛波兰地区预选赛于 2014 年 6 月 27 日下午在华沙维斯瓦大学孔子课堂举行，此次比赛由中国驻波兰大使馆主办，华沙维斯瓦大学孔子课堂承办，现场气氛活跃、竞争激烈。此次"汉语桥"中学生中文比赛激发了波兰中学生学习汉语的积极性，增强了他们对汉语和中华文化的了解。

2015 年 4 月 15 日，波兰维斯瓦大学孔子课堂举办国际日中国文化活动，维斯瓦大学孔子课堂中方主任李奇琨、汉语教师、维斯瓦大学附中教师、学生及中国文化爱好者等 100 余人前来参加。孔子课堂开展了包饺子体验活动，学生不仅学习了包饺子的过程，还在孔子课堂教师的精心指导下，学习揉面、和馅和包饺子，学生们对中国新年文化和习俗充满了兴趣。维斯瓦大学孔子课堂还安排了丰富多彩的文化体验活动，有书法展示、茶艺表演和剪纸等。这些活动使现场学生更好地体验到中国文化的内涵。

2015 年 5 月 25 日，华沙维斯瓦大学孔子课堂在 Zygmunta Jana Rumla 公立图书馆举办"Dzien Chinski"中国文化日活动。中国驻波兰大使馆工作人员、维斯瓦大学孔子课堂汉语教师、志愿者、部分中资企业领导及波兰民众 100 余人参加此次活动。汉语老师现场教授简单的汉语日常用语和数数，受到波兰民众的热烈欢迎。孔子学院举办的书法、剪纸、茶艺、筷子游戏等体验活动吸引了众多波兰朋友参与其中。

　　2015 年 6 月 8 日，华沙维斯瓦大学孔子课堂承办了第八届 "汉语桥" 世界中学生中文比赛波兰赛区决赛。这是波兰举行的第二届中学生 "汉语桥" 比赛。比赛分汉语演讲、语言文化知识问答和才艺表演三个部分，学生的表演获得了评委的好评。"汉语桥" 比赛，激发了学生学习汉语的兴趣。

　　2015 年 8 月 2 日，中国彩灯文化节在波兰首都华沙皇家瓦津基公园博物馆内的 "中国园" 举行，活动持续了一个月。中国彩灯文化节由瓦津基公园博物馆、中国驻波兰大使馆和中波经济文化交流基金会共同主办，维斯瓦大学孔子课堂承办。每周日下午，华沙维斯瓦大学孔子课堂都将在 "中国园" 举办中国文化演出和活动，演出内容有京剧表演、琵琶独奏、中国音乐等、茶道、剪纸，书法等。波兰朋友通过活动了解汉语和中国传统文化。

　　2015 年 10 月 10 日，第十九届波兰全国太极比赛在华沙维斯瓦大学进行，此次比赛由波兰武术协会与维斯瓦大学孔子课堂共同主办。来自波兰 16 个省的逾百名选手参加了比赛，比赛项目包括各式太极拳、太极剑、太极刀和太极扇等，各界人士 200 余人观看了比赛。比赛很好地宣传了中国的武术文化。

　　2016 年 1 月 20 日，华沙维斯瓦大学孔子课堂在 Meridian 学校举办中国文化开放日活动，吸引了该校 100 多名师生前来参加。本次活动内容丰富，师生们既可以学习包饺子，欣赏茶艺表演，体验书法和剪纸，还可以观看精彩的文艺节目视频，现场观众近距离感受了中国传统文化的魅力。

　　2016 年 2 月 27 日，维斯瓦大学孔子课堂在华沙民俗博物馆举办了大型中国文化展示活动。中国驻波兰大使馆文化参赞、孔子课堂全体教师、华人华侨、当地师生等各界人士 3000 余人参加了此次活动。展示活动设有活动区和舞台表演区。主要内容包括京剧脸谱、剪纸、品茶、画灯笼、书法、做纸灯、玩棋牌、筷子游戏、包饺子和中国知识问答等项目。每个项目都吸引观众热心参与，使华沙市民充分领略了中国传统文化的魅力。

2016 年 5 月 23—30 日，维斯瓦大学孔子课堂和北京壹美四季文化传播公司联合举办了"醉墨如歌"中国水墨画名家三人展活动。展出的作品是陈宏年、袁波、王生才三位画家近期的创作，作品蕴涵着中国优秀传统文化的气息。这次画展既展示了中国的优秀文化，积极传播了丝绸之路精神，对"一带一路"也起到助推作用，同时也促进了中东欧和中国文化的友好交流。

2016 年 6 月 1 日，维斯瓦大学孔子课堂参加了以"走遍全球——世界各地的不同文化"为题的文化交流活动。此次活动由维斯瓦大学金融与经济学院主办，旅游与文化社团协办，活动吸引了十几个国家的学生参加。参与者感受了世界不同国家的风情文化。孔子课堂志愿者以"美丽的语言，神奇的汉字"为主题，向学生们展示了汉字的魅力。此次活动，打开了学生们认识中国的第一扇大门，促进了当地汉语教学的推广。

2016 年 6 月 27 日，第九届"汉语桥"世界中学生中文比赛波兰地区预选赛在维斯瓦大学孔子课堂举行。比赛包括汉语演讲、中国知识展示和个人才艺表演三个部分。最后，黄子佼和小麦分获一等奖和二等奖。中学生"汉语桥"比赛的举办，激发了波兰中学生学习汉语的积极性，增强了他们对汉语和中华文化的了解。

七　雅盖隆学院孔子课堂的汉语教学

位于波兰托伦的雅盖隆学院 2016 年 5 月 24 日举行孔子课堂揭牌仪式。这是在波兰开办的第二所孔子课堂，由中国湖北大学与雅盖隆学院合作承办。2016 年 5 月 22—31 日，湖北大学龙狮艺术团一行 21 人赴波兰、斯洛伐克开展了为期 10 天的文化巡演活动。此次活动展现了各地的风土人情，艺术团精湛的表演使波兰人民感受了中国传统的龙狮艺术。

2016 年 6 月 25 日，一年一度的"托伦节"在维斯瓦河畔举行。

雅盖隆学院孔子课堂的展台十分具有中国民族特色，鲜艳的"中国龙"引来游人纷纷留念，茶韵墨香更是让男女老少流连忘返。雅盖隆学院孔子课堂多彩的文化活动使波兰当地人们更多地参与到文化、教育活动中去，这既增强了人们对汉语的兴趣，也传播了中华文化，增进了中波友谊。

八　中小学的汉语教学

孔子学院十分重视汉语教学在波兰中小学的推广，克拉科夫孔子学院从 2013 年开始举行"小小汉语桥"活动，迄今已举办了 4 届。这个活动不但成为了克拉科夫孔子学院的品牌项目之一，也真正成了当地小学生学习汉语、了解中国文化的桥梁[1]。同时，孔子学院让"中文早教"走俏波兰，便是中小学汉语教学的一个很好印证。克拉科夫孔子学院开设儿童兴趣班，采用小班化教学，为 3 岁婴幼儿设计中文早教课，使他们学习汉语、了解中国文化。庞越绮（2014）调查的数据显示，克拉科夫市共有 5 所小学开设汉语课。其中该市第 12 小学 2012 年就开设了汉语课[2]。同时，奥波莱孔子学院注重与当地教育界的合作，常年把社区居民及中小学、幼儿园的学员请进来。而且已经与本地数所中小学建立了长期稳定的合作关系，合作班级定期来到孔子学院参加汉语与中国文化课程。波兰热舒夫市 2012 年与我国广西防城港市结为友好城市后，便掀起了学习汉语的热潮。因为有政府的支持，仅是开展汉语教学的幼儿园就有 15 所[3]。随着波兰和中国交流合作的深入，越来越多的波兰中学生愿意选择学习中文。前几年，很多中学生选择学习中文，主要是喜欢中国书法、功夫等中国文化，或曾

---

① 孔子学院总部/国家汉办官网：《克拉科夫孔子学院举办第 4 届"小小汉语桥"活动》，http://www.hanban.org/article/2016-06/20/content_647992.htm，2016 年 11 月 9 日。

② 庞越绮：《波兰克拉科夫小学汉语课堂教学案例分析》，硕士学位论文，北京外国语大学，2014 年，第 8 页。

③ 中文堂：《波兰小城内掀起对外汉语学习风，汉语教学从娃娃抓起》，http://www.chinatownedu.org/news-of-tcsl/industry55.html，2016 年 11 月 9 日。

经到过中国，对中国有一定的了解和兴趣。近两年越来越多的中学生学习中文，目的是为获得更多的就业机会。目前，波兰中小学的汉语教学已经得到深入发展。

九　语言培训机构的汉语教学

据刘薇（2012）统计，在波兰的华沙、弗罗茨瓦夫、索博特、罗兹等地还有十余所开展汉语教学的培训机构。例如："hen hao""南京教育""汉林中文学校""华沙中文学校""Mandarynka"等。这些机构分布在华沙、弗罗茨瓦夫、索博特、比得哥什、罗兹等城市，但主要集中在首都华沙。汉语师资主要是华人教师，只有极少部分波兰裔教师，本土汉语教师比较缺乏。这些语言培训机构既开设有幼儿课程，也有青少年和成年的课程，既有初级班，也有中级班，既有口语课程，也有学习中文打字的课程①。开设的课程内容中，中国的太极和中医比较受欢迎。这些语言培训机构为波兰人们学习汉语提供了更多的便利平台和条件。

第四节　汉语师资与教材

一　师资状况

波兰汉语教师师资存在不足的现象。相对于日益增多的学生数量来说，波兰的汉语教师不能满足实际的需要。据傅海峰（2010）考察，波兰汉语教师主要由四部分组成：我国公派的汉语教师、志愿者、本土获得汉语教师资格的教师和部分留波的华人。公派汉语教师和志愿者具有较高的素质和水平，但是人数有限，还不能满足汉语教学的需要。2011 年 12 月 20 日，中国和波兰在北京签署了《中华人民共和国教育部与波兰共和国科学与高等教育部教育合作协议》（2011—

---

① 刘薇：《波兰汉语教学及教材使用概况》，《国际汉语学报》2012 年第 1 期。

2015 年）。该协议数据显示：我国自 2004 年至今，共向波兰派出国家公派汉语教师 36 名，汉语志愿者教师 20 名。2003 年至今，我国向波兰赠送中文图书及音像制品共计 23638 册（套）。我国这些师资的支持能促进波兰汉语教学的发展，但还不能满足实际的需求。波兰比较重视教师队伍的培训。2016 年 9 月 13 日至 29 日，克拉科夫孔子学院组织新到任的汉语志愿者进行中小学汉语教师的岗前培训。岗前培训通过家长座谈会、优秀教师示范课观摩和分组汇报展示等方式，使新上任的志愿者教师收获颇丰，使他们对汉语教学理论和实践有了较为全面的认识，也对即将开展的汉语教学工作充满了信心。

二　教材的开发与选用

波兰汉语教学使用的教材多为我国国内编写的教材，据刘薇（2012）调查，波兰使用的汉语教材种类很多，小学、中学、大学及社会人士使用的教材主要有：《快乐汉语》（人民教育出版社 2003 年版）、《汉语乐园》（北京语言大学出版社 2007 年版）、《新实用汉语课本》（北京语言大学出版社 2006 年版）、《长城汉语》（北京语言大学出版社 2005 年版）、《体验汉语》（高等教育出版社 2006 年版）、《汉语口语习惯用语教程》（北京语言大学出版社 2003 年版）、《博雅汉语》（北京大学出版社 2004 年版）、《你说我说大家说》（北京语言大学出版社 2002 年版）等。总体来讲，在中小学中，专门为海外非华裔青少年开发的教材受到欢迎。对于大学生和社会人士来讲，《新实用汉语课本》和《长城汉语》都比较受欢迎。但由于《新实用汉语课本》重视复现和操练，其更胜一筹①。

早期的对外汉语教材多采用语法为中心的编写原则，20 世纪 70 年代后结构—功能型、功能型成为教材编写的主流。随着经验的积累和理论的丰富，学界已将目光集中在多元化、国别化教材编写的研究上。2011 年，密茨凯维奇大学汉学系波兰籍教师史维斯历时 7

---

① 刘薇：《波兰汉语教学及教材使用概况》，《国际汉语学报》2012 年第 1 期。

年，研发了针对本科零起点汉语学习者的国别化教材《基础汉语》，这是一套专门针对波兰学生的初级综合教材。这套教材以"强调自然习得""重视师生角色""注重个性差异"为编写理念，以"课文—语法词汇—文化常识—练习—生词—补充生词"为编写体例，强调汉语的语言环境、课文的纯汉字环境以及针对波兰学生学习难点设计教材、形式多样的练习等国别化特征。这套教材试用了 7 年，而且做过多次修订，得到了教师和学生的认可。但是，莫凤华、史维思（2011）通过问卷调查发现，该套教材还存在一定的不足，例如"课文没有加注声调""语法解释例子较少""没有翻译练习"等问题，还需要进一步修订完善①。

相对于波兰汉语教学的成功，中波词典的编纂显得相对滞后。多种原因导致波兰长期以来只有极少不完整的双语词典。2010 年华沙中文学校与中国浙江出版集团联合出版了《中波分类词典》，弥补了这一领域的一大空缺。但是，据刘薇（2012）调查，该词典的使用反响没有达到预期的效果②。

本章主要参考文献

侯桂岚：《波兰汉语教学今昔谈》，《世界汉语教学》1995 年第 2 期。

劳宁：《波兰的汉语研究》，《当代语言学》1965 年第 5 期。

刘薇：《波兰汉语教学及教材使用概况》，《国际汉语学报》2012 年第 1 期。

茅银辉：《波兰克拉科夫孔子学院的"新丝绸之路"》，《人民日报》（海外版）2008 年 7 月 14 日第 6 版。

莫凤华、史维思：《波兰高校国别化汉语教材〈基础汉语〉之解读》，《世界汉语教学学会通讯》2011 年第 4 期。

庞越绮：《波兰克拉科夫小学汉语课堂教学案例分析》，硕士学位论文，北京外国语大学，2014 年。

---

① 莫凤华、史维思：《波兰高校国别化汉语教材〈基础汉语〉之解读》，《世界汉语教学学会通讯》2011 年第 4 期。

② 刘薇：《波兰汉语教学及教材使用概况》，《国际汉语学报》2012 年第 1 期。

第七章 拉脱维亚的汉语教学

第一节 国家概况

一 自然地理

拉脱维亚共和国（The Republic of Latvia），简称"拉脱维亚"，国名源自民族语，意为"铠甲""金属制的服装"。拉脱维亚是位于欧洲东北部的一个议会共和制国家，首都是里加。拉脱维亚与北方的爱沙尼亚和南方的立陶宛，并称为波罗的海三国。东与俄罗斯、白俄罗斯两国相邻。拉脱维亚位于东欧平原西部，临波罗的海东岸，里加湾深入内陆，同爱沙尼亚、俄罗斯、白俄罗斯和立陶宛接壤，面积为64589 平方公里，其中陆地面积 62046 平方公里，内水面积 2543 平方公里。拉脱维亚地形以平原、低地和低矮丘陵相间，四分之三的地区在海拔 120 米以下，最高点海拔 311 米。拉脱维亚景色秀丽，享有"蓝色湖泊之乡"的美誉。

拉脱维亚海岸线长 307 公里，里加湾深入内陆。全境地势低平，东部和西部为丘陵。境内多湖泊和沼泽，面积超过 1 平方公里的湖泊有 140 个，较大的湖泊有卢班斯湖、拉兹纳湖、埃古列湖和布尔特涅

克斯湖。气候属海洋性气候向大陆性气候过渡的中间类型。境内共有
1.4万条河流，其中长度10公里以上的有777条。拉脱维亚年降水量
550—800毫米，较湿润。夏季白天平均气温23℃，夜晚平均气温
11℃，冬季沿海地区平均气温零下2℃—3℃，非沿海地区零下6℃—
7℃，平均年降水量633毫米，全年约有一半时间为雨雪天气①。

二 历史政治

公元前3000年左右，拉脱维亚人的祖先定居在波罗的海东岸。公
元前900年，克罗尼人、塞梅加廉人、拉特加廉人、瑟罗尼亚人以及
说芬兰语的利沃尼亚人等波罗的海部落定居在拉脱维亚。12世纪晚
期，罗马教皇派遣传教士来到道加瓦河下游进行传教，当地居民却没
有接受基督教。后日耳曼十字军用武力强迫当地居民改信基督教。克
罗尼人、塞梅加廉人、拉特加廉人、瑟罗尼亚人已经建立了自己的王
国，他们与入侵者进行对抗。13世纪早期，德国人控制了今天拉脱维
亚的大部以及爱沙尼亚的南部地区，并建立了十字军国家，即后来所
知的玛利亚地或利沃尼亚，里加成为主要贸易中心，并于1281年加入
了汉萨同盟。18世纪，沙俄从瑞典和波兰王国获取了现拉脱维亚的所
有领土。

第一次世界大战结束后，拉脱维亚于1918年11月18日获得独
立，但在第二次世界大战期间，苏联再次兼并拉脱维亚，并将其纳为
一个加盟共和国。1991年8月22日，拉脱维亚最高苏维埃宣布拉脱维
亚共和国恢复独立。同年9月6日，苏联国务委员会承认其独立。9
月17日，拉脱维亚加入联合国。独立后，拉脱维亚积极培养和西方各
国的关系，并于2004年加入欧盟和北约。

拉脱维亚实行多党制度和议会民主制。宪法规定，拉脱维亚是独

---

① 拉脱维亚国家概况信息主要源自 http://www.fmprc.gov.cn/web/gjhdq_676201/gj_676203/oz_678770/1206_679330/1206x0_679332/，http://fec.mofcom.gov.cn/article/gbdqzn/，2016年11月16日。

立的共和国，议会是国家最高立法机构，总统由议会选举产生，任期
4 年，最多连任两届，担任总统后不得再担任其他职务。议会是国家
最高立法机构，实行一院制，由 100 名议员组成，任期 4 年，议员由
18 岁以上公民直接选举产生。现任政府于 2014 年 11 月成立，是拉脱
维亚恢复独立以来的第 18 届政府。法院分为三级：国家法院、地区法
院和市、县法院。国家法院是国家最高法院。拉脱维亚实行多党制，
主要党派和政治团体有团结党、绿色和农民联盟、民族联盟、和谐社
会民主党、拉脱维亚地区联盟等。

三　人口经济

截至 2015 年 3 月，拉脱维亚总人口为 198.56 万人，城市人口占
69%，近几年拉脱维亚人口逐步减少。2007 年全国人均寿命 72.3 岁，
15 岁以上人口识字率为 99.8%，入学率为 90.2%。拉脱维亚女性多于
男性，女性占全国居民的 54%，男女比例差别之大稳居世界第一位。
拉脱维亚民族中拉脱维亚族占 61%，俄罗斯族占 27%，白俄罗斯族占
4%，乌克兰族占 2%，波兰族占 2%，立陶宛族占 1%。此外还有犹太
族、爱沙尼亚族等民族。拉脱维亚居民主要信奉罗马天主教、基督教
路德宗、俄罗斯东正教、旧教、浸礼教，根据 2006 年统计，拉脱维亚
多数人信奉宗教，但只有 7% 的人经常性参加教会活动。天主教 50 万
人，路德宗新教 45 万人，东正教 35 万人。

第二次世界大战期间，拉脱维亚经济遭到严重破坏。由于原有经济
基础较好，战后经济得到了迅速地恢复和发展。1991 年，拉脱维亚恢复
独立后，开始按西方模式进行经济体制改革，推行私有化和自由市场经
济。种植业以谷物、亚麻、甜菜、饲料和马铃薯为主。畜牧业主要是
奶、肉两用的养畜业、牛和猪；养蜂业发达。拉脱维亚工业在波罗的海
三国居首位，农业居第二位。畜牧业发达，其产值占农业总产值的
68%。拉脱维亚的主要工业门类有电子产品、机器制造、食品、轻工、
纺织、建材、化工、木材加工等。支柱产业有采矿、加工制造及水电气

供应等。拉脱维亚入境游主要来自立陶宛、爱沙尼亚、俄罗斯等国，出境旅游主要去往立陶宛、爱沙尼亚、俄罗斯、白俄罗斯及欧盟国家。

四　语言政策

拉脱维亚的官方语言为拉脱维亚语，分中部、东部和北部三种方言，属于印欧语系波罗的海语族，还有以拉丁字母为基础的文字。95%以上的居民懂俄语，约 10%的居民懂德语、英语。通用俄语、英语。北欧语言在拉脱维亚有一定基础，如瑞典语。

第二节　汉语教学简史

拉脱维亚与中国的关系源远流长。在古代，拉脱维亚首都里加是古丝绸之路的重要口岸；近代，拉脱维亚也是波罗的海地区最早开设汉语教学的国家；1919 年拉脱维亚汉学创始研究者彼得·史密斯在拉脱维亚大学创建汉学研究室。拉脱维亚大学是拉国内最著名的国立大学，该校从 1991 年开设汉语教学课程，附属于拉脱维亚大学外语学院的东方语言学系。从 1996 年开始，教育部派遣汉语教师到拉脱维亚任教。1991 年开始招生，隔年招生一次，每届 10 名学生，学制 4 年，毕业获学士文凭。1997 年增设研究生部，设硕士学位，学制 2 年。学校的课程设置逐渐完善，有语言课和文化知识课，都可分必修和选修两种课程模式。悠久的研究历史、开放式教学方式和完善的教学制度，使拉脱维亚的汉语教学取得了巨大的成就①。

拉脱维亚汉语教学离不开像史莲娜、贝德高先生这样的汉学家，他们开创了拉脱维亚汉语教学的先河，他们使拉脱维亚的汉语教学由零散的学习者扩大到大规模招生，从学士到研究生学位的设置，都做出了巨大的贡献。史莲娜教授潜心研究中国的历史和文化，其曾翻译

---

① 何杰：《拉脱维亚大学的汉语教学》，《世界汉语教学》2000 年第 2 期。

出版拉脱维亚语《论语》，对汉学研究和汉语教学做出了重大贡献①。贝德高是拉脱维亚汉学家、拉脱维亚大学孔子学院院长，其致力于对华友好事业 50 多年，从驻华外交官到拉脱维亚孔院的院长，对中拉友好交流做出了重要贡献。贝德高 1964 年于莫斯科大学东方语言学院学习中文，1970 年毕业后，先后在符拉迪沃斯托克苏联远东大学和拉脱维亚大学教授汉语。2011 年贝德高参与创办了拉脱维亚第一所孔子学院，并任拉方院长。在他的努力和推广下，在这个人口不足 200 万人的小国建立了 7 个汉语教学点。同时，自 20 世纪 70 年代至今，贝德高潜心汉学词典编撰工作，先后出版了《汉语拉脱维亚语会话手册》《汉语拉脱维亚语大词典》，《精选汉拉拉汉词典》也于 2016 年 10 月面世。2016 年 8 月，第十届中华图书特殊贡献奖颁奖仪式在京举行，获奖者中就有拉脱维亚的著名汉学家贝德高教授。中华图书特殊贡献奖设立于 2005 年，主要表彰在介绍中国、翻译和出版中国图书、促进中外文化交流方面做出突出贡献的外籍作家、翻译家和出版家。贝德高获奖可谓实至名归②。

2005 年 10 月，里加斯特拉京什大学挂牌成立了"孔子中心"，由汉学家史莲娜教授创办。孔子中心将传播中国语言和文化作为主要目标。课程通过培训班的形式培养了大批的汉语人才③。

2009 年 2 月 13 日，在拉脱维亚大学举行了中国国家汉语国际推广领导小组办公室与拉脱维亚大学关于派遣汉语教师和志愿者的协议签字仪式，这标志着中拉教育合作迈出务实的一步。协议的签署切实保障了拉大汉语教学的师资力量，促进该校的中文教学与研究更上一层楼，有利于拉脱维亚培养出更多的汉语人才，切实推动和深化中、拉两国教育合作。也进一步充实了中拉两国政府间的文化和教育合作，也标志着国家汉办与拉脱维亚大学的合作进入了崭新的阶段。

2009 年里加文化中学开始开设汉语课，这是拉脱维亚第一个开设

① 彭飞、张红：《拉脱维亚的汉语教学历史和近况》，《海外华文教育》2011 年第 4 期。
② 中国网：《拉脱维亚汉学家：愿为汉语教学和拉中友谊做贡献》，http://jiangsu.china.com.cn/html/edu/info/7295355_1.html，2016 年 11 月 13 日。
③ 彭飞、张红：《拉脱维亚的汉语教学历史和近况》，《海外华文教育》2011 年第 4 期。

汉语选修课的中学。2011 年 4 月，拉脱维亚大学孔子学院成立，这是拉脱维亚国内第一所孔子学院。经过五年发展，拉脱维亚孔院通过文化推广、学术讲座、国际研讨会、汉语桥比赛等活动，不断发展壮大，孔子课堂逐步增多，学习汉语的人数不断增加。2014 年 2 月 28 日，里加文化中学孔子课堂揭牌。该校从 2004 年就开始了汉语教学活动，10 年的汉语教学经验为开设孔子课堂奠定了良好基础。里加文化中学孔子课堂是波罗的海地区唯一的一家孔子课堂。2015 年道加瓦皮尔斯大学孔子课堂揭牌，2016 年雷泽克内大学孔子课堂揭牌成立。拉脱维亚把孔子学院的汉语教学从中部扩展到东部，东部已经成立了完备的汉语教学和中国文化传播中心。参加汉语考试的人数逐渐增多。拉脱维亚是波罗的海地区最早开设和推广汉语教学的国家，迄今已有约 4000 人学习汉语或练习中国武术。现有近 20 个大、中学汉语教学点和 10 个中国武术俱乐部。作为波罗的海地区开展汉语教学最早的国家，拉脱维亚的教学规模位居波罗的海三国之首。

第三节　汉语教学的环境和对象

拉脱维亚是波罗的海地区最早开设汉语教学的国家。2011 年拉脱维亚大学孔子学院启动运行，2013 年里加中学孔子课堂成立，2015 年道加瓦皮尔孔子课堂揭牌，2016 年雷泽克内大学孔子课堂揭牌成立。至此，拉脱维亚把孔子学院的汉语教学从中部扩展到东部，东部已经成立了完备的汉语教学和中国文化传播中心。这些教学机构为拉脱维亚人们学习汉语提供了很好的平台和机会。

一　拉脱维亚大学孔子学院的汉语教学①

所在城市：里加

---

① 拉脱维亚大学孔子学院信息主要源自孔子学院总部/国家汉办官网：http：//www. hanban. edu. cn/，2016 年 11 月 13 日。

承办机构：拉脱维亚大学

合作机构：华南师范大学

启动运行时间：2011 年 4 月 26 日

拉脱维亚大学坐落于首都里加市，成立于 1919 年，是拉脱维亚历史最悠久、规模最大的大学。拉脱维亚大学孔子学院 2011 年启动运行，迄今已有 5 年的历史。经过 5 年的发展，拉脱维亚孔院通过文化推广、学术讲座、国际研讨会、汉语桥比赛等活动，不断发展壮大，孔子课堂逐步增多，学习汉语的人数不断增加。2013 年里加中学孔子课堂成立，2015 年道加瓦皮尔斯孔子课堂揭牌，2016 年雷泽克内大学孔子课堂揭牌成立。至此，拉脱维亚把孔子学院的汉语教学从中部扩展到东部，东部已经成立了完备的汉语教学和中国文化传播中心。参加汉语考试的人数也逐年增加。2014 年 12 月 6 日，拉脱维亚大学孔子学院举办 HSK 及 HSKK 考试，拉脱维亚大学、道加瓦皮尔斯大学和雷泽克内大学的学生及业余汉语爱好者共 18 人报名参加此次考试。汉语考试激发了学生学习汉语的热情和兴趣。2015 年 12 月 6 日，拉脱维亚大学孔子学院举办了本年度第二次 HSK 和 HSKK 考试，考试级别包括 HSK1 级、2 级、4 级、5 级和 HSKK 初级。参加此次考试的 12 名考生中，10 人参加 HSK 考试，2 人参加 HSKK 考试。这些考生有的来自拉脱维亚大学，有的来自道加瓦皮尔斯大学教学点，还有一些社会人士。学员参加考试的目的是检测自己的汉语水平，同时获得赴华深造的机会。2016 年 3 月 20 日，拉脱维亚大学孔子学院举行的 2016 年首次 HSK、HSKK 考试涵盖了 HSK1 级至 5 级和 HSKK 初级，共有 22 名汉语爱好者报名参加了考试。近三年，参加考试人数逐年增多。之后，拉脱维亚大学孔子学院将继续加大 HSK 考试的宣传力度，积极培养汉语学生，尝试开展网络汉语考试，让更多汉语爱好者参与其中。

2013 年 4 月 23 日，拉脱维亚举行了第十届"汉语桥"中文比赛活动。中拉汉语教师、大中学生及汉语爱好者、新闻界友人等 100 余人出席此次活动。经主题演讲、知识问答和才艺展示等环节的激烈角逐，来自拉脱维亚大学孔院的玛丽娅、李琳达分别荣获"大学成人组"高级组和初级组一等奖；汉语爱好者劳瑞娜获得中级组一等奖；来自里加英语文法学校的莱沫尼斯和学龄前儿童伊娃分获"中小学生组"中级组和初级组一等奖。作为拉脱维亚本土最大规模、最具权威性的中文赛事，"汉语桥"中文比赛已经逐渐深入到当地市民生活中，得到了当地政府和公众媒体的大力支持。拉脱维亚大学电视台对历时5个多小时的"汉语桥"中文比赛决赛进行了现场直播。当前拉脱维亚除拉脱维亚大学孔子学院外，还有3所大学、3所中学开设汉语课程。

2014年8月14日，华南师范大学和拉脱维亚大学孔子学院联合举办了为期12天的"岭南印象"体验中国夏令营活动。拉脱维亚大学孔子学院和里加文化中学孔子课堂的优秀学员参加了本次夏令营。学员们参观了中国北京和广州两座城市，感受了北京的胡同文化和老广州的西关文化。游览了颐和园，攀登了长城，夜游了珠江两岸。参观了北京天安门、故宫博物院和广州的岭南印象园、陈家祠等不同特色的中国北方和南方传统建筑；品尝了北方的饺子和南方的广式早茶。参观考察了孔子学院总部、华南师范大学的两个校区，还学习了各种中国传统文化课程，包括茶艺、太极、书法、中国结等。此次夏令营活动使拉脱维亚学生更加深入、真实地了解了中国文化。

2014年10月16日，拉脱维亚大学孔子学院初级班开展了中国画体验文化课活动。孔院教师介绍了国画的基本知识，使同学们了解了中国国画的技法和主题。同学们在教师的带领下体会了国画的魅力。初级班的同学们亲身体验了中国文化、中国艺术的博大精深。

2014年9月25日、10月9日、10月30日，里加中餐馆举行了第一期至第三期"汉语角"活动。拉脱维亚大学孔子学院和人文学院的师生，以及对汉语和中国文化感兴趣的社会人士参加了活动。拉脱维亚学生了解了中国的旅游胜地、与中国人打交道的禁忌等问题。居住在里加的中国老师和社会人士也与学生们分享了他们在中国的生活。在中拉文化交流的碰撞中，大家对彼此的文化有了进一步的认识。汉语角活动使不同文化得到交流和传播。

2014 年 11 月 7 日，拉脱维亚大学孔子学院举办了一场"中国宗教文化主题系列讲座"。尚劝余教授从孔子的生平、贡献，到其携众弟子周游列国的事迹，再到《论语》里的"仁""礼"和"为政以德"的思想等内容，不仅使现场观众深入了解了儒教及其背后的重大历史事件，而且领略了中国儒学文化的魅力。2015 年 5 月 7 日，拉脱维亚大学孔子学院举办了第二场"中国宗教文化主题系列讲座"，介绍了儒教的发展及其影响。

2014 年 11 月 6 日，拉脱维亚大学孔子学院开设了一堂剪纸课。老师给同学们介绍了中国剪纸的历史发展过程，并展示了一些常见的剪纸图样。在老师的指导下，大家开始制作"红双喜"。剪纸是中国文化的精粹之一，通过亲身体验剪纸，不仅使学生与中华文化进行了一次亲密接触，同时也增强了学生学习汉语的积极性。

2014 年 11 月 19 日，拉脱维亚大学孔子学院中外方院长到雷泽克内大学汉语教学点视察并做了讲座。双方进行了会谈，议题包括雷泽克内大学汉语教学点汉语教学情况、汉语教学点的宣传及未来建立孔子课堂的筹划工作等。孔院和汉语教学点的继续深入合作，共同促进了雷泽克内大学汉语教学事业的发展。

2015 年 4 月 21 日，由拉脱维亚大学孔子学院主办的第十二届"汉语桥"中文比赛在中国驻拉脱维亚大使馆举办。拉脱维亚教育部官员、著名汉学家、汉语教师等 150 余人观摩了比赛。共 36 名选手参赛，分为大学成人组、中学生组和小学生组，围绕主题演讲、中国知识问答、才艺展示三个环节展开激烈角逐。拉脱维亚大学的纳迪娜、彭冰和里加理工大学的谢沃分获大学成人高级组、中级组和初级组的一等奖。里加第 88 中学的伊凡、里加文化中学的奥梦达和道加瓦皮尔斯大学的习卡丽、里加文化中学的白乐（并列）分别获得了中学生高级组、中级组和初级组的一等奖。他们有机会参加在中国举办的第十四届"汉语桥"世界大学生、第八届"汉语桥"世界中学生中文比赛的复赛和决赛。

2015 年 5 月 29 日，由拉脱维亚大学孔子学院等联合举办的京剧研讨会在拉脱维亚大学举行。孙桂元导演以《杨门女将》为切入点进行主题演讲，细致阐述了京剧的特点、内容以及表演形式，向学生展示了中国京剧的魅力。

2015 年 5 月 27 日，拉脱维亚大学孔子学院下属道加瓦皮尔斯大学孔子课堂举办汉字书写大赛，来自道加瓦皮尔斯大学和第 13 中学的 7 名选手参加了此次比赛。大赛旨在展示学生的书法才能，激发学生学习汉语的热情。

2015 年 6 月 19 日，拉脱维亚大学孔子学院与塔林大学孔子学院共同开展经验交流会。拉脱维亚大学孔子学院尚劝余院长首先介绍了拉脱维亚大学孔子学院的基本情况，然后就"孔子学院如何与当地大学更好地进行合作""如何最大程度获得国家汉办的支持"以及"孔子学院如何与当地使领馆密切联系合作"等话题与拉方院长及教师展开讨论。中国驻拉脱维亚大使馆领事曾伏华从使馆的角度分析了汉语教学在拉脱维亚能够取得巨大成功的原因，各位教师也从学校、学生、教师选拔，教学管理等方面进行了发言。

2015 年 9 月 7 日，拉脱维亚大学孔子学院 2015—2016 年度第一学期汉语课程正式开课。孔子学院外方院长贝德高、中方院长尚劝余及孔子学院全体汉语教师出席了开学典礼。贝德高院长介绍了拉脱维亚孔子学院的基本情况、未来发展方向和学员们在孔院学习过程中获得的机会，并鼓励大家抓住机会，学好汉语，充实自己。尚劝余院长介绍了孔子学院三大新变化：一是增加了新的教学点和孔子课堂；二是增加了新的汉语教师；三是增加了新学员。拉脱维亚孔子学院将汉语课程设为两个少儿班，一个初级班，一个中级班，一个高级班和一个高高级班。这些班级的课程由来自华南师范大学的汉语教师志愿者承担。

2015 年 10 月 2 日，拉脱维亚大学孔子学院下属道加瓦皮尔斯大学孔子课堂举行揭牌仪式。道加瓦皮尔斯市市长、道加瓦皮尔斯大学校长、中国驻拉脱维亚大使、拉脱维亚大学孔子学院中外方院长、汉语教师和道加瓦皮尔斯大学师生等近百人出席仪式。道加瓦皮尔斯大学孔子课堂的设立不仅为当地大学生打开了一扇汉语学习之窗，也为道加瓦皮尔斯市与中国的经济文化交流提供了重要平台。

2015 年 9 月 23 日—10 月 10 日，拉脱维亚大学孔子学院下属的交通与电信大学教学点举办了中国文化推介系列讲座。交通与电信大学校长 Igors Graurs、继续教育中心主人 Irina Bausova、汉语教师志愿者及该校师生 200 余人参与了此次活动，此次讲座主题为中国文化推介。汉语志愿者介绍了拉脱维亚大学孔子学院中方合作院校——华南师范大学的相关情况，并从首都北京、人口、历史、节日等方面概述了中国文化，展现了现代中国新风貌，此外还介绍了汉语及汉字等内容。交通与电信大学是拉脱维亚大学孔子学院于 2015 年新开设的教学点。此次系列讲座活动受到了该校师生的热烈欢迎，使教学点汉语教学工作的开展有一个很好的开端。

2015 年 12 月 9 日，拉脱维亚大学孔子学院下属雷泽克内大学孔子课堂举办茶文化讲座。汉语志愿者介绍了中国茶的起源和历史、茶叶品种和中国名茶，然后让学生近距离地辨识茶叶的形状和不同茶叶的香味。通过讲座，现场观众对中国茶文化有了进一步的认识。

2016 年 1 月 21 日，拉脱维亚大学孔子学院下属雷泽克内大学孔子课堂在拉脱维亚东部技术高中举行了"中国春节文化"讲座。梁铭轩老师以月相图为切入点，介绍了中国的农历、展示了 12 个卡通形象，让师生了解中国的十二生肖。春节的由来、中国人过春节的习俗以及"春"字剪纸的制作等活动内容使学生充分体会了中国传统文化的魅力。

2016 年 2 月 24 日，拉脱维亚大学孔子学院开设书法课。书法是中国传统的汉字书写艺术，经过千百年的创作历史和发展，已成为一门风格独特的艺术。为了让学生们感受灿烂的书法文化，卡琳娜老师介绍了书法的历史、字体和著名的书法家。此次书法课使拉脱维亚大学学生爱上了中国书法和中华文化。

2016 年 2 月 13 日，道加瓦皮尔斯大学孔子课堂举办了面向当地高中生的汉语宣传讲座。汉语教师介绍中国的概况、汉语音调和汉字书写、中国民间传统剪纸艺术等内容。最后教师教学生剪熊猫。此次活动使道加瓦皮尔斯市的高中生体验了中国丰富多彩的传统文化，增强了他们对汉语及中国文化的兴趣。

2016 年 3 月 9 日，拉脱维亚大学孔子学院开展了一次传统意味极其浓厚的文化讲座"中国戏曲"。教师介绍了戏曲发展的历史、概况、和著名的表演艺术家等知识。同时也放映了一些中国戏曲的名家选段。最后，教师教学生画戏剧脸谱。此次活动使拉脱维亚学生深入体会了中国的戏剧文化。

2016 年 2 月 20 日，拉脱维亚大学孔子学院举办了"我与中国的故事"的讲座。中国驻拉脱维亚大使馆工作人员、孔子学院中外方院长及孔子学院各教学点师生代表参加了此次讲座。讲座为汉语学习者提供了不少宝贵的经验，也拉开了拉脱维亚大学孔子学院 5 周年和中拉建交 25 周年系列活动的序幕。

2016 年 2 月 22 日，雷泽克内大学孔子课堂在拉脱维亚东部技术高中举办了关于中国民族文化的讲座。汉语教师梁铭轩从中国人的身份证图片引入中国民族文化的讲座主题。其从文化、服饰、建筑、饮食、传统节日等方面重点介绍了汉族、蒙古族、维吾尔族、壮族、藏族、回族这六个民族，使学生对中国的民族文化有了初步了解。这是孔子课堂在东部技术高中举办的第二场中国文化讲座。此次讲座使学生更加了解和认识了中国。

2016 年 3 月 4 日，拉脱维亚大学孔子学院在拉脱维亚世界帽子博物馆举办茶艺文化活动。孔院汉语老师用生动的图片文字给现场的观众们介绍了茶的历史发展、分类以及茶道的礼仪，这是孔子学院第一次走入本地博物馆举办文化活动。"以茶会友"的主题展演使现场观众初步了解了中国茶文化，同时也使他们对汉语产生了浓厚兴趣。

　　2016 年 5 月 8 日，芬兰赫尔辛基大学孔子学院代表团访问拉脱维亚大学孔子学院，并开展经验交流会。双方孔院就共同关注的问题做了进一步探讨和交流，双方在许多观点上达成了共识：需要进一步开拓中小学汉语教育；亟待加强汉语及文化专业领域的教育；当代中国研究的传播和教学应该纳入教学内容；需要促进孔院从单一教学到教学与研究综合的进一步转型升级等。

　　2016 年 5 月 25 日，拉脱维亚大学孔子学院下设的雷泽克内大学孔子课堂举办了以"熊猫"为主题的文化体验活动。汉语教师志愿者展示熊猫照片，介绍了熊猫的相关背景知识。现场师生了解到，熊猫不仅曾是北京 1990 年亚运会的吉祥物，还是 2008 年北京奥运会福娃晶晶的原型动物。2016 年 5 月 26 日，拉脱维亚道加瓦皮尔斯大学孔子课堂举办汉语课结业典礼，拉脱维亚大学孔子学院中外方院长等出席活动，汉语班、城市班、中级班、大学生初级班等不同班级的学生带来了歌曲、诗歌朗诵等精彩的节目。

　　2016 年 9 月 15 日，拉脱维亚雷泽克内大学孔子课堂举行揭牌仪式。该孔子课堂不仅为雷泽克内大学的学生打开了一扇窗，也为雷泽克内市与中国的经济文化交流提供了重要平台。2016 年 10 月 5 日、7 日，拉脱维亚雷泽克内大学孔子课堂成立的两个新零起点班先后开课。两个班级的学员分别为雷泽克内大学的学生、教师以及当地中小学生。课程开班后，受到师生一致好评。学生对汉语和中国文化十分感兴趣，通过文化课体验了熊猫剪纸、筷子比赛等内容。在欢乐的气氛中，学生不仅学习了汉语，也了解了中国文化。

二　里加文化中学孔子课堂的汉语教学

　　所在城市：里加

　　承办机构：里加文化中学

　　协议签署时间：2013 年 6 月 18 日

　　启动运行时间：2013 年 6 月 18 日

　　我国国家汉办于 2013 年 6 月 18 正式批准建立里加文化中学孔子课堂。里加文化中学孔子课堂是拉脱维亚大学孔子学院下设的首家孔子课堂，也是落户在波罗的海三国地区所有中小学里面的第一所孔子课堂。2014 年 2 月 28 日，里加文化中学孔子课堂揭牌仪式在拉脱维亚里加文化中学礼堂举行。我国驻拉脱维亚大使、拉脱维亚教育部等官方代表、拉脱维亚大学领导与孔子学院中外方院长、汉语教师、里加文化中学师生等单位近百人出席活动。使馆大使还向里加文化中学孔子课堂赠送了珍贵的汉语图书。2014 年，里加文化中学孔子课堂有 6 个汉语教学班，分布在 10 年级、11 年级和 12 年级三个不同年级，学生人数为 64 人，每个教学班每周有 4 节汉语课。从 3 月份开始，里加文化中学孔子课堂还招收社会学员，更广泛地教授汉语，多层面地开展中国文化学习和交流活动①。

　　2016 年 4 月 20 日，里加文化中学孔子课堂举办"中国文化日"活动，活动为该校学生带来了精彩纷呈的中国文化体验。"中国茶"主题文化课上，孔子课堂老师介绍了茶的名字来源、历史发展、主要种类以及不同种类茶的特点和泡茶的差异。在铁观音和祁门红茶两场茶艺表演过程中，学生们亲自体验了茶艺步骤，近距离感受了中国茶文化的魅力。

三　高等学校的汉语教学

　　拉脱维亚高校的汉语教学除了拉脱维亚大学之外，还有其他一些高校开设有汉语课程。维泽梅应用科技大学（Vidzeme University of Applied Sciences），是一所新型综合性高校。该校成立于 1996 年，2011 年由地区大学升级为国立大学，有在校学生约 1200 人，该校由汉语教师志愿者担任汉语课程。汉语课程原本是旅游专业学生的外语选修课，2013 年起将汉语改为与英语并重的必修课。2014 年开设 4 个班，一年

---

① 中国新闻网：《拉脱维亚中学孔子课堂揭牌，设有 6 个汉语教学班》，http：//www. chinanews. com/hwjy/2014/03 – 05/5911312. shtml，2016 年 11 月 19 日。

级 2 个班，共 28 人。还有旅游专业二年级和终身教育中心的成人班两个班。每学期每个班共 26 课时。使用的教材有《体验汉语口语教程》和《汉语 301 句》，《新实用汉语课本》为辅助教材。

里加理工大学是东欧最古老最著名的国立大学之一，是以理工科为主的一所综合性国立大学，位于首都里加。其历史可追溯至 1862 年成立的里加理工学院，距今已有 150 多年的历史。学校有 8 个学院及 5 个科研院所，2014 年在校生 17000 多人，其中本科生 10000 多人、硕士生 3200 多人、博士生 400 多人、留学生约 1000 人，教职员工有 1000 人，其中教授和副教授 400 人。该校培养出了许多优秀人才，有著名的科学家，也有诺贝尔奖获得者，也有活跃于拉脱维亚政界、商界的杰出人士。拉脱维亚的多位总统及总理也毕业于该校。2012 年里加理工大学向中国汉办申请汉语教师志愿者，2013 年开始开设汉语选修课，设立两个班级共有 20 名学生，学习对象既有本科生、硕士生，也有博士生，汉语程度大部分为零基础。每学期每个班设置 64 课时。此外还为教职工开设一个汉语兴趣班，对汉语和中国文化有兴趣的所有教职工均可免费参加。使用的教材主要有《体验汉语（生活篇）》《体验汉语（留学篇）》和《中国文化常识》等教材。课程安排以短期为主，课余举办文化讲座和汉语角等文化体验活动。

除了这两所高校之外，道加瓦皮尔斯大学于 2006 年开始开设汉语选修课。雷泽克内大学 2014 年首次开设汉语课程。斯特拉京什大学 2005 年成立了孔子中心，开始开设汉语课程，每年 6 个班级，平均每年约有 50 名学生学习汉语。开设了初级、中级和高级三个级别的课程。孔子中心的学习对象既有中小学生、大学生，还有一些社会人士①。2013 年孔子中心的一名学生还被推荐来中国参加第七届中学生"汉语桥"比赛，并取得了不错的成绩。这些高等学校汉语教学机构的开设，为拉脱维亚人们学习汉语提供了十分便利的平台和机会。

---

① 于婧媛：《拉脱维亚汉语教学现状调查研究》，硕士学位论文，吉林大学，2014 年，第 10—12 页。

第四节 汉语教材与教学法

一 教材的选用

拉脱维亚没有专门针对本国学生的汉语教材,他们使用的教材以大陆教材为主,以前曾经使用过北京语言大学和南开大学的教材,还有台湾的教材。从 2007 年开始,主要使用汉办推荐的教材《新实用汉语课本》第一册至第四册。文化课程主要使用俄语及拉脱维亚语教材[①]。

《汉语拉脱维亚语大词典》是由拉脱维亚著名的汉学家贝德高教授花费 8 年时间编撰完成的,也是世界上第一本拉汉词典,正文共收 5 万余条,包括语词和百科两大类。百科类收词的范围比较广泛,分动物、植物、医学、天文、物理等 20 多类。正文后还有 16 个附录,包括中国历史年代简表、中国各省简称及外国人感兴趣的针灸穴位表等。拉脱维亚总统瓦尔迪斯·扎特列尔斯评价说,《汉拉大词典》的出版是两国交流领域的一项历史性事件。《汉拉大词典》的问世,不仅会改善拉脱维亚的汉语教学质量,也能激发中国人民学习拉脱维亚语的热情[②]。

二 教学方法

2013 年 11 月 23 日,拉脱维亚大学孔子学院在首都里加举办了首次拉脱维亚全国性的汉语教学与汉学研究座谈会。来自拉脱维亚大学孔子学院、拉脱维亚大学亚洲学系、斯特拉京什大学孔子中心、维泽梅大学、里加理工大学、道加瓦皮尔斯大学、雷泽克内大学、里加文化中学、里加第 68 中学等高校和中学的本土汉语教师和中国国家汉办派出的公派汉语教师和志愿者参加了此次座谈会。座谈会旨在帮助大

---

① 彭飞、张红:《拉脱维亚的汉语教学历史和近况》,《海外华文教育》2011 年第 4 期。
② 任翀:《古丝路口岸,正在掀起汉语热》,《解放日报》2010 年 10 月 22 日第 3 版。

家理解国家汉办汉语国际教育的发展战略和主要任务，分享国际汉语教育的先进经验，了解"孔子新汉学计划"的具体内容，以及如何进一步提高汉语国际教育教学质量和繁荣汉学研究。拉脱维亚大学孔子学院中方院长黄明喜介绍了孔子学院全球发展的现状和中长期规划，着重阐述了"孔子新汉学计划"所涵盖的中外合作培养博士项目、来华攻读博士学位项目、"理解中国"访问学者项目、青年领袖项目、国际会议项目、出版资助项目等 6 大子项目，强调了实施孔子学院核心教师岗位的重要性。外方院长贝德高教授就本土汉语教师和来自中国的汉语教师之间的合作分工、推进本土教材的工作等方面提出了建设性的意见。同时，与会者踊跃发言，围绕建设汉语国际教育专业化师资队伍、完善孔子学院奖学金制度、编写拉脱维亚本土特色的汉语教材、建立健全的汉语考试体系以及落实孔子新汉学计划等话题进行了充分的研讨交流。作为拉脱维亚历史上规模最大的一次汉语教学研究会议，这是一次很好的信息交流和资源共享的机会。

2016 年 11 月 5 日，在第五次中国和中东欧国家领导人会晤的同时，来自中国和中东欧 16 个国家的 47 名汉学家和 20 多名嘉宾在拉脱维亚大学共同探讨"一带一路"和汉学人才培养，暨中东欧国家汉学研究和汉语教学研讨会。中外学者就"一带一路"研究、汉学人才培养、孔子学院在汉学研究中发挥的作用、中东欧汉学研究和汉语教学的历史与现状等议题发表了看法。同时，与会人员积极展开讨论，一致肯定了"一带一路"为汉学人才培养带来的发展机遇，以及孔子学院所发挥的积极作用。此类研讨会有助于不同国家之间的沟通和交流，有助于中东欧汉语教学整体的进步与发展①。同时，国务院总理李克强在拉脱维亚里加国家图书馆会见了中东欧 16 国前来参加汉语教学研讨会的老、中、青三代汉学家。拉脱维亚著名汉学家、拉脱维亚大学孔子学院院长贝德高向李克强赠送了由他编纂的《精选汉拉拉汉词

---

① 新华网：《中东欧国家汉学研究和汉语教学研讨会在里加举行》，http：//news. xinhuanet. com/world/2016 – 11/06/c_ 129352923. htm，2016 年 11 月 15 日。

典》。李克强表示，语言是沟通的桥梁，汉学家是中国和中东欧文明
交流互鉴的"架桥人"。希望能够看到更多的促进中国和中东欧国家
语言文字沟通交流的工具书出现。总理对中东欧汉学家的会见充分证
明了我国对海外汉语教学和教育文化交流的重视①。

本章主要参考文献

何杰：《拉脱维亚大学的汉语教学》，《世界汉语教学》2000 年第 2 期。

彭飞、张红：《拉脱维亚的汉语教学历史和近况》，《海外华文教育》2011 年第 4 期。

于婧媛：《拉脱维亚汉语教学现状调查研究》，硕士学位论文，吉林大学，2014 年。

---

① 孔子学院总部/国家汉办：《李克强在会见中东欧国家汉学家时寄语做中国和中东欧文明交流
互鉴的"架桥人"》，http：//www. hanban. edu. cn/article/2016 – 11/07/content_ 663503. htm，
2016 年 11 月 16 日。

第八章　立陶宛的汉语教学

第一节　国家概况

一　自然地理

立陶宛共和国（The Republic of Lithuania），简称"立陶宛"，国名源于波兰语，意思为"多雨水的国家"。位于波罗的海东岸，与北方的拉脱维亚和爱沙尼亚，并称为波罗的海三国，东南毗邻白俄罗斯，西南是俄罗斯的加里宁格勒州和波兰，立陶宛的首都是维尔纽斯，人口 292.19 万人（2015 年 1 月）。立陶宛国土总面积 6.53 万平方公里，国境线总长 1644 公里，海岸线长 90 公里。立陶宛地形以平原为主，西部地区有丘陵。立陶宛是欧洲湖泊最多的国家之一，面积超过 0.5 公顷的湖泊有 2830 个，湖泊总面积达 880 平方公里，其中，最大的 Druksiai 湖面积 4479 公顷；国内共有 722 条河流，最长的河流涅曼河全长 937 公里，流经立陶宛境内长度 475 公里，自东向西流入波罗的海。立陶宛气候介于海洋性气候和大陆性气候之间，冬季较长，多雨雪，日照少；9 月中旬至次年 3 月中旬温度最低，1 月份平均气温为 -4℃—7℃；夏季较短而且凉爽，日照时间较长；6 月下旬至 8 月上旬最温暖，7 月平均气温 16℃ —20℃①。

二　历史政治

旧石器时代起，立陶宛就有人类定居。公元 5—6 世纪出现阶级社会。12 世纪起受到日耳曼人的侵略。1240 年成立统一的立陶宛大公国。13 世纪，形成立陶宛民族。14—15 世纪，立陶宛大公国的领土大部分在西俄罗斯、乌克兰和白俄罗斯。1558—1583 年，立陶宛参加了反俄国的立窝尼亚战争。1569 年根据《卢布林条约》，波兰和立陶宛合并成立了波兰立陶宛王国。1795—1815 年整个立陶宛（除克莱佩达边区外）并入俄国。立陶宛人民参加了 1830 年至 1831 年和 1863 年至 1864 年的波兰起义。第一次世界大战时，立陶宛被德国占领。1918 年 2 月 16 日，立陶宛宣布独立，成立资产阶级共和国。1918 年 6 月 4 日，成立立陶宛王国，立陶宛国会于 11 月 2 日推翻了自己的决议，立陶宛成为共和国。1918 年 12 月至 1919 年 1 月立陶宛大部分领土建立了苏维埃政权。1919 年 2 月立陶宛和白俄罗斯联合成立陶宛—白俄罗斯苏维埃社会主义共和国，同年 8 月成立资产阶级共和国，并宣布独立。1926 年 9 月 28 日，苏联政府同立陶宛缔结互不侵犯条约。同年 12 月，法西斯分子发动政变得逞。1940 年，苏联军队占领立陶宛。1941 年苏德战争爆发后，立陶宛被德国军队占领。1944 年，苏联军队再次占领立陶宛，并成立立陶宛苏维埃社会主义共和国，加入苏联。1990 年 3 月 11 日，立陶宛宣布脱离苏联独立，苏联不予承认。直到 1991 年 9 月 6 日，苏联才承认立陶宛的独立。同年 9 月 17 日，立陶宛加入联合国。2001 年 5 月正式加入世贸组织。

立陶宛为议会制国家，议会是国家最高立法机关。议会有权批准或否决总统提名的总理人选；任命和解除国家领导人的职务；有权弹

---

① 立陶宛国家概况信息主要源自 http：//www.fmprc.gov.cn/web/gjhdq_ 676201/gj_ 676203/oz_ 678770/1206_ 679354/1206x0_ 679356/，http：//fec.mofcom.gov.cn/article/gbdqzn/，2016 年 11 月 16 日。

劾总统，但需经 3/5 以上的议员支持。总统是国家元首，由公民直接投票选举产生，任期 5 年，最多任 2 届。政府是立陶宛行政权力机关，由社会民主党、劳动党、秩序和正义党、自由运动党等党派联合执政，于 2012 年 10 月组成。立陶宛行使司法权的机关为宪法法院、法院和检察院。1992 年 11 月 19 日组建军队，2004 年 3 月 29 日加人北约。立陶宛总统为武装力量最高统帅，国家国防委员会是协助总统处理国防事务的决策机构，由总统、议长、总理、国防部长和三军司令组成①。

三　人口经济

截至 2015 年 1 月 1 日，立陶宛总人口为 292.19 万人，人口密度为 45.1 人/平方公里。主要是民族为立陶宛族，占 83.1%，少数民族中波兰族占 6.0%，俄罗斯族占 4.8%。此外还有白俄罗斯、乌克兰、犹太等民族。立陶宛居民主要信奉罗马天主教，此外还有东正教、新教路德宗等。

立陶宛是一个工农业都比较发达的国家。独立后通过企业私有化走向市场经济，经济形势基本平稳。国内有三个自由经济区：考纳斯、克莱佩达和希奥利艾。那里的投资环境良好：有欧洲标准的公路网，4 个国际机场，不冻港（东波罗的海岸）和该地区第一个卫星通们系统。工业是立陶宛的支柱产业，主要由矿业、加工制造业以及能源工业三大部门组成。工业门类比较齐全，以食品、木材加工、纺织、化工等为主，机械制造、石油化工、电子工业、金属加工工业等发展迅速，生产的高精度机床、仪表、电子计算机等产品行销全世界 80 多个国家和地区。首都维尔纽斯是全国工业中心，全市工业产值占立陶宛工业总产值的三分之二以上。农业以水平较高的畜牧业为主，占农产品产值的 90% 以上。农作物有亚麻、马铃薯、甜菜和各种蔬菜，谷物产量很低。

立陶宛电子、纺织和食品加工业较发达，糖、奶、肉制品出口有

---

① http：//fec. mofcom. gov. cn/article/gbdqzn/，2016 年 11 月 18 日。

一定优势。现已基本完成市场经济转轨，非国有企业产值占 GDP 的 73%。2002 年，宏观经济状况进一步好转，金融、税收改革取得成效，私有化进程不断深入，市场供求改善，外资流入增多。经济保持较快增长，GDP 增幅为 5.9%。但支柱产业不多，各地区经济发展不平衡，政府对教育、文化、医疗等领域投入有限，失业率居高不下。

四　语言政策

立陶宛的官方语言为立陶宛语。立陶宛语是现存的两种波罗的语族之一（另一种是拉脱维亚语）。波罗的语族隶属于印欧语系。在国外的 50 多万立陶宛人中，绝大多数仍使用立陶宛语，主要居住在美国、巴西、阿根廷、中欧和西欧等地。立陶宛语的历史比拉脱维亚语古老。方言歧义很大，主要分为两支：低地立陶宛语，包括 3 种次方言；高地立陶宛语，包括 4 种次方言。

第二节　汉语教学简史

立陶宛虽是中东欧面积不大的国家，但它是一个拥有辉煌文明的历史古国。1990 年立陶宛脱离苏联独立，后加入欧盟和北约。立陶宛汉语教学的历史，要从维尔纽斯大学和维陶塔斯大学这两所具有重要意义的大学谈起。维尔纽斯大学是立陶宛规模最大的大学，也是波罗的海第一所大学。它成立于 1579 年，其建校的历史比莫斯科大学还要早 176 年。1823 年在鼎盛时期曾是欧洲规模最大的大学之一，学生人数超过牛津大学。后由于学生对沙皇统治的反对，1832 年被迫关闭。1918 年，立陶宛独立，维尔纽斯大学重新恢复授课，但之后的发展道路更是一波三折。其坎坷的历史进程在一定程度上阻碍了文化教育的发展，汉学的传入和研究也因此相对滞后。

汉学的引入和研究主要在维尔纽斯大学的东方研究中心，它是研究亚洲学的主要机构。东方语言学院建立于 1810 年，该学院主要教授蒙古语、阿拉伯语、亚美尼亚语、土耳其语和波斯语等，此时并没有汉学的萌芽。1990 年立陶宛独立后，再次掀起东方文化研究的热潮。1993 年成立了东方研究中心，主要研究东方语言、文化和历史。2000 年，立陶宛在官方多个部门的支持下，维尔纽斯大学的课程大纲增设了亚洲比较文化研究文艺学学士学位。于是该学院汇集了研究汉学、阿拉伯文化、日本学和印度学等方面的专家。2002 年，东方研究中心设立东方语言学校，其中开设了汉语课程，邀请名师向社会提供公开课教学。

维陶塔斯大学建立于 1922 年，虽没有维尔纽斯大学悠久的历史，但在立陶宛教学史上同样具有十分重要的意义。由于受波兰立陶宛战争的影响，立陶宛国家政府由维尔纽斯转到了考纳斯，考纳斯成为临时首都。维陶塔斯大学承担了维尔纽斯大学的使命，成为立陶宛国家大学。该校研究亚洲学的中坚力量是现在的亚洲研究中心。研究的重心在东亚地区，如中国、韩国、日本等。亚洲研究中心正式建立于 2009 年，其前身是亚洲学中心和日本学中心。而汉语课程于 2007 年 9 月才正式在大学教授，但此时的汉语课程为非专业课。直到 2012 年 9 月，东亚语言与文化学士学位的设立，才使得汉语课正式进入课程大纲，作为专业课进行教学①。

因此，就这两所大学的汉语教学发展史来看，都是在短短的近十年时间，其起步阶段呈现出规模小，发展速度缓慢的特点。但是，立陶宛的汉语教学却在近四五年内出现学生人数迅速扩大，汉文化推广工作欣欣向荣，汉语影响力和中国文化逐步深入身心的景象。这无疑归功于立陶宛孔子学院的建立。2010 年 11 月 26 日，立陶宛汉语教学有了一个新的突破，由我国辽宁大学合作、维尔纽斯大学承办的维尔纽斯大学孔子学院举行了揭牌仪式，这是该国第一所孔子学院，该孔子学院的成立为立陶宛人学习汉语提供了便利的平台和机会。立陶宛

---

①　王婧阳：《立陶宛汉语教学现状调查研究》，硕士学位论文，辽宁大学，2015 年，第 6 页。

维尔纽斯大学是波罗的海地区的学术中心。孔子学院的设立对于促进中国文化在波罗的海地区的传播具有积极的意义，能为中国和立陶宛在文化教育等多方面的交流和合作发挥桥梁作用。维尔纽斯大学孔子学院成立至今已经六年的历史，在这六年期间，通过丰富多彩的文化活动和多样的汉语课程很好地宣传了汉语和中国文化。

2014 年维尔纽斯大学孔子学院汉语教学有了新的发展。6 月 16 日，该孔子学院成立了第一个汉语教学点，地点设在考纳斯市的维陶塔斯·马格努斯大学（VMU）。维陶塔斯·马格努斯大学是立陶宛知名的文科大学，已有 90 年的建校历史。该校一直秉承热情、自由和真诚互动的人文主义精神来开展学术和教育培养工作。目前已同 40 个国家的 120 多所院校签订了双边合作协议，在学术交流、科研和教育领域都拥有不断提升和拓展的空间。因此，立陶宛维尔纽斯大学孔子学院首个教学点的设立有着重要的意义①。

2015 年 2 月 24 日，立陶宛首家孔子课堂道克沙学校孔子课堂揭牌。中国音乐和歌曲吸引了在场人们的兴趣，针对高年级学生的“去中国留学”的讲座使更多立陶宛学生了解了 HSK 考试、申请奖学金以及夏令营活动等内容。道克沙学校孔子课堂的成立是立陶宛汉语教学发展进步的又一标志。

随着汉语教学在立陶宛的推广和发展，学习汉语的人数越来越多。立陶宛维尔纽斯大学孔子学院也积极开展汉语比赛活动，进一步激发立陶宛学生学习汉语的热情和兴趣。2016 年 5 月 7 日，立陶宛维尔纽斯大学孔子学院举办了第十五届“汉语桥”世界大学生中文比赛立陶宛赛区预选赛暨立陶宛第二届“汉语桥”中文比赛。“汉语桥”中文比赛不仅有助于鼓励更多的学生学习汉语，也为立陶宛学生展现风采提供了平台。目前立陶宛学习汉语的人群还是以在校大学生为主。

---

① 孔子学院总部/国家汉办官网：《立陶宛维尔纽斯大学孔子学院第一个教学点正式挂牌成立》，http：//www.hanban.org/article/2014－06/19/content_ 541680.htm，2016 年 11 月 18 日。

第三节 汉语教学的环境和对象①

所在城市：维尔纽斯

承办机构：维尔纽斯大学

合作机构：辽宁大学

启动时间：2010 年 2 月 8 日

维尔纽斯大学孔子学院筹建工作始于 2008 年 9 月，经我国驻立陶宛大使馆、国家汉办以及立陶宛驻我国大使馆的多方运筹，辽宁大学与立陶宛维尔纽斯大学建立友好合作关系，开展了一些富有成效的工作，为建设孔子学院工作奠定良好基础。2010 年 2 月，维尔纽斯大学与我国国家汉办正式签订合作共建维尔纽斯大学孔子学院的协议。同年 3 月，维尔纽斯大学与辽宁大学正式签署共建孔子学院执行协议。2010 年 11 月 26 日，维尔纽斯大学孔子学院的揭牌仪式在维尔纽斯大学举行。维尔纽斯大学校长尤德卡教授、中方承办院校辽宁大学校长程伟教授、我国驻立陶宛大使佟明涛先生、立陶宛议会立中议员小组主席格拉维茨卡斯教授、立陶宛外交部副部长斯凯斯基里婕—寥什凯涅女士，以及维尔纽斯大学和辽宁大学代表、立陶宛社会各界友好人士等近百名嘉宾出席。

我国驻立陶宛大使佟明涛在致辞中表示，维尔纽斯大学孔子学院将为立陶宛民众特别是青年学生学习汉语、了解中国和中国文化提供新的平台，在中、立两国人民之间架起加强了解、增进友谊的新桥梁，为推动两国友好合作关系做出更大贡献。中国驻立陶宛大使馆将积极支持孔子学院的发展，推动中立教育、文化合作不断迈上新台阶。该孔子学院是我国在立陶宛建立的唯一一所孔子学院，成立伊始就受到

---

① 维尔纽斯大学孔子学院相关信息主要源自于孔子学院总部/国家汉办官网：http：//www. hanban. org/，2016 年 11 月 18 日。

各方广泛关注，在波罗的海地区产生了积极的影响。

2014 年 4 月 26 日，立陶宛首都维尔纽斯市举办庆祝"世界太极和气功日"活动。维尔纽斯市长阿尔图拉斯·祖奥卡斯、我国驻立陶宛大使馆工作人员、孔子学院师生及立陶宛各界人士数百人参加了活动。太极拳是中国文化的精髓，蕴含了丰富的哲理。维尔纽斯市举办此项活动，体现出对中国文化的认同，这一活动进一步夯实了两国发展友好关系的民意基础。

2014 年 5 月 16—18 日，为期 3 天的立陶宛"东亚文化节"在立陶宛籍诺贝尔文学奖得主谢特伊涅的出生地故居举行。此次文化节聚集了来自中国、日本、韩国和立陶宛本地的师生四十多人，他们就东亚领域很多话题展开了讨论，大到各国文化与差异对比，小到如何找到自己心仪工作、设计好的求职简历等，学生们都怀抱极高的热情参与讨论。

2014 年 6 月 16 日，立陶宛维尔纽斯大学孔子学院首个教学点在考纳斯市的维陶塔斯·马格努斯大学（VMU）正式成立。孔子学院中方院长张东辉教授、VMU 大学副校长 Aukse 教授共同为悬挂在 VMU 大学教学主楼的"孔子学院教学点"标志揭幕，维陶塔斯·马格努斯大学副校长 Aukse 女士首先代表 VMU 大学对孔子学院教学点的成立表示祝贺，并回顾了汉语教学在 VMU 大学的成长历程，感谢孔子学院派来的汉语教师和志愿者认真努力地工作，也期望有更多的学生通过孔子学院和教学点的平台学习汉语，了解中国文化。维尔纽斯孔子学院将会以 VMU 这个教学点为依托，为考纳斯市更多的大学和机构提供汉语服务和文化交流。

2014 年 6 月 25 日，维尔纽斯大学孔子学院在立陶宛著名的旅游胜地白浪港市国家图书馆开展夏季中国文化摄影展。此次文化展览展出四位中国知名摄影家获"人文摄影大奖"的部分作品，共计 120 幅。这些摄影作品所记录的精彩瞬间反映了中国南、北方各少数民族欢度民族节日、快乐工作生活的祥和场面。它们使当地居民更加深入、细致地了解中国文化，走近孔子学院；同时也让来此胜地旅游度假的众多外国游客对丰富多彩、辉煌灿烂的中国文化有所了解，进而促进各民族文化的交流与合作。

2014 年 10 月 9 日，在立陶宛考纳斯市，由维陶塔斯·马格努斯大学学生创办的首个中文团体"无为"俱乐部举办了一场生动有趣的中国文化趣味游戏比赛。整场比赛分为"看谁最快夹豆子""筷子接力"和"中国趣味知识问答"三个环节，由到场参加活动的学生们自愿组成"熊猫队""老虎队"和"狮子队"进行团体对决，最后以积分最高者胜出。趣味游戏比赛潜移默化地带动参与者认识和了解中国文化。

2014 年 10 月 20 日，维尔纽斯大学孔子学院在立陶宛第二大城市——考纳斯市举办"亚洲周"活动，我国驻立陶宛大使馆刘增文大使亲自出席了"亚洲周"活动的开幕典礼并致辞。为期一周的"亚洲周"（Asian Week）活动从周一进行到周五，每天都由不同的主题构成，包括语言日、美食日、体育日、文化日和知识日五部分。此次活动不仅促进亚洲国家语言文化交流，增进了彼此的心灵沟通，也给学生们拓展了视野，提供了新的学习实践模式。

2015 年 2 月 12 日，维尔纽斯大学孔子学院在 UZUPIS 高中举行了中国年俗文化介绍与体验活动，二百多位师生齐参加此次活动。孔子学院中方院长张东辉代表孔子学院向 UZUPIS 高中赠送了书籍、介绍中国文化风俗的 DVD 光盘、中国摄影图册，以及各种编织精美的中国结等礼物。随后，孔子学院项目负责人 Vilma 介绍了中国十二生肖、小年拜灶神、大年包饺子吃团圆饭放鞭炮等文化习俗，本次活动旨在让更多的立陶宛青少年学生认识中国，了解中国文化。

2015 年 5 月 9 日，首届立陶宛"汉语桥"大学生中文比赛在维尔纽斯大学举行，这是立陶宛第一次以分赛区初复赛选拔的方式推荐本国大学生参加全球"汉语桥"中文比赛。此次比赛设有中国汉语知识问答、"我的中国梦"主题演讲和才艺表演三个环节。中国驻立陶宛大使馆大使魏瑞兴、维尔纽斯大学副校长 Nijole. Radaviciene、维尔纽斯大学东方研究中心主任 Valdas. Jaskunad、立陶宛教育大学、维陶塔斯·马格努斯大学等高校的师生代表以及维尔纽斯大学孔子学院的中外方院长和师生等出席了比赛现场。这次活动使立陶宛人深入了解了中国的文化和历史。

2015 年 5 月 12 日 "汉语桥" 首次亮相立陶宛。维尔纽斯大学孔子学院在首都维尔纽斯举办首届 "汉语桥" 中文比赛，最后，立陶宛维陶塔斯·马格努斯大学大三的安德鲁斯，获得了此次比赛的冠军，将代表立陶宛赴华参加 "汉语桥" 比赛。选手们通过参赛，不仅提高了他们的汉语水平，更加深入地了解了中国语言和中国文化，而且还结识了很多志同道合的朋友，收获了快乐。

2015 年 9 月 28 日，维尔纽斯大学孔子学院首次派教师和志愿者代表参加了由立陶宛教育大学举办的 "欧洲语言日" 活动。以中秋文化为主题，融合茶文化、书法和剪纸艺术等为特点布置的中国语言文化展台成为本次活动的一大亮点。立陶宛教育大学语言学院院长 Gintautas Kundrotas 教授、副院长 Linas Selmistraitis 教授以及 70 余名师生参加了本次活动。此次活动将大大提高立陶宛师生对中国文化的认识。

2015 年 10 月 1 日，维尔纽斯大学孔子学院首次在立陶宛最大的海港城市克莱佩达著名的 "橡树中学" 举办了一场以 "孔子智慧展" 为核心，融武术、书法、舞蹈、乐器、茶艺等为一体的中国文化综合展示体验活动。"橡树中学" 的校长 Vilija Prizgintiene 女士与师生共 300 余人共同体验了这场汇集多种文化特色和内涵的视听盛宴，表达着他们对中国文化的浓厚兴趣和喜爱，实现两国文化的交融与共同提升。

2015 年 11 月 12 日，维尔纽斯大学孔子学院首次在当地素有艺术家王国之称的 "UZUPIO" 区举办了一场 "中国书法斋" 体验活动，此次活动集展览、讲解和演练于一体，是维尔纽斯大学孔子学院五周年庆典 "体验中国" 系列活动之一。活动吸引了 30 余名对书法感兴趣的当地民众到场参加。此次活动让更多的立陶宛人了解和喜爱博大精深的中国艺术和文化。

2016 年 2 月 5 日，维尔纽斯大学孔子学院举办了首届青年教师教学基本功大赛。比赛以交流教学经验、提升教学质量、总结教学方法为目标，孔子学院 9 名中青年教师和志愿者参加了比赛。比赛分为"说课"和"讲课"两个环节，最终，来自克莱佩达橡树中学的志愿者教师王春懿获得大赛第一名。此次教师教学基本功大赛使立陶宛在汉语教学现状的基础上，交流经验，弥补不足，提高教学质量，更好地为立陶宛各院校提供汉语教学服务。

2016 年 3 月 17—18 日，为进一步推行和落实院长访课制度，维尔纽斯大学孔子学院中方院长张东辉和外方项目负责人魏丽玛亲赴立陶宛体育大学、考纳斯科技大学附属中学和维陶塔斯·马格努斯大学三个教学点，与师生展开面对面的交流和访谈，受到师生们的欢迎，也使"院长访课制"初见成效。此次院长访课活动增加了孔子学院与各教学点之间的联系，极大地推动了新学期各项工作的顺利开展。

2016 年 9 月 24 日，为庆祝"全球孔子学院日"，维尔纽斯大学孔子学院与立陶宛武术协会合作，在当地最大的展览中心推出"律动中国"体育文化系列活动。立陶宛武术协会成员、各界体育爱好者和当地民众近百人到场参加。此次活动充分展现出中国武术快慢相间、动静有致、阴阳和谐的特点，使当地民众更加了解中国武术、更加喜爱中国文化。

2016 年 9 月 28 日，维尔纽斯大学孔子学院在波罗的海沿岸的克莱佩达市克莱佩达大学开展"孔子学院日"系列文化活动。此次系列活动以"和谐""和睦""和衷共济"为理念，分为"印象中国""创意中国"和"律动中国"三个主题板块。来自克莱佩达大学、维尔纽斯艺术大学克莱佩达艺术分院、橡树中学以及中国中央美术学院的师生们和社会各界人士近 80 人参加了此次活动。这次活动促进中、立两国文化的"和谐"交流。

第四节 汉语师资及教材

一 师资状况

据王婧阳（2015）调查显示：目前立陶宛各大学和中学担任汉语

教学的教师主要由立陶宛的本土教师和来自中国的教师构成，工作性质也划分为专职教师和兼职教师两类。立陶宛维尔纽斯大学是第一个开设汉语课程，也是最早与中国合办孔子学院的大学。其师资构成有其显著的特点，即本土教师占多数。这主要是由于其办学历史较长，已经培养出具有较高汉语水平和教学素养的专业人才。本土教师以年龄和教学经验划分出老、中、青不同阶段，他们在中国文化与语言的传播过程中贡献的力量也各有侧重。中青年教师在老一辈教授的培养下逐步成长起来，他们传承老教师的研究成果并在此基础上进一步发扬光大。他们中的大多数人都有来中国深造和学习的经历。这不仅提升了他们的汉语水平，而且有助于他们全面深刻地了解中国。更重要的是这使他们培养的学生，不但具有研究中国文化的学术能力，同时更加具备交流沟通的实践能力。维尔纽斯大学这种新老交接、不断传承的教师培养模式，使得该大学的汉学系蓬勃发展。但本土教师的缺乏仍是现今立陶宛汉语教学事业发展的一大阻碍。维尔纽斯大学虽然具有相对雄厚的本土教师资源，但实际教师需求量远远超出现有教师数量。立陶宛的汉语教学主要还是依靠孔子学院提供的中方教师支撑。除维尔纽斯大学外，目前立陶宛其他学校的汉语教学主要依靠与立陶宛孔子学院建立合作关系，由中方指派教师任教。综合立陶宛汉语教师的情况，在教师总数上，中国教师和立陶宛本土教师各占50%。但是，各个学校所拥有的师资资源是不平衡的。维尔纽斯大学本土教师占优势，本土教师虽然在沟通交流上无障碍，但学生的语音语调的规范性相对薄弱。我国派遣的汉语教师都经过严格的筛选和培训，虽无法使用立陶宛语进行交流，但具有一定的英语水平，在沟通方面没有太大障碍。学生入门后语音语调都比较规范标准。因此，本土教师和中国外派教师的比例分配是一个十分重要的问题①。

---

① 王婧阳：《立陶宛汉语教学现状调查研究》，硕士学位论文，辽宁大学，2015年，第8—9页。

二　教材的选用

　　立陶宛迄今没有专门的针对该国学生的立陶宛语的汉语教材。立陶宛大学和中学所开设汉语的课程使用的教材多种多样，据王婧阳（2015）调查，维尔纽斯大学汉语精读课使用《当代中文》《博雅汉语》和《新实用汉语课本》，维陶塔斯大学使用的教材是《成功之路》，维尔纽斯师范大学使用的汉语教材是《成功之路》，麦克拉斯罗密瑞斯大学使用的汉语教材是《成功之路》和《当代中文》，考纳斯科技大学使用的汉语教材是《成功之路》，道克邵斯中学使用的汉语教材是《快乐汉语》，孔子学院夜校使用的教材是《当代中文》。立陶宛亟须适用于该国学生的本土汉语教材①。

本章主要参考文献

王婧阳：《立陶宛汉语教学现状调查研究》，硕士学位论文，辽宁大学，2015 年。

李凤兰：《孔子学院文化传播模式探索——以立陶宛维尔纽斯大学孔子学院为例》，《中国与世界》2013 年第 3 辑。

高亮：《孔子学院在汉语国际推广中的积极作用——以立陶宛维尔纽斯大学孔子学院为例》，硕士学位论文，辽宁大学，2012 年。

---

①　王婧阳：《立陶宛汉语教学现状调查研究》，硕士学位论文，辽宁大学，2015 年，第 14 页。

第九章　斯洛文尼亚的汉语教学

第一节　国家概况

一　自然地理

斯洛文尼亚（The Republic of Slovenia）位于欧洲中南部，巴尔干半岛西北端，地处阿尔卑斯山和亚得里亚海之间，西接意大利，北邻奥地利和匈牙利，东部和南部与克罗地亚接壤，西南濒临亚得里亚海。面积为 20273 平方公里，海岸线长 46.6 公里。特里格拉夫峰为境内最高的山峰，海拔 2864 米。最著名的湖泊是布莱德湖。气候分山地气候、大陆性气候和地中海式气候。夏季平均气温为 21℃，冬季平均气温为 0℃①。

二　历史政治

公元 6 世纪末，斯拉夫人迁徙到现斯洛文尼亚一带。公元 7 世纪，斯洛文尼亚隶属于萨莫封建王国。公元 8 世纪被法兰克王国统治。公

---

① http://www.fmprc.gov.cn/web/gjhdq_ 676201/gj_ 676203/oz_ 678770/1206_ 679738/1206x0_ 679740/，2016 年 11 月 20 日。

元 869—874 年曾在潘诺平原建立斯洛文尼亚独立国家。此后，斯洛文尼亚几易其主，曾受哈布斯堡王朝、土耳其、奥匈帝国等统治。1918年底，斯洛文尼亚与其他一些南部斯拉夫民族联合成立塞尔维亚人—克罗地亚人—斯洛文尼亚人王国，1929 年改称为南斯拉夫王国。1941年，德意法西斯入侵南斯拉夫。1945 年，南斯拉夫各族人民赢得反法西斯战争的胜利，并于同年 11 月 29 日宣告成立南斯拉夫联邦人民共和国，1963 年改称为南斯拉夫社会主义联邦共和国，斯洛文尼亚为其中的一个共和国。

斯洛文尼亚独立以来，实行议会民主制，政局总体平稳。1991 年12 月 23 日，议会公布新宪法。1997 年和 2000 年两次修宪。宪法确立了立法、行政、司法三权分立原则。宪法规定总统由直接普选产生，任期 5 年，最多连任两届。议会为国家最高立法和监督机构，实行一院制。议会共设 90 个议席，议员由普选产生，任期 4 年。每个选区选出 11 名代表，保留两名代表席位给意大利族和匈牙利族议员。政府是国家权力的执行机构，任期 4 年，行政权由总理及内阁行使。法院和检察院是国家司法机构。法院分为宪法法院、最高法院、高等法院、地区法院及县级法院。设高等劳动和社会法院及行政诉讼法院。斯洛文尼亚第十届联合政府由米罗采拉尔党、社会民主党、退休者民主党组成①。

三　人口经济

斯洛文尼亚总人口约 206.3 万人（2014 年数据），主要民族为斯洛文尼亚族，约占 83%。少数民族有匈牙利族、意大利族和其他民族。首都卢布尔雅那（Ljubljana），人口 33 万人。斯洛文尼亚有着良好的工业、科技基础。2005 年在全球国家竞争力排行榜上名列第 32 位，已被列入发达国家行列。2007 年 1 月 1 日，斯洛文尼亚加入欧元区。2009 年以来，斯经济受国际金融危机影响较大。2007 年

---

① http：//fec. mofcom. gov. cn/article/gbdqzn/，2016 年 11 月 20 日。

人均国内生产总值为 16616 欧元，在新加入欧盟的国家中首屈一指，接近西欧发达国家水平。2008 年国内生产总值 371 亿欧元，人均国内生产总值 1.82 万欧元，国内生产总值增长率 3.5%，通货膨胀率 5.5%，失业率 4.4%。目前，斯洛文尼亚实行覆盖所有纳税家庭和个人的医疗保险与社会保障制度，包括免费医疗、免费教育、失业保障、退休金和残疾人福利等。

四　语言政策

官方语言为斯洛文尼亚语，多数国民会说英语、德语和意大利语。

第二节　汉语教学简史

斯洛文尼亚是前南斯拉夫的一个加盟共和国，1991 年获得独立。斯洛文尼亚的汉学研究机构主要是卢布尔雅那大学，创始人是米加·萨耶和罗亚娜。20 世纪 70、80 年代，米加·萨耶到中国南京大学进修中国历史。自 1981 年起，其在卢布尔雅那大学文学院任汉语讲师，他是该大学汉学研究的开创者之一。他编纂的《汉斯词典》于 1990 年出版，是斯洛文尼亚的首部汉语词典。他以斯洛文尼亚语撰写的文章作为卢布尔雅那大学汉学专业的教材使用。2016 年 5 月 20 日，米加·萨耶教授所著的新书《中国历史》举行了新书发布会。《中国历史》一书是斯洛文尼亚乃至中东欧地区由非中国作者撰写的第一本中国历史书籍，内容全面丰富，涵盖了中国史前史到当代史。该书除了记录朝代更替等政治事件外，也是一部中国经济史和文化史。该书视角独特，对不同于西方的中国特色历史进程进行了阐释，对推动斯中两国人民相互了解做出了巨大贡献，让更多西方读者了解中国历史和文化。

斯洛文尼亚的汉学研究是在塞尔维亚独立后才逐渐发展起来的，其汉学研究机构主要是卢布尔雅那大学文学院亚非学系。该系成立于

1995 年，迄今已创办了两本学术期刊《亚非文集》与《亚洲语言学》。其汉学教研室主要由米加·萨耶和罗亚娜共同创立，他们是斯洛文尼亚汉学研究的领军人物。罗亚娜的研究方向主要是中国哲学。她曾两度留学中国，先后在北京语言大学和南开大学学习。从 1990 年起，其在卢布尔雅那大学任汉语语言文化研究员和讲师。1995—1996 年曾担任台湾国立新竹教育大学的客座教授，多次获得中国政府提供的奖学金。还多次成功组织国际学术会议，例如第一届和第二届中国专题学术研讨会。娜塔莎和马蒂雅都是卢布尔雅那大学文学院的毕业生，是斯洛文尼亚汉学研究的新生力量。他们的研究基本代表了斯洛文尼亚汉学研究的现状①。他们为斯洛文尼亚的汉语教学和研究做出了巨大的贡献。

进入 21 世纪，斯洛文尼亚的汉语教学得到较快速的发展。2009 年 8 月 27 日，卢布尔雅那大学孔子学院启动成立，孔子学院隶属于经济学院。该孔子学院是斯洛文尼亚的第一所孔子学院，它的成立为斯洛文尼亚人们学习汉语、了解文化提供了很好的平台和机会。卢布尔雅那大学孔子学院成立后，通过"汉语桥"比赛、龙舟赛、茶文化介绍、中国饮食、太极拳等文化推广活动，以及国际学术会议等文化和学术活动，极大地推动了斯洛文尼亚汉语教学的进展。

斯洛文尼亚官方也非常重视该国的汉语教学工作。2011 年 11 月 15 日，斯洛文尼亚教育代表团到中国进行了为期十天的教育文化考察之旅。教育代表团就促进与上海之间的教育文化交流、推动斯洛文尼亚汉语教育教学各方面工作展开了讨论。尤其是以孔子学院为平台，促进中、斯两国在基础教育、高等教育乃至职业教育和成人教育的全面交流和合作。代表团还特别入上海、南通等地中小学就孔子课堂建设、汉语教学的师资培养进行了深入的探讨。大学生、小学生师生互换项目，大学生暑期夏令营等项目达成初步协议，这将加强汉语教学的师资力量。

---

① 刘佳平：《斯洛文尼亚汉学研究概况》，《国外社会科学》2013 年第 4 期。

随着卢布尔雅那大学孔子学院汉语教学的推广，汉语课程的开设从经济学院扩展到管理学院，这是斯洛文尼亚汉语教学推广的表现。2012年3月5日，管理学院举办了首届春季"汉语初级班"的综合开班仪式。这是卢布尔雅那大学孔子学院成立以来第一次在管理学院开设汉语课程，是个里程碑式的日子。管理学院学生通过学习汉语，可以更多了解中国的发展以及来自东方的管理思想和经验。

2013年，斯洛文尼亚的汉语教学继续升温，先后成立了两所孔子课堂。3月23日，上海对外经贸大学与马里博尔第二中学合作的马里博尔第二中学孔子课堂启动运行，这是斯洛文尼亚第一所孔子课堂。5月14日，上海对外经贸大学与卢布尔雅那校际联盟合作的卢布尔雅那孔子课堂成立，这是斯洛文尼亚汉语教学推广的又一证明。

目前，汉语教学已经纳入斯洛文尼亚国民教育体系，中国教育部将继续支持斯洛文尼亚的汉语教学。2016年8月22日，中国教育部副部长刘利民率代表团一行六人，访问了卢布尔雅那大学孔子学院。刘部长表示中国教育部将全力支持中、斯两国教育合作交流和优势互鉴，支持在斯洛文尼亚的汉语和中华文化推广工作，将派更多的中国学生来斯洛文尼亚学习，也将派更多优秀的汉语教师来斯洛文尼亚教授汉语。这将有力推动斯洛文尼亚汉语教学的发展进程。

第三节　汉语教学的环境和对象

一　卢布尔雅那大学孔子学院的汉语教学

所在城市：卢布尔雅那

承办机构：卢布尔雅那大学

合作机构：上海对外经贸大学

启动运行时间：2009年8月27日

卢布尔雅那大学成立于1919年，是斯洛文尼亚历史最悠久、规模

最大的高等院校，也是欧洲的名校之一。2009 年，卢布尔雅那大学与
上海对外经贸大学合作的斯洛文尼亚第一所孔子学院启动运行。卢布
尔雅那大学孔子学院下设 4 所孔子课堂，分别是卢布尔雅那孔子课堂、
马里博尔第二中学孔子课堂、克莱尼孔子课堂和科佩尔孔子课堂。
2013 年，孔子学院开设各类汉语课程班 53 个，学员 1500 人次；举办
各类文化活动 20 余场次，参加人数 5000 人次①。该孔院成立 7 年来，
通过丰富多彩的活动，使斯洛文尼亚学习汉语的人数逐年增多，在推
广汉语教学、宣传中国文化方面做出了巨大的贡献。

　　2011 年 1 月 28 日，斯洛文尼亚卢布尔雅那孔子学院、奥地利维也
纳大学孔子学院、匈牙利罗兰大学孔子学院和克罗地亚萨格勒布大学
孔子学院在斯洛文尼亚首都卢布尔雅那召开了 "Aples-Adira-Danube"
（阿尔卑斯山—亚得里亚海—多瑙河）地区孔子学院首届联席会议。
会议决定，在争取国家汉办的大力支持下，"Aples-Adira-Danube"（阿
尔卑斯山—亚得里亚海—多瑙河）地区孔子学院联席会议将形成制
度，每年在各成员国轮流召开，如有重大事项还可临时召集。与会人
士还一致同意，在适当时候，邀请意大利东北部地区、塞尔维亚乃至
保加利亚的孔子学院参加联席会议，扩大合作范围。为加大合作力度，
优化资源整合，促进中外多元文化交流。

　　2011 年 2 月 3 日，卢布尔雅那孔子学院举行孔子学院 "开放日"
活动，邀请当地社区居民走进孔子学院了解中国文化。此次开放日的
主题为 "Spring is coming, CI is growing"。不少当地人对中国十二生肖
的来龙去脉和自己的属相饶有兴致，孔子学院教师在讲解十二生肖和
春节风俗之余，还特意为兔年出生的嘉宾提供了精美的小礼品。中国
茶艺表演也引起了当地居民的浓厚兴趣。活动加强了对中华文化的理
解，对汉语教学具有促进作用。

---

① 孔子学院总部/国家汉办官网：《"Aples-Adira-Danube"地区孔子学院首届联席会议在斯洛文
尼亚卢布尔雅那孔子学院召开》，http：//www. hanban. org/article/2011 - 02/05/content_
223520. htm，2016 年 11 月 20 日。

2011 年 2 月 16 日，中国驻斯洛文尼亚大使孙荣民走访斯洛文尼亚卢布尔雅那大学孔子学院。孙大使首先参观了孔子学院所在的经济学院。之后又来到了卢布尔雅那大学孔子学院，就孔子学院 2011 年工作计划和今后长期发展战略与工作人员深入交换了意见。孙大使对孔子学院建院以来开展的各项工作给予了高度评价，并表示使馆将一如既往地支持孔子学院在当地开展各项教学文化活动，扩大自身影响力，增强自我可持续发展能力。在中斯建交 20 周年之际，孔子学院成为中斯友好交往的新窗口，为进一步促进中斯友谊做出更大贡献。

2011 年 2 月 22 日，卢布尔雅那大学孔子学院成功推出了中、斯、英三语网站，为社会各界了解和走进孔子学院打开一扇新的窗户。在经济学院技术人员的支持下，卢布尔雅那大学孔子学院于 2010 年 12 月底先推出了斯语网站。在试运行正常的基础上，孔子学院邀请当地汉学系教师一起参与中文和英语网站的建设工作。目前，该网站主要设有孔子学院介绍、新闻动态、文化教学活动等栏目。孔子学院将不断丰富网站内容，增加教学材料和相关经济文化知识，进一步满足学生和其他用户的多种需求，扩大社会影响力。

2011 年 3 月 16 日，中国外交部副部长傅莹一行访问了卢布尔雅那大学孔子学院。傅莹发表了题为《中国的发展、挑战与机遇》的演讲，并就经贸投资合作、中国"十二五"规划、稀土政策等问题回答了提问。包括卢布尔雅那大学师生、孔子学院的学员以及其他社会各界人士在内的 100 多人，听取了此次演讲。此次活动对加强两国之间的交流与合作具有促进作用。

2011 年 5 月 14 日，卢布尔雅那大学孔子学院和斯洛文尼亚时代杂志社在斯洛文尼亚首都卢布尔雅那市成功举办了中斯古乐器演奏音乐会。9000 多年前的中国古龠和数万年前的斯洛文尼亚熊骨笛交相辉映，让现场观众们第一次深深领略了东西方史前文明的音乐精髓。传统的中国竹笛、古筝与西方的钢琴联袂演奏的中外名曲，令人如痴如醉。此次演奏会是为庆祝卢布尔雅那大学孔子学院建院一周年而举行的，同时也拉开了卢布尔雅那大学孔子学院 2011 年"中国文化月"系列活动的序幕。

2011 年 6 月 6 日，卢布尔雅那大学孔子学院在孔子学院会议室举办了"品美粽，话端午"茶话会。在斯洛文尼亚的中国留学生首先用流利的斯语详细地介绍了端午节的历史和风俗。伟大诗人屈原的爱国情怀与粽子的来由，白蛇曲折的爱情故事与雄黄酒的典故，中国各地赛龙舟的音乐和图片等，引起了大家的浓厚兴趣。

2011 年 8 月 25 日，卢布尔雅那大学孔子学院与 Nova Gorica 技术学校（Technical School Centre Nova Gorica）在斯洛文尼亚边境城市 Nova Gorica 的市政厅举办了暑期汉语课程结业仪式。双方希望孔子学院和技术学校继续合作，在当地举办更多的汉语学习活动，促进当地和中国的交流和交往。在为期三周的学习过程中，学员们初步了解了汉语发音和中国文化，并能进行简单的日常对话。在中国教师的辛勤帮助下，不少学员还掌握了剪纸、编制中国结和书法等传统技艺，能演唱中国歌曲、表演中国舞蹈和吹奏中国乐器，并在结业仪式上进行了才艺表演。斯洛文尼亚境内不少城市和学校都争相与孔子学院联合举办相关汉语推广课程（活动）。卢布尔雅那大学孔子学院在择优的情况下，陆续深入开展系列汉语推广活动。

2011 年 10 月 5 日，斯洛文尼亚首都卢布尔雅那市最大的敬老院"退休之家"举行重阳节庆祝活动。把中国的敬老文化带进当地敬老院，向老人致以节日的慰问。中国留学生用当地语言向老人们详尽地介绍了重阳节的由来和习俗之后，与会的中国学生和当地华人表演了节目。孔子学院和敬老院还相互赠送了纪念品。他们对中国敬老爱老的传统风俗和美德大加赞赏，对孔子学院安排此次重阳节活动深表感谢。有的老人提议孔子学院能多走入敬老院，有的老人则希望能参观孔子学院。

2011 年 11 月 15 日，斯洛文尼亚教育代表团进行了为期 10 天的中国教育、文化考察之旅。上海市教委、南通市教育局接待了斯洛文尼亚教育代表团，详细介绍了上海和南通的全市教育总体情况，尤其是对外交流的最新动态。双方就促进上海与斯洛文尼亚之间的教育文化交流、推动斯洛文尼亚汉语教育教学各方面工作等展开了讨论。双方希望以孔子学院为平台，进一步促进中斯两国从基础教育、高等教育乃至职业教育和成人教育的全面交流和合作。代表团还特别就汉语教育走入当地中小学的计划做了初步介绍，同时还深入上海、南通等地中小学就孔子课堂建设、汉语教学的师资培养进行了深入探讨。代表团与上海市教委尤其是上海对外贸易学院就扩大学生互换、在上海全市范围内和斯洛文尼亚全国范围内组织大学生暑期夏令营等项目达成初步协议。在斯洛文尼亚卢布尔雅那大学增加两个志愿者教师工作岗位，在斯洛文尼亚首都卢布尔雅那和第二大城市马里博尔的中小学分别增加一个志愿者教师工作岗位。此外，代表团的部分成员与上海体育学院、上海师范大学、南通师范学院、南通一中、南通幼师二附小就师生互换、中小学夏令营等项目签署了合作协议，这将加强斯洛文尼亚汉语教学的师资力量。

2012 年 1 月 25 日，卢布尔雅那大学孔子学院举办了龙年春节招待会，这次招待会按照中国传统形式进行。近年来，两国经济、社会、文化交往不断深入，两国友谊不断加深。孔子学院的成立为两国交往增加了新的活力。中国对斯洛文尼亚的意义越来越大，斯洛文尼亚会进一步加强与中国在各个领域尤其是文化教育领域的合作，中、斯两国交往将不断拓展。一系列游戏活动加深了斯洛文尼亚人们对中华文化的理解，同时也提升了兴趣。

2012 年 2 月 9 日，斯洛文尼亚马里博尔"欧洲文化之都"组委会决定给该市主要的文化艺术建筑加上中文译名或中文标识，如"文学之家""心灵空间""大咖啡吧展览馆""图片塔""斯洛文尼亚国家解放博物馆"等。启动"文化艺术建筑中文标识启动仪式"，为了促进当地文化的多元化，加上在该市定居的中国人越来越多，马里博尔"欧洲文化之都"组委会决定给该市主要的文化艺术建筑全部增加中文译名和中文标识。斯洛文尼亚与中国的文化艺术教育交流日益频繁，孔子学院在其中扮演了重要的角色，也促进了两国文化的交流。

2012 年 3 月 5 日，卢布尔雅那大学孔子学院举办了管理学院首届春季"汉语初级班"的综合开班仪式。这是卢大孔子学院从成立以来，第一次在管理学院开设汉语课程。针对管理学院学生的迫切要求，2011 年底，卢布尔雅那大学孔子学院在新增一名志愿者教师的基础上，整合当地汉学系师资，决定于 2012 年春季学期（3 月到 6 月）在卢布尔雅那大学管理学院尝试开设汉语课程。这是管理学院第一次开设汉语课程，是个里程碑的日子。管理学院学生通过学习汉语，可以更多了解中国的发展以及来自东方的管理思想和经验。

2012 年 4 月 2 日，我国驻斯洛文尼亚使馆张宪一大使一行走访了卢布尔雅那大学孔子学院和经济学院。卢布尔雅那大学和上海对外贸易学院基于孔子学院平台开展的校际合作。张宪一大使对孔子学院在斯洛文尼亚境内推广中国语言与文化以及促进两校合作方面的各项工作及成绩表示赞赏，并充分肯定了孔子学院在促进中斯两国友谊尤其是经济文化教育等领域的合作上所发挥的重要作用。

2012 年 5 月，我国与斯洛文尼亚共和国建交 20 周年。为庆祝两国建交，进一步促进中斯艺术交流，5 月 8 日斯洛文尼亚卢布尔雅那大学孔子学院在卢布尔雅那市中心展览馆举办了"道法自然——中国南通画家康戎、张卫先生赴斯画展"的主题活动，促进了当地居民对我国绘画艺术的理解。

2012 年 5 月 7 日，由斯洛文尼亚卢布尔雅那大学孔子学院组织的"中华韵之中国文化志愿者对外演出"在斯洛文尼亚第二大城市、2012 欧洲文化之都马里博尔市的第二中学大礼堂拉开帷幕。中斯建交 20 年来，两国各领域关系全面推进，政治互信加深，经贸、人文、教育、科技等领域互利合作不断扩大，成果丰硕。双方愿以建交 20 周年为契机，深化各领域合作，促进世代友好，实现互利共赢。在文化和教育的合作方面，斯文化界相关人士以及中国驻斯使馆和卢布尔雅那大学孔子学院发挥很大的作用。中国文化的丰富多彩、深厚的内涵和各地域不同的艺术表现形式令人赞叹不已。

第十一届"汉语桥"大学生中文比赛斯洛文尼亚赛区决赛于 2012 年 5 月 17 日在卢布尔雅那大学哲学院举行，中华人民共和国驻斯洛文尼亚大使馆张宪一大使出席并致辞。经过激烈角逐，汉学系溪凯琳（Kailin Potočnik）获得冠军。

2012 年 6 月 23 日，卢布尔雅那大学孔子学院举行了庆端午首届端午划船比赛。比赛之余，孔子学院还组织志愿者教师、中国留学生、当地汉学专业的师生、卢布尔雅那大学其他专业的学生表演了精彩的歌舞、中国乐器、中国八仙棍等节目，并布置了中国茶艺、中国书法、中国绘画、剪纸与折纸等展台，与各界朋友共同感受中国传统文化的魅力。

2013 年 2 月 7 日，卢布尔雅那大学孔子学院举办了一台精彩的迎春文化交流庆祝会。卢布尔雅那大学孔子学院在当地举办这样的文化活动，让更多的市民参与，体验中国文化的魅力，让更多人有机会了解中国。当地一家中学表示要加入孔子课堂申办队列。卢布尔雅那大学孔子学院通过在不同城市举办多种多样的中国文化活动，已经将汉语教学点分布到 3 个最大城市的 10 多所中小学和幼儿园。当年，3 个孔子课堂在此基础上建成，这推动了斯洛文尼亚汉语教学的发展。

2013 年 2 月，上海对外经贸大学校孔子学院办公室常务副主任叶蓉教授赴卢布尔雅那大学孔子学院开展 3 所"孔子课堂"筹建工作，走访考察了斯洛文尼亚卢布尔雅那、马里博尔等多个城市十多所中小学校和幼儿园，达成合作意向并签署了合作协议，为 5 月卢布尔雅那大学孔子学院下设 3 所"孔子课堂"的建立打下坚实的基础。

2013 年 2 月 27 日，卢布尔雅那大学孔子学院中方院长陈坚、孔子学院项目经理达尼亚·萨克西达·博格达伊应邀做客 Velenje 城电视频道（VTV）《早上好！》节目。孔子学院中方院长与项目经理以"中国春节"文化活动为切入点，漫谈了中国春节的由来、习俗、庆祝方式等，重点介绍了卢布尔雅那大学孔子学院自 2010 年 5 月成立以来所开展的汉语和中国文化推广活动、取得的良好社会效应以及未来的发展目标。内容涉及新闻事件、教育、经济、文化等方面的电视访谈节目。中国文化专题访谈节目播出后，在广大观众中产生了强烈反响，它通过声音和视频合成一张新颖的文化名片，传递给了千家万户，进一步扩大了孔子学院在斯洛文尼亚的影响力。

斯洛文尼亚首家孔子课堂于 2013 年 5 月 14 日在马里博尔第二中学揭牌，之后，卢布尔雅那大学孔子学院又举办了第三届中国文化月活动，作为传播中国文化与促进汉语教育的文化交流机构，来自中国合作院校上海对外经贸大学的六位志愿者汉语教师为中斯两国的文化交流与友谊发挥了重要作用。为满足斯洛文尼亚中小学校汉语学习者的强烈需求与愿望，国家汉办计划从合作院校上海对外经贸大学派出 10 名志愿者汉语教师，这将促进斯洛文尼亚汉语教学的发展和提升孔子学院的影响力。

2013 年 4 月 18 日，第八届斯洛文尼亚大学生中文比赛暨第十三届"汉语桥"世界大学生中文比赛斯洛文尼亚预赛区比赛在卢布尔雅那大学哲学院举行。本次比赛由中国驻斯使馆主办、卢大哲学院亚非学系承办。中国驻斯洛文尼亚大使馆张宪一大使出席并致辞。最终经过激烈角逐，四年级学生吴如沙（Urša Mohorič）以感人至深的演讲和优美的中国扇子舞取得第一名，并获得代表斯洛文尼亚赴华参加复赛的机会。

2014 年 9 月 27 日，在被装饰得具有中国特色的卢布尔雅那市区广场上，卢布尔雅那大学孔子学院举行了题为"你好，中国"的国际文化节活动。中国驻斯洛文尼亚大使馆参赞、卢大孔院及孔子课堂学生、汉学家、汉语教师志愿者、当地市民和大中小学校学生代表、华人华侨、社会友好人士及新闻媒体等 100 多人参加了此次活动。中国风情专题文化摄影展，也吸引了广大市民和游客驻足观赏，加深了斯洛文尼亚人民对中国文化的理解。在中国国家汉办、孔子学院总部的指导下，此次文化节的举办在促进中斯两国的友好关系、文化交流与合作方面，发挥了积极作用。

2015 年 2 月 23 日，应 Young Rotary 青年俱乐部邀请，卢布尔雅那孔子学院派志愿者代表参与了在 kranjska gora 举办的为期两天的青年专题会议。本次会议的主题为"在中国的市场营销"，通过选拔的 50 余名高中生参与了此次会议。他们表示会去孔子学院或者当地的孔子课堂开始商务汉语学习之旅。志愿者教师还为学生介绍了中国的特色食物和饮食文化。Young Rotary 青年俱乐部在斯洛文尼亚影响很大，此次会议是斯洛文尼亚青年对中国商务和文化的第一次近距离探索。与孔子学院进行的广泛、深入的合作促进了文化的交流。

2015 年 5 月 15 日，两名志愿者教师和卢布尔雅那孔子学院助理来到 Šmarje-Sap 小学，为七年级的学生讲授中国书法，当天恰逢该校的中国日。活动过程中，学生们学到了很多中国文化以及相关知识，还学会了很多汉语日常表达。对孩子们而言，书法颇具挑战，但课程结束时，他们已经可以写出一些简单的书法字，学生对中国文化表现出浓厚的兴趣。

2014 年 5 月 23 日，卢布尔雅那孔子学院开设了一堂烹饪体验课，这种面对面的烹饪教学体验课在斯洛文尼亚尚属首次。此次课程由 3 名志愿者教师带动。为了迎合当地人的口味，该国大部分中餐馆在中国菜的烹饪方式和口味上均有所改动，因而多少缺了点"中国味"。烹饪课上，经过志愿者教师的讲解和演示，学员们分组学做，有的学员十分兴奋地表示，原来中国菜不像想象中的那么难做。此次烹饪课促进了两国饮食文化的交流。

2015 年 9 月 26 日，在卢布尔雅那孔子学院的协助下，科佩尔孔子课堂在科佩尔市皮兰镇举办了第二届"全球孔子学院日"庆祝活动。科佩尔孔子课堂开设了书法、国画、灯笼、剪纸和脸谱五个中国文化活动组，每人有机会参加两个文化组。此外，搭建"长城"，燃放孔明灯等活动促进了斯洛文尼亚人对中国文化的了解。

2016 年 5 月 12 日，由孔子学院总部主办，中国驻斯洛文尼亚大使馆和卢布尔雅那大学孔子学院承办的第三届"华为杯"汉语桥世界中学生中文比赛斯洛文尼亚赛区预选赛成功举办，共 15 名选手参加了本次比赛。选手们脱口而出的"文艺女青年""此生无憾""有志事成"等流行用语和成语，体现了他们娴熟的汉语运用能力。通过激烈角逐，来自卢布尔雅那兽医技校的安妮·玛利亚和来自马里博尔第二中学的博文同学脱颖而出，斩获一等奖。

2016 年 5 月 26 日，来自卢布尔雅那孔子课堂萨瓦社区小学的孩子们在福斯特公园"文科艺术节"活动现场表演了自己创作的舞台剧《紫禁城里的斯洛文尼亚人——刘松龄》。此次携手举办文化活动是两院全面合作的开始，之后会合作开展更多的活动。"文科艺术节"是卢布尔雅那哲学院的年度重大活动，包括书展、学术报告和文艺演出等内容。孔子学院与哲学院已有过诸多实质性合作，如共同推动 HSK，合办"汉语桥"比赛，为汉学系学生开设专业学分课等。

"一带一路"与中国企业在斯洛文尼亚投资并购和经营研讨会于 2016 年 8 月 23 日在斯洛文尼亚首都卢布尔雅那举行，受到有意在斯投资置业的中国投资者和华侨华人的热烈欢迎。"一带一路"倡议促进了中、斯官方和民间的经贸往来，投资并购项目也取得积极进展，这给两国经贸合作带来积极成果。研讨会为更多中国投资者在斯洛文尼亚投资开启方便之门①。

二　马里博尔孔子课堂的汉语教学②

所在城市：马里博尔

承办机构：马里博尔第二中学

合作机构：上海对外经贸大学

---

① 卢布尔雅那大学孔子学院信息主要源自孔子学院总部/国家汉办官网：http：//www. hanban. org/，2016 年 11 月 21 日。

② 马里博尔孔子课堂信息主要源自孔子学院总部/国家汉办官网：http：//www. hanban. org/，2016 年 11 月 21 日。

协议签署时间：2013 年 3 月 23 日

启动运行时间：2013 年 3 月 23 日

马里博尔位于斯洛文尼亚东北部，是斯洛文尼亚第二大城市，是该国重要的旅游和工业中心。马里博尔孔子课堂的成立为当地人们学习汉语提供了很好的平台和机会。2014 年 5 月 7 日，首届斯洛文尼亚中学生中文比赛暨第七届"汉语桥"世界中学生中文比赛斯洛文尼亚赛区比赛在卢布尔雅那孔子学院下设的马里博尔孔子课堂举行。本次参赛的 12 名选手全部来自卢布尔雅那孔子学院下设 2 家孔子课堂的 4 所中学，比赛内容包括自我介绍、知识问答、才艺展示三个环节，最终来自马里博尔第二中学的柯明德以一口流利的中文和巧妙新颖的才艺展示夺得第一名。比赛结束后，中国驻斯洛文尼亚大使对选手们的出色表现给予了表扬和鼓励，同时对汉语志愿者老师的付出也给予了充分肯定，并高度评价了孔子课堂取得的显著成绩。

2015 年 2 月 10 日，马里博尔第二中学孔子课堂举办 2015 年新春联欢晚会。马里博尔第二中学孔子课堂已逐渐成为斯洛文尼亚地区传播发扬中国语言文化的枢纽，并在多个学校设有汉语学习班，定期举办文化活动。文化活动增进了斯洛文尼亚民众对孔子课堂的认识，推动中斯友谊更好地发展。

2015 年 5 月 9 日，应卢布尔雅那大学孔子学院下属马里博尔第二中学孔子课堂邀请，国际王西安拳法第二代传人武海防开展为期一周的中国武术教学活动。课堂教学内容除基本的太极拳套路和简单的自我防御技能外，还包括博大精深的中国武术文化和辩证和谐的中国哲学理论。双方就中国武术的传承和发扬达成共识，并深入探讨了未来的合作与发展计划。

2016 年 6 月 18 日，马里博尔第二中学孔子课堂在马里博尔市中心举办了"中国日"活动。此次活动内容分为汉语、中医、剪纸、中国结和中国美食五个部分。此次活动，加深了当地居民对中国文化的了解，扩大了孔院在当地的影响力。

三　卢布尔雅那孔子课堂的汉语教学①

所在城市：卢布尔雅那

承办机构：卢布尔雅那校际联盟

合作机构：上海对外经贸大学

协议签署时间：2013 年 7 月 8 日

启动运行时间：2013 年 7 月 8 日

2014 年 5 月 30 日，卢布尔雅那孔子课堂在斯洛文尼亚首都古城广场中心街道举办了"童眼看中国"——孔子课堂汉语与中国文化教学成果汇报演出活动。活动引领广大市民和游客走进中国文化世界，在斯洛文尼亚首都引起了不小的反响。自 2014 年 5 月卢大孔子学院举办中国文化月活动以来，斯洛文尼亚国内掀起了一波又一波中国文化交流盛会。丰富多样的中国文化教学成果展示活动有力提升了卢大孔子学院的品牌形象，孔子课堂作为孔子学院的新生力量，在促进中斯两国的文化交流与合作、增进相互了解和两国人民友谊方面发挥了积极的作用。

卢布尔雅那市 Trnovo 小学于 2015 年 2 月 17 日晚举行了一场丰富多彩的迎新春联欢活动。在精彩的歌舞表演之后，孔子课堂主办方 Trnovo 小学校长回顾了汉语教学在斯洛文尼亚小学体系从无到有、从小到大不断壮大的成长过程，饱含中斯情谊且热情洋溢的讲话引得现场观众热烈的掌声。中西方文化珠联璧合促进了双方的文化交流。

2016 年 5 月 19 日，作为卢布尔雅那大学孔子学院"五月中国文化月"的一部分，斯洛文尼亚卢布尔雅那孔子课堂举办了"童眼看中国"汉语结业汇报文艺演出。"童眼看中国"活动是卢布尔雅那孔子课堂的年度重要活动，为学员提供了一个展示汉语学习成果和自身才华的平台，加强了孔院和孔子课堂和各合作学校之间的合作，彰显了

---

① 卢布尔雅那大学孔子课堂信息主要源自孔子学院总部/国家汉办官网：http：//www. hanban. org/，2016 年 11 月 21 日。

中斯文化完美交融的旋律，扩大孔子学院的影响力，推广了汉语和中国文化。

2016 年 5 月 30 日由卢布尔雅那大学孔子学院举办、斯洛文尼亚首都卢布尔雅那市政府协办的斯洛文尼亚—中国艺术家国际交流画展在市政厅历史展厅举行。中斯两国文化领域交流越来越多，这一领域的沟通与互助，能推动两国人民之间更多的了解与理解，也能吸引更多来自中国的投资。各种文化差异相得益彰，体现出艺术联结文化的力量。中斯艺术"对话"带给中斯两国人民坦诚的心灵交流，帮助两国民众搭建心灵沟通之桥，增进了了解，促进了交流，加深了友谊。

第四节　汉语师资与教法

根据我国教育部统计数据，2013 年，我国已向斯洛文尼亚派出汉语教师 19 人次，志愿者 23 人次，赠书 6355 册，提供孔子学院奖学金名额 65 个[①]。我国在师资和教材等方面的资助大大支持和促进了斯洛文尼亚的汉语教学。斯洛文尼亚非常重视汉语教学方法的探讨，从卢布尔雅那大学孔子学院成立至今，多次组织教师培训、教学方法探究等汉语活动，有效促进了汉语教学活动的开展。

2010 年 10 月 21 日，斯洛文尼亚卢布尔雅那大学孔子学院举办了第一期汉语培训班，培训课程在卢布尔雅那大学经济学院进行。本期汉语培训班共有 3 个班级，2 个教师班和 1 个学生班。基于教师时间紧张的因素，为满足教师需要，专门开设两个班级，培训课程得到了教师们的一致认可。同时为满足社会各界尤其是商务人士学习汉语的需求，孔子学院还开设社区汉语和商务汉语的培训。

---

① 中华人民共和国教育部官网：《中国和斯洛文尼亚教育合作与交流简况》，http：//www. moe. edu. cn/publicfiles/business/htmlfiles/moe/moe_ 853/201005/87474. html，2016 年 11 月 24 日。

　　斯洛文尼亚孔子学院非常重视新进教师的培训工作。2014 年 10 月 4 日，为保证赴斯洛文尼亚的志愿者教师能尽快适应当地生活及中小学和幼儿园教学，卢布尔雅那大学孔子学院为志愿者组织了为期两周的本土化汉语教学和斯洛文尼亚语的培训。汉学家将一些成功的课堂教学技巧以及活动分享给这些志愿者老师，他们还对之前的第一级和第二级大纲做了修改。2015 年 10 月 6 日，卢布尔雅那大学孔子学院为新一批志愿者教师组织了为期 9 天的岗前培训。此次培训分为斯洛文尼亚语培训和汉语教学培训两部分。通过培训，志愿者教师了解了当地的汉语教学现状、对当地教学颇有影响的教育理念和技巧，以及不同阶段的教学方法和特点等。2016 年 10 月 3 日，卢布尔雅那大学孔子学院迎来新一批志愿者教师，并为他们组织了为期一周的岗前培训。此次培训还包括斯洛文尼亚语的学习，参训教师们不仅能够掌握简单的问候、对话以及课堂用语，也从侧面学到了有趣有效的语言教学技巧。参训教师们表示，他们对即将开展的汉语教学工作有了更多的信心，也对汉语言和汉文化的传播有了更多的期待。本土化汉语教学的培训能使新进志愿者教师更快适应角色，更好地开展汉语教学工作。此类教师培训是必要的，有益的。

本章主要参考文献

刘佳平：《斯洛文尼亚汉学研究概况》，《国外社会科学》2013 年第 4 期。

第十章　爱沙尼亚的汉语教学

第一节　国家概况

一　自然地理

爱沙尼亚（Republic of Estonia）位于波罗的海东海岸，面积 45339 平方公里，东与俄罗斯接壤，南与拉脱维亚相邻，北邻芬兰湾，与芬兰隔海相望，西南濒临里加湾，边界线长 1445 公里，海岸线长 3794 公里。爱沙尼亚属海洋性气候，春季凉爽少雨，夏秋季温暖湿润，冬季寒冷多雪。爱沙尼亚淡水资源丰富，全国水域总面积 2840 平方公里。主要河流有沃安都河（162 公里）、帕尔努河（144 公里）、帕尔特萨马河（135 公里）等，最大湖泊是与俄罗斯交接的楚德湖，总面积 3555 平方公里，为欧洲第四大湖。爱沙尼亚自然资源匮乏，主要矿产有油页岩（探明的储藏量约 60 亿吨）、磷矿（储量约 40 亿吨）、石灰岩等。世界卫生组织于 2012 年 9 月 26 日公布了首个空气质量数据库，爱沙尼亚的空气质量在全球国家和地区排名中名列第一。爱沙尼亚森林覆盖率高达 48%，超过半数仍处于原始自然状态，自然生态系统保持得非常好①。

---

① http：//www.fmprc.gov.cn/web/gjhdq_676201/gj_676203/oz_678770/1206_678820/1206x0_678822/，2016 年 11 月 25 日。

二　历史政治

爱沙尼亚民族形成于 12—13 世纪。曾先后被普鲁士、丹麦、瑞典、波兰、德国等占领和统治。从 1710 年开始，爱沙尼亚受沙俄统治长达 200 多年。1918 年 2 月 24 日宣布独立，成立爱沙尼亚共和国。次日，德军占领塔林。同年 11 月，苏维埃俄国宣布对爱沙尼亚拥有主权。

自 1991 年恢复独立以来，爱沙尼亚实行多党议会民主制。2001 年 10 月吕特尔就任总统，在任职期间爱沙尼亚加入了北大西洋公约组织（NATO）和欧盟（EU），得到了史上从未有过的强固安全保障和经济发展的机会，吸收引进芬兰等国家的投资与合作，2000 年之后经济增长率达到了 7%。电脑的普及率高于德国和法国等先进国家。2001 年 9 月在总统大选中，亲欧美派的托马斯·亨德里克·伊尔韦斯当选，他积极参与欧盟事务，重视与美战略合作，对俄关系没有明显改善，在多边和国际场合更为活跃。现行宪法于 1992 年 6 月 28 日通过，7 月 3 日生效，爱沙尼亚是独立主权的民主国家，国家最高权力属于人民，实行三权分立的多党议会民主制。沙尼亚会议实行一院制，共 101 个议席，任期 4 年。司法分城乡地区法院、上诉法院和最高法院三级。爱沙尼亚全国有城乡地区法院 4 个，另在塔林市和塔尔图市各设 1 个行政法院，共有法官 120 人；有上诉法院 3 个，法官 48 人。最高法院是爱沙尼亚终审法院，同时履行爱沙尼亚宪法法院职能。总统是全国武装力量的最高统帅。国防委员会是总统国防事务的最高咨询机构。国防部是政府执行和实施国防政策的部门。国防军司令是军队最高指挥官。国家实行义务兵役制，服役期 8—12 个月。外交政策把加入欧盟和北约作为重点，同时保持与北欧各国及波罗的海三国的传统合作关系，并努力缓和与俄罗斯的关系。主要政党有：改革党、祖国联盟—共和党、社民党、中间党、人民联盟、绿党，另外还有爱沙尼亚波罗的海俄罗斯人党、基督教人民党等小党。

三　人口经济

爱沙尼亚共和国，面积 45339 平方公里。人口 131.3 万人（2015年 1 月数据）。主要民族有爱沙尼亚族、俄罗斯族、乌克兰族和白俄罗斯族。爱沙尼亚族占 68.7%，俄罗斯族占 24.8%，其他民族占 4.9%，不明国籍人口占 1.5%。官方语言为爱沙尼亚语。英语、俄语亦被广泛使用。主要信奉基督教新教。

世界银行将爱沙尼亚列为高收入国家。由于其高速增长的经济，爱沙尼亚经常被称作"波罗的海之虎"，主要工业部门有机械制造、木材加工、建材、电子、纺织和食品加工业。2006 年，制造业产值 300.44 亿克朗（24.09 亿美元），交通、通信和仓储业产值 216.54 亿克朗（17.36 亿美元）。主要工业产品有油页岩 1410 万吨，水泥 84.89 万吨，木材 172.55 万立方米，棉纺织品 5800 万平方米。农业以畜牧业为主，主要饲养奶牛、肉牛和猪。农业用地 143.31 万公顷，可耕地 111.98 万公顷。主要农作物有小麦、黑麦、马铃薯、蔬菜、玉米、亚麻和饲料作物。爱沙尼亚是一个旅游资源丰富的国家，2006 年旅馆入住人数为 225.95 万人次，同比增长 9%，其中 63% 为外国游客。

四　语言政策

爱沙尼亚官方语言为爱沙尼亚语，与芬兰语很接近。俄语也是重要语言，多数俄罗斯族人也通晓爱沙尼亚语，从 2007 年起，俄语学校逐步增加爱沙尼亚语课程。

第二节　汉语教学简史

从历史发展的角度来看，爱沙尼亚文化政策历经了数次变化。第二次世界大战中，它曾被苏联统治了 46 年。在苏联统治时期，文化事业与政治紧密相连，国家既是大多数文化活动的拨款者，同时又是意识形态、道德和审美的审查员。从 1988 年开始，爱沙尼亚就已经开始转向市场经济，在文化生活和文化政策方面逐渐远离苏联政权的控制①。因此爱沙尼亚的汉语教学是从近些年刚兴起的。1988 年出版了爱沙尼亚文《论语》。爱沙尼亚的汉语教学主要集中在塔林大学孔子学院和其他的一些中学。塔林大学成立于 2005 年，是由塔林市多所大学和学院合并而成。虽然该校建校时间不长，但发展迅速，目前已成为爱沙尼亚颇具影响力的高等学府。为推动爱沙尼亚汉语教学的发展，满足爱沙尼亚人学习汉语的需要，2009 年 2 月 12 日，中国驻爱沙尼亚大使馆向塔林大学赠送了一批图书，这批图书不仅丰富了塔林大学的藏书，同时也有助于促进汉语教学活动的开展②。

2010 年 2 月，爱沙尼亚第一所孔子学院启动运行，即由上海财经大学合作、塔林大学承办的塔林大学孔子学院，这是爱沙尼亚汉语教学史上里程碑性质的事件。塔林大学孔子学院成立后通过文化培训班、诗歌朗诵、汉语桥比赛、语言学沙龙等方式推广和宣传汉语及中国文化，使爱沙尼亚汉语教学得到一定程度的发展。2010 年 3 月 9 日，爱沙尼亚塔林大学与我国广西大学共建塔林大学孔子学院的执行协议举行了签字仪式。近年来，塔林大学和广西大学不断进行国际交流，也逐步对共建孔子学院达成了共识。

2013 年 3 月，爱沙尼亚汉语教学取得新进展。爱沙尼亚塔林大学校长瑞恩·劳德教授代表塔林大学孔子学院与塔林理工大学和塔林古斯塔夫·阿道菲学校签署了设立汉语教学点的协议。根据协议，塔林大学孔子学院将从当年 9 月开始为这两所学校开设汉语课程。塔林理工大学 1918 年建校，有学生 14000 多人，是爱沙尼亚最大的理工科大学。古斯塔夫·阿道菲学校已有 382 年的历史，在校学生超过 1000

---

① 周亚：《爱沙尼亚文化政策的主要特点》，《山东图书馆学刊》2013 年第 1 期。

② 中华人民共和国驻爱沙尼亚共和国大使馆：《中国驻爱沙尼亚大使馆向塔林大学赠书》，ht-tp：//www.chinaembassy.ee/chn/kjwh/t537226.htm，2016 年 11 月 25 日。

名，是爱沙尼亚规模较大的 12 年一贯制学校。孔子学院汉语教学点在这两所学校的建立，能较好地满足两校学生学习汉语的需求。这为爱沙尼亚的汉语教学建立了更为广泛的教学点，推动了汉语教学在爱沙尼亚的发展①。

2013 年 10 月 9 日，驻爱沙尼亚大使向古斯塔夫·阿道菲学校赠送一批中文图书与教材。古斯塔夫·阿道菲学校是由瑞典国王古斯塔夫·阿道菲于 1631 年在爱沙尼亚首都塔林创办的，是欧洲现存最古老的中学之一，也是塔林市已开设中文课程的著名学校。通过学习中文与阅读赠书，使更多的中学生认识中国，走进中国，为促进中国和爱沙尼亚的友谊做出积极贡献。孔院丰富多彩的文化活动以及中国和爱沙尼亚政府的支持，爱沙尼亚中学的汉语教学逐渐发展起来。2016 年 4 月，第九届"汉语桥"世界中学生中文比赛爱沙尼亚全国选拔赛顺利进行，共有 11 中学生名参加了比赛。此次爱沙尼亚中学生汉语桥比赛是第二次举行。

总体来看，爱沙尼亚的汉语教学已经从大学发展到中学，开展汉语教学的地域从首都塔林向塔尔图、维良地等周围区域扩散。从 2010 年塔林大学成立至今，虽取得了一定的成绩，但总体呈现缓慢发展的状态。

第三节　汉语教学的环境和对象

塔林大学是爱沙尼亚首都塔林市中心的一所综合性大学，是由塔林市的多所知名大学和学院合并成立。校内学习资源丰富，有 5% 以上的国际学生，是波罗的海地区的一所国际性高校，与全球多所大学有合作，是著名欧盟项目 Erasmus 的交换院校之一，隶属于欧洲大学

---

① 中国新闻网：《塔林大学孔子学院汉语教学点建设取得新进展》，http：//www.chinanews.com/hwjy/2013/03 - 19/4656667.shtml，2016 年 11 月 25 日。

协会（EUA）、欧洲首都大学网络（UNICA）、波罗的海区域大学网络
（BSRUN）。塔林大学孔子学院运行时间为 2010 年 2 月 16 日，是爱沙
尼亚第一所孔子学院，与上海财经大学合作开办。近年来爱沙尼亚官
方也非常重视汉语教学，和中国相关部门签署了有关教育协议，这推
动了爱沙尼亚的汉语教学工作。温家宝总理 2012 年出席中国与中东欧
国家领导人会晤和经贸论坛时对外宣布 "未来 5 年向中东欧国家提供
5000 个奖学金名额"，自 2013/14 学年至 2017/18 学年，向中东欧 16
国增加 1000 个单方奖，每学年 200 个，爱沙尼亚折合每学年增加 5 个
单方奖名额。奖学金累计接受情况：我国自 1994 年接受 1 名该国奖学
金生以来，截至 2013 年共接受爱沙尼亚中国政府奖学金生 47 名。
2013 年在华学生情况：2013 年全年在华学习的爱沙尼亚学生总数为
120 名，其中奖学金生 16 名（含国别奖、单方奖、专项奖），自费生
104 名。中国的这些政策为爱沙尼亚人学习汉语提供了很好的环境和
条件①。同时，爱沙尼亚国内的孔子学院和孔子课堂等教学机构为爱
沙尼亚人在国内学习汉语提供了很好的平台和环境。

　　塔林大学孔子学院在 2011 年设立 HSK 考点，在爱沙尼亚积极组
织新 HSK 和新 YCT 考试，2012 年 5 月 26 日，塔林大学孔子学院顺利
举办本年度首次新 YCT 考试。16 名塔林市的中小学生参加了本次新
YCT 一级考试，他们都是塔林大学孔子学院中学汉语教学点汉语班的
学生。随着 "一带一路" 交往的日益活跃，近两年爱沙尼亚全国参加
汉语考试的人数越来越多。更多的爱沙尼亚汉语学习者希望借汉语水
平考试亲身体验中国文化与魅力。

　　爱沙尼亚的汉语学习者分布比较分散，大多数是大学生和中小学
生。在教学方式和内容上，有正规的教学体系，一些学校开设有大、
中、小学汉语课程。同时，在社会上还存在一些自学机构。塔林大学
及其他大学的孔子学院机构还经常举办一些文化交流活动：有文化体

---

① 中华人民共和国教育部：《中国与爱沙尼亚教育交流与合作简况》，http://www.moe.edu.
cn/publicfiles/business/htmlfiles/moe/moe_ 853/201005/87461.html，2016 年 11 月 26 日。

验活动、中国传统节日庆祝。爱沙尼亚孔子学院机构在教学活动、文化推广、学术交流等方面做了大量的工作，下面做以简要介绍。①

所在城市：塔林

承办机构：塔林大学

合作机构：上海财经大学

启动时间：2006 年 2 月 16 日

塔林大学孔子学院是爱沙尼亚的第一所孔子学院，也是波罗的海地区的第二所孔子学院。2010 年塔林大学孔子学院揭牌仪式成功举行，中共中央政治局常委李长春与塔林大学校长雷恩·劳德共同为塔林大学孔子学院揭牌。

2010 年 11 月 19 日，在塔林大学孔子学院内，来自塔林各界的 30 余名教师、医生、公务员和塔林大学的学生参加塔林大学孔子学院举办的中国电影之夜活动，观看贾樟柯执导的影片《站台》。邀请中国电影研究者、捷克共和国驻爱沙尼亚大使夫人 Viera Langerova 女士作为活动嘉宾，帮助观众更好地理解影片内容。塔林大学孔子学院组织的中国电影之夜活动一共举办了四次。活动能帮助当地民众近距离体验普通中国人的现实生活，增加对中国的了解。

2010 年 11 月 27 日，塔林大学孔子学院成立后首次举办开放日活动。活动安排了三场讲座，邀请在中国学习四年中医的 Rene Bürkland 先生、当地气功师 Mart Parmas 先生和塔林大学博士 Alari Allik 作为讲座报告人，向爱沙尼亚民众介绍中国传统医学、健身气功和中国传统思想。活动吸引了不少不同职业的当地民众参与，还有从凯赫拉市专程前来的法籍汉语教师和她的学生。他们认真听取讲座内容，了解中国春秋战国时期的诸子百家情况，期间就中医的诊病方式、中医与中国传统哲学的关系、中医推拿按摩的疗效等问题进行提问。活动日最后为参加活动的民众放映了中国影片《千里走单骑》。

----

① 　塔林大学孔子学院相关信息主要源自于孔子学院总部/国家汉办官网：http：//www. hanban. org/，2016 年 11 月 26 日。

2011 年 2 月 3 日，爱沙尼亚塔林大学孔子学院师生组织了精彩的文艺表演，向中国人民拜年，塔林大学校系领导以及 130 多名学生、塔林市市民欣赏了表演，分享中国春节的欢乐与喜庆。中国留学生的二胡独奏和钢琴独奏、梁双老师带领学生表演 24 式太极拳、中国教师演唱的中国歌曲、爱沙尼亚学生表演的三句半等节目获得了在场观众的一致认可。

2011 年 2 月 4 日，Mäetaguse 学校举办了新年第一个学院活动日。塔林大学孔子学院为 Mäetaguse 学校的师生准备了书法、太极拳和中国歌曲演唱活动。两个小时后，孩子们展示他们的学习成果。他们表示，写毛笔字、打太极拳、唱中国歌都不太容易，但很有趣，希望能有机会了解中国。塔林大学孔子学院活动日计划开展多次，让更多的爱沙尼亚学生、老师和社会公众了解孔子学院，了解汉语，了解中华文化，了解中国。

2011 年春季学期，塔林大学孔子学院继续开展中国电影之夜活动。该活动 2 月 11 日至 3 月 11 日为第一季，4 月 1 日至 4 月 29 日为第二季，一共选映了 8 部中国影片。本学期有两百多人次在孔子学院观看了活动展演的中国影片。电影之夜活动仍邀请中国电影爱好者和研究者捷克驻爱沙尼亚大使夫人 Viera Langerova 女士担任主持人及影评人。塔林大学孔子学院将使该活动一直开展下去，让爱沙尼亚青年学生和民众能从中国电影中了解更多的中国历史、中国国情和中国文化。

2011 年 4 月初，孔子学院教师给来访的中小学师生 25 人开设了一堂书法体验课，教授了基本的汉字知识。通过近两个小时的汉字书写体验，师生们对汉字的发音、结构和表意都表现出浓厚的兴趣。此次活动扩展了来访师生的视野，提高了他们对汉语乃至中国的兴趣。塔林大学孔子学院日后将进一步开展多种类的中国文化、语言体验活动。

2011 年 4 月 30 日，在爱沙尼亚乡村小镇 Kehra 青少年活动中心，塔林大学孔子学院开展中国文化体验日活动。活动吸引了该镇的许多民众前来参加。本次中国文化体验日活动旨在为对中国文化感兴趣的乡镇居民了解中国语言和文化提供便利，扩展孔子学院的影响。活动中，孔子学院的两位汉语教师带领参加活动的当地民众一同演唱了中国歌曲《茉莉花》。还有练习汉字书法，打太极拳，介绍网络孔子学院的各种资源，帮大家起了中文名字等活动内容。最后，在中国老师的指导下，活动参加者跟老师们一起包饺子。这次活动很好地宣传了孔子学院，让更多的人了解了学习汉语和中国文化的途径。

2011 年 6 月 6 日，在中国传统节日端午节当天，塔林大学孔子学院举办了一场汉语诗歌朗诵表演会。孔子学院全体注册学员参加表演会活动。在表演会上，同学们用汉语配合 PPT 介绍了端午节的基本民俗，展示了屈原的生平，朗诵了《离骚》。学生们的诗歌朗诵为表演会添加了活跃的气氛。同学们还朗诵了王维、李商隐、苏轼、辛弃疾等中国古代著名诗人的名篇。这场活动既让同学们深入了解了中国端午节文化和中国古典诗歌，又为他们创造了实际运用汉语的机会。

2011 年 6 月 18 日至 7 月 3 日，20 名爱沙尼亚大中学生参加了由塔林大学孔子学院举办的首次中国语言文化体验夏令营活动。活动中，营员们学习了太极拳、剪纸和中国结等极具中国特色的运动和才艺，参观南宁的中国—东盟博览会区，走访当地中学，游览秀丽的漓江。此外，他们还登上了长城，在故宫体验中国历史的发展与变迁。这次夏令营旨在为爱沙尼亚青少年提供到中国学习汉语以及体验中国文化和生活的机会，增进爱沙尼亚青少年对中国国情、中国文化和教育制度的了解，也为进一步推动汉语学习在爱沙尼亚的发展打下了基础。

2011 年 9 月 23 日，中国全国政协委员、香港城市大学前任校长张信刚教授在爱沙尼亚塔林大学举办《活的中国文化在香港》专题讲座。讲座于当日下午在塔林大学报告厅举行，塔林大学孔子学院师生及塔林市各界对中国文化感兴趣的人士参加了讲座。在讲座中，张教授介绍了当今中国文化在香港社会的传承与发展，展望了中国文化在香港"以人为本"和"民间主导"的发展前景。演讲为与会者打开了一扇了解香港社会现状的窗口，使他们对中国文化在香港民众生活和社会生活中的重要意义有了更为直观感性的认识。

2012 年 2 月 1 日，广西大学艺术团的演员们为塔林大学孔子学院师生献上了精彩的"孔子学院大春晚"巡演节目，中、爱两国的年轻人共同欢度 2012 年中国龙年春节。广西大学艺术团蒙古族舞蹈、维吾尔族舞蹈和互动节目把巡演推上高潮，演出给当地观众们留下了深刻的印象。此次活动使更多的当地人、更好地认识中国和了解中华文化。

2012 年 5 月 4 日，塔林大学孔子学院为爱沙尼亚阿基米德基金会举办了一期中国语言文化培训班。这次活动是为了减少对华交往中的交流障碍，将 25 名爱沙尼亚各高等院校招生事务项目官员组织在一起学习汉语。塔林大学孔子学院的人员根据阿基米德基金会的需求和不同学院的职业制订了不同的学习计划。学员们对这次的活动比较满意，有很多人报名参加了孔子学院举办的暑假课程。塔林大学孔子学院也将根据阿基米德基金会的需求为其开设后续培训课程。

2012 年 5 月 29 日，塔林大学孔子学院 2012 年汉字书写比赛颁奖仪式在塔林大学举行。塔林大学孔子学院理事会主席、塔林大学副校长 Priit Reiska 教授为比赛获奖学生颁奖。这次汉字书写比赛分为大学组和中小学组进行，大学组参赛者抄写《兰亭集序》，中小学组参赛者抄写《三字经》，共有 40 名大学生和 90 名中小学生提交了参赛作品。塔林大学 Riin Rohtla（罗玲）获大学组一等奖，塔林 Mustamäe 中学 Adelheid Päi（派荷笛）获中小学组一等奖。另外还有 Sulev Leoste、Grete Heinsoo 等同学分获各组二等奖、三等奖。通过比赛，参赛学生提高了汉字书写技能，加深了对中国文化的了解。

2012 年 6 月 4 日，塔林大学孔子学院举办活动日，Saue 中学 23 名师生前来参加活动。Saue 中学是塔林市四所开设汉语课程的学校之一。孔子学院活动日满足了该校学生了解中国文化的要求，也促进了该校汉语教学的发展。孔子学院为同学们安排了丰富多样的体验活动。首先展示了 1988 年出版的爱沙尼亚文《论语》，随后，中方院长做了关于中国国情和历史的讲座，接着开设了汉语体验课，教会了孩子们用汉语打招呼。最后，又欣赏了中国的茶艺表演，学习了中国书法。活动充分展示了中国传统文化的魅力。

2012年7月3日，为期两周的塔林大学孔子学院赴华夏令营活动圆满落下了帷幕，12名在孔子学院学习汉语的爱沙尼亚大中学生参加了此次夏令营活动。活动有文化讲座，口语强化训练和与汉语志愿者的合作对练。学员们亲身体验了中国书法、太极拳、民族舞蹈、陶艺等中国传统文化以及中华美食的魅力，参观广西民族博物馆、青秀山森林公园，并到桂林进行文化考察，体验广西悠久的历史和优美的自然风景。

2012年8月3日，塔林大学孔子学院2012年暑期武术班学员为数百名观众表演了中国武术套路。由此，塔林大学孔子学院2012年暑期项目顺利完毕。2012年暑期项目分为中华武术班和初级汉语班两部分。武术班的学员由学生和塔林市民组成，学习五步拳和青年长拳套路。此前一天，"国际班"的暑期初级汉语班也顺利完成教学任务，由8个国家的在校大学生和官员组成的学员们学习了汉语的基本会话和汉字的构造、辨读与书写。这不仅传播了中国文化，也让更多的人热爱中国文化。

2012年10月1日，为庆祝中秋节，塔林大学孔子学院举办吟诗歌唱会，孔子学院师生和塔林各界人士100多人到塔林大学Mare教学楼活动大厅参加了活动。学生朗诵了苏轼的《水调歌头·明月几时有》、李白的《静夜思》等与中秋节和明月相关的中国古典诗词名篇。糕点师和茶艺师演示了月饼制作工艺和茶艺。爱沙尼亚前总统Arnold Rüütel夫妇、交通部经济发展司副司长Raul Allikivi等参加了活动。本次活动让更多的爱沙尼亚民众了解了多姿多彩、博大精深的中华文化。

2012年11月24日，塔林大学孔子学院举办开放日活动，80名来自爱沙尼亚各个阶层和不同领域的中国文化爱好者参与了此次活动。活动主要以课堂讲座和手工课堂互动为主，主要内容包括中国文化介绍，汉语体验，中医养生，剪纸、书法和绘画互动等。课堂上的互动与中国文化的讲解引起了参与者的好奇与兴趣，也由此加深了他们对中国文化历史和语言的认识。

2013 年 2 月 8 日，为迎接 2013 年中国农历蛇年春节的到来，塔林大学孔子学院与爱沙尼亚阿基米德基金会·留学爱沙尼亚联合举办了蛇年迎春联欢会。爱沙尼亚各个行业人士以及华人华侨、留学生等两百多位嘉宾共同庆祝中国农历癸巳年的到来。联欢会表演了歌曲、壮族舞蹈、中国武术协会的舞龙，还有抛绣球的互动环节。2015 年 2 月 19 日，塔林大学举行了喜迎羊年春节系列联欢活动。2 月 20 日，观众对来自北京非物质文化遗产局的风筝、剪纸和空竹进行了观摩。2 月 26 日，举行华社塔摄影作品展揭幕仪式。26 日晚，在塔林理工大学学生餐厅，学包饺子、品尝饺子、品尝北欧肉丸及雅致的中国茶艺等活动内容，吸引了众多当地民众去了解汉语和中国文化。

2015 年 4 月 1 日，由爱沙尼亚文化基金会、塔林大学孔子学院、维尔纽斯艺术学院联合举办的"中国—波罗的海艺术——2014—2015 陶瓷与绘画巡展"开幕式在塔林市建筑画廊举行。"中国—波罗的海艺术——陶瓷与绘画巡展"是由立陶宛维尔纽斯艺术学院陶瓷创新中心负责人 Tomas J. Daunora 于 2011 年发起，在加盟国家间进行跨年度巡展。本次巡展为期 11 天。参展的艺术作品由立陶宛、爱沙尼亚及中国等多位艺术家提供。

2015 年 4 月 2 日，第二届塔林大学孔子学院中华才艺大赛在塔林大学 Terra 礼堂举行。大赛经过近 2 个小时的激烈角逐，评选出了一等奖 1 名，二等奖 2 名，三等奖 3 名。这次参赛项目在去年音乐和歌舞的基础上增加了书法项目，一位书法爱好者选手获得了三等奖。本次比赛的评委有来自中国驻爱沙尼亚使馆的高春燕参赞、塔林大学孔子学院陈治老师。通过本次大赛，塔林大学孔院发掘了一批非常具有潜力中华文艺爱好者和特长选手。

2015 年 6 月 8 日，波罗的海—中国商务年会组委会举行 2015 年年会，塔林大学中外方院长应邀参加。波罗的海—中国商务年会由爱沙尼亚塔尔图大学秘书处发起成立，本次大会是该组织举办的第 4 届年会，出席会议的有 120 多人。随着中国与波罗的海国家间经贸关系的进一步加强，对通晓汉语和中华文化的商务人才的需求也不断增加。这为本地区孔子学院人才培养和课程建设提出了新的更高要求。

2015 年 9 月 11 日，在塔林大学举行由塔林大学孔子学院举办的首届"汉语桥"世界中学生中文比赛爱沙尼亚赛区决赛，来自塔林、维良地和萨雷马地区三所高中的 5 名选手参加了此次比赛。本届比赛分为自我介绍、主题陈述和才艺表演三个环节，考查选手的语言表达能力和才艺水平。经过激烈比拼，最终，来自维良地高中和库雷萨雷高中的丽思·帕斯蒂马尔和玛丽亚·比哈拉斯分别获得第一、第二名。

2015 年 9 月 27 日，塔林大学孔子学院组织了以"理解与和平"为主题的孔院日活动。孔院日系列活动包括多种沙龙，如"学说汉语沙龙""练写汉字沙龙""动手剪纸沙龙""围棋入门沙龙"以及开心踢毽子游戏。29 日，活动还包括观看张艺谋导演的历史题材剧电影《英雄》。这些活动让青年学生和社会人士参与到孔院日活动中，通过互动增进了解，加强不同民族和文化间的沟通。

2015 年 11 月初，"汉语桥"全球中学生中文比赛落下帷幕。爱沙尼亚两名选手——来自维良地高中的潘丽心（Liisi Pastimae）和库雷萨雷高中的马丽娅（Maria Pihlas）同时获得 2016 年一个学期的中国留学奖学金。今年是爱沙尼亚首次派出选手参加"汉语桥"全球中学生中文比赛。虽然参与全国选拔的只有 5 名学生，但是经过选拔，潘丽心和马丽娅获得了参加全球比赛的资格。两位女孩在决赛中表现不俗，分别获得"网络人气"欧洲赛区第三名和第五名的好名次。最终两名选手顺利完成全程比赛，并获得 2016 年度一学期奖学金。

2016 年 1 月 21 日，塔林大学孔子学院新学期首个"汉语语言文化日"活动在约赫维高中举办，为孔子学院五年来组织的最大规模的一次语言文化日活动。2015 年下半年，约赫维高中正式与孔子学院签约，至此，塔林大学孔子学院的汉语教学点总数已达 13 个，在北欧—波罗的海地区孔子学院中位居前列。汉语语言文化日内容包括汉语语言课、中华文化课、汉字书法绘画课以及剪纸课等。孔子学院外方院长带队，四位教师同时开班，全天一共开展了 15 个课堂的教学活动，参加人数达 154 人。

2016 年 4 月 23 日，第十五届"汉语桥"世界大学生暨第九届"汉语桥"世界中学生中文比赛爱沙尼亚全国选拔赛落下帷幕。首轮比赛于当地时间 4 月 9 日举行，共 11 组（15 名）选手参加了中学组比赛，4 名选手参加了大学组比赛。经过一番激烈角逐，中学组前四名和大学组前三名的选手晋级决赛。决赛包括主题演讲、知识问答和才艺表演三部分。最终，伟涛和林内获大学组冠亚军。

2016 年 5 月 12—13 日，上海教育代表团一行 46 人到访爱沙尼亚，12 日，拜访爱沙尼亚教育与科研部并签署教育合作备忘录，与爱沙尼亚教育与科研部副秘书长麦迪斯·莱帕耶（Mr Madis Lepajõe）进行会谈并签署教育合作备忘录。13 日，访问爱沙尼亚塔林大学孔院并举办为期一天的"2016 中国上海教育展"。希望通过本届教育展，吸引越来越多的爱沙尼亚优秀青年学生和学者到中国的高等学校和中学学习，从事合作研究工作。开幕式上，塔林大学孔子学院与塔林大学索维达雅（Soveldaja）舞蹈团互相表演了才艺。

2016 年 5 月 13 日，上海市教委副主任率该市 34 所高校、中学的负责人赴爱沙尼亚塔林大学举办上海教育展。这是该孔院自建院以来首次协办大型国内展览。展会期间，塔林大学孔子学院准备了围棋、书法、茶艺、剪纸以及奖学金信息发布会等多个沙龙活动，使参展的青年学生和家长了解奖学金资讯，体验中华文化。展会前夕，上海市教委一行与爱沙尼亚教育与科研部进行了会谈，Matis Lepajoe 副秘书长与李瑞阳副主任签署了教育合作谅解备忘录。该协议的签署为促进两地青年学生和学者的交流提供了合作基础。

第四节 汉语教材的开发与选用

2015 年爱沙尼亚举行了爱沙尼亚语汉语教材的发行仪式。12 月 29 日，驻爱沙尼亚大使曲喆出席了该国教育部举办的首本爱沙尼亚语中文教材《中文》的发布仪式并致辞①。这是该国第一本爱沙尼亚语中文教材，该教材能很好地帮助爱沙尼亚人学习汉语。对外汉语速成教育作为对外汉语教学的一个分支，近些年受到了越来越多人的关注，速成教育的发展离不开速成教材的支撑。钟洁雯（2012）选取《48 小时汉语速成基础篇》和《速成汉语基础教程综合课本》这两套教材为研究对象，选取爱沙尼亚塔林大学孔子学院和广西大学国际交流学院的学生为调查对象，考察他们使用教材的基本情况，对比两套教材的异同及优劣，并为今后汉语速成教材的编写提出了一些建议②。

本章主要参考文献

林可：《塔林大学孔子学院汉语教学点建设取得新进展》，《海外华文教育动态》2013 年第 3 期。

钟洁雯：《对外汉语速成教材研究——〈48 小时汉语速成〉与〈速成汉语基础教程〉的比较》，硕士学位论文，广西大学，2012 年。

周亚：《爱沙尼亚文化政策的主要特点》，《山东图书馆学刊》2013 年第 1 期。

---

① 中国侨网：《首本爱沙尼亚语中文教材发布，献礼中爱建交 25 周年》，http://www.chinaqw.com/hwjy/2015/12 - 29/75288.shtml，2016 年 11 月 28 日。

② 钟洁雯：《对外汉语速成教材研究——〈48 小时汉语速成〉与〈速成汉语基础教程〉的比较》，硕士学位论文，广西大学，2012 年，第 1 页。

第十一章　克罗地亚的汉语教学

第一节　国家概况

一　自然地理

克罗地亚（The Rupublic of Croadia）位于欧洲中南部，巴尔干半岛的西北，亚得里亚海东岸。与意大利隔亚得里亚海相望，北部邻国是斯洛文尼亚和匈牙利，东面和南面则是塞尔维亚与波黑。总面积56594平方公里。特殊的地理使克罗地亚境内呈现两种不同的气候类型，沿海地区为地中海式气候，内陆地区则是四季分明的大陆性气候。西南部和南部为亚得里亚海海岸，岛屿众多，海岸线曲折；中南部为高原和山地，东北部为平原。西南部为迪纳拉山地，多岩溶地貌。沿海为达尔马提亚海岸，北部为斯拉沃尼丘陵与萨瓦河沿岸平原。克罗地亚森林和水力资源丰富，全国森林面积223.2万公顷，森林覆盖率为40%。此外，还有石油、天然气、铝等资源[①]。

---

① 克罗地亚国家概况信息主要源自 http：//www. fmprc. gov. cn/web/gjhdq_ 676201/gj_ 676203/oz_ 678770/1206_ 679306/1206x0_ 679308/，http：//fec. mofcom. gov. cn/article/gbdqzn/，2016 年 12 月 1 日。

二 历史政治

自史前时代起克罗地亚就有人类居住，已发现尼安德特人于旧石器时代中期的化石。铁器时代时古伊利里亚人和古凯尔特人也相继进入该地区。公元前 168 年，罗马帝国征服了该地区。罗马帝国衰落后，此地区相继由匈奴人、东哥特人以及拜占廷帝国征服。斯拉夫人（即现代克罗地亚人的前身）于 7 世纪进入此地区。9 世纪时克罗地亚已基本改信基督教。托米斯拉夫为第一位统一的克罗地亚国王，于 925 年登基。王国在彼得·克雷西米尔四世（Petar Krešimir IV）的统治下达到顶峰。12 世纪到 16 世纪的克罗地亚历史与匈牙利历史交织在一起。从 12 世纪初叶起，全部克罗地亚土地均处于匈牙利阿尔帕德王朝统治之下。13 世纪，匈牙利阿尔帕德末代王朝衰落。第一次世界大战中，奥匈帝国战败。克罗地亚成为塞尔维亚人—克罗地亚人—斯洛文尼亚人王国的一部分，王国于 1929 年更名为南斯拉夫。第二次世界大战期间克罗地亚成为轴心国的傀儡国，称为克罗地亚独立国。1991 年 12 月 19 日，塞族地区正式成立塞尔维亚克拉伊纳共和国。1998 年，所有塞族地区重归克罗地亚。

1990 年 12 月 22 日，克罗地亚共和国议会公布新宪法。宪法规定，总统任期 5 年，任期不得超过两届。2000 年 11 月，克罗地亚议会通过宪法修正案，改半总统制为议会内阁制。2001 年 3 月，克罗地亚议会再度修宪，决定取消省院，改两院制为一院制。议会是国家最高权力机构，一院制。议员通过直选产生，任期 4 年。政府是国家权力执行机构，司法设宪法法院和最高法院等。

三 人口经济

克罗地亚总人口约 423.8 万人（2014 年）。主要民族为克罗地亚族（90.42%），其他为塞尔维亚族、波斯尼亚克族、意大利族、匈牙利族、阿尔巴尼亚族、捷克族等民族。官方语言为克罗地亚语。主要宗教是天主教。

克罗地亚为高收入市场经济体，经济以第三产业为主。克罗地亚工业以造船、食品加工、制药、资讯科技、生化、木材加工为主，最大贸易伙伴为欧盟。旅游业是国家经济的重要组成部分。森林和水力资源丰富，全国森林面积 223.2 万公顷，森林覆盖率为40%。此外，还有石油、天然气、铝等资源。主要工业部门有食品加工、纺织、造船、建筑、电力、石化、冶金、机械制造和木材加工业等。

四　语言政策

克罗地亚的官方语言为克罗地亚语，这也是当地人的日常生活用语。克罗地亚语属于印欧语系斯拉夫语族南语支。英语与克罗地亚语虽然都属印欧语系，但属于不同的语族，两者之间的差别甚大。对克罗地亚人来说，英语也是需要专门学习的外语。从地理环境来看，由于身处欧洲大陆，克罗地亚人有很多的机会接触德语、法语、西班牙语等欧洲语种①，这些形成了克罗地亚的语言环境。

第二节　汉语教学简史

克罗地亚原属于南斯拉夫社会主义联邦共和国，1991 年独立后与我国保持良好的外交关系。克罗地亚汉语教学的历史要从萨格勒布大学开始，萨格勒布大学是克罗地亚最早开设汉语课程的学校。萨格勒布大学成立于 1669 年，是一所有着三百多年悠久历史的学校，也是目前克罗地亚最大的大学。直到 1979 年，该校才有真正的汉语教学，有来自我国的汉语教师赴克罗地亚任教。此时的汉语课程是供学生选修

---

① 郝小明：《克罗地亚汉语教学概况及资源建设》，《国际汉语》2012 年第 2 辑。

的一门外语课①。2004 年 11 月，经中、克双方的多次努力和协商，萨格勒布大学哲学院正式成立了中文系，学制 3 年，毕业生可获得学士学位，学习对象主要是在读或已经毕业的大学生②。2005 年秋季，萨格勒布大学经济学院也开设了汉语课。2007 年前后，Sputnik 和 Jezici 两所语言学校也先后开设了汉语课程，主要以口语教学为主，学习汉语的对象主要是各界社会人士。这说明克罗地亚开设汉语的机构越来越多，这是克罗地亚汉语教学进一步发展的证明。2008 年我国成功举办奥运会、2009 年胡锦涛主席访问克罗地亚、2010 年上海成功举办世博会等这些具有重要国际影响力的事件加速了克罗地亚汉语教学的发展。

2011 年，克罗地亚汉语教学有了新的发展和突破。由上海经贸大学合作、萨格勒布大学承办的萨格勒布大学孔子学院启动运行，这是克罗地亚成立的第一个孔子学院，吴邦国委员长亲自为该孔子学院揭牌。该孔子学院的成立为克罗地亚当地人们学习汉语提供了便利的条件和机会，也为中国和克罗地亚文化、教育的交流创造了良好的平台，做出了重要的贡献。仅 2013 年，萨格勒布大学孔子学院就开设汉语语言和中国文化课程班 65 个，学员达到 800 人；举办各类文化活动 60 多场，参加人数 5.8 万人③。这些文化活动进一步提高了汉语在当地的知名度和影响力，吸引了更多的克罗地亚人学习汉语。

我国对克罗地亚的支持很好促进了该国汉语教学的发展。2013 年 3 月 15 日，我国与克罗地亚在萨格勒布签署《中华人民共和国教育部和克罗地亚共和国科学、教育和体育部 2013—2016 年教育合作计划》。该协议统计数据显示，自 1992 年至 2013 年，我国共接受克罗地亚中国政府奖学金生 90 名。2013 年全年在华学习的克罗地亚学生总数为 83 名，其中奖学金生 33 名。2003 年至 2013 年，我国向克罗地亚赠送

---

① 刘涛：《克罗地亚萨格勒布大学汉语教学的现状与对策研究》，《云南师范大学学报》2012 年第 5 期。

② 郝琳：《克罗地亚的汉语教学》，《国际汉语教学动态与研究》2006 年第 1 期。

③ 中华人民共和国教育部官网：《中国与克罗地亚教育合作与交流简况》，http://www.moe.edu.cn/s78/A20/s3117/moe_ 853/201005/t20100511_ 87472. html，2016 年 12 月 1 日。

中文图书及音像制品共计 5507 册（套）。之后我国还会继续通过政府双边、中东欧专项奖学金及高校招生等多种渠道积极向克罗地亚学生提供中国政府奖学金名额，鼓励更多的克罗地亚优秀青年来华深造。截至 2013 年 10 月，国家汉办共派遣中方院长 1 人，汉语教师 2 人，目前 3 人均在岗；2012 年开始派遣志愿者，2012 年派遣 2 人赴任，2013 年派遣 4 人赴任。2013 年，孔子学院开设汉语语言和中国文化课程班 65 个，学员 800 人；举办各类文化活动 60 多场，参加人数 5.8 万人。中方将继续大力支持克孔子学院建设，为其提供师资、教材、奖学金等多方面支持。这些支持不仅培养了一批又一批了解和熟悉汉语的人才，而且也促进了克罗地亚的汉语教学工作。他们将为中国和克罗地亚的文化教育和经济等多方面的交流做出重要贡献①。

2014 年 5 月，我国国务院副总理刘延东在访问克罗地亚时，来到了萨格勒布大学孔子学院，出席了该孔子学院两周年庆典并发表了讲话。我国教育部部长袁贵仁及国家汉办主任许琳等出席了庆典，共同见证了萨格勒布大学孔子学院的发展历程，并探讨孔子学院在弘扬中华文化和促进人文交流方面所起到的独特作用。刘延东指出上海对外经贸大学与萨格勒布大学合作开办的孔子学院为本校学生和社区居民开设了各类汉语教学，以及丰富多彩的文化活动，带动了两校教研合作，也成为萨格勒布大学教育国际化的重要平台。为支持萨格勒布大学孔子学院的建设和发展，刘延东代表孔子学院总部，向该校赠送 1000 册汉语教材和 500 件中华文化教学体验用品，邀请 20 名学生来华参加"汉语桥"夏令营。我国国家领导人对萨格勒布大学孔子学院的重视将又一次掀起了克罗地亚人学习汉语的热潮，并进一步促进克罗地亚汉语教学的发展②。

克罗地亚的汉语学习对象除了大学生之外，还有一些中小学生。

① 中华人民共和国教育部官网：《中国与克罗地亚教育合作与交流简况》，http：//www.moe.edu.cn/s78/A20/s3117/moe_ 853/201005/t20100511_ 87472.html，2016 年 12 月 1 日。
② 中国新闻网：《克罗地亚萨格勒布大学孔子学院"三喜盈门"》，http：//www.chinanews.com/hwjy/2014/05 – 26/6212426.shtml，2016 年 12 月 1 日。

2014 年 11 月，克罗地亚瓦拉日丁市第一高中汉语课堂正式开课。这是萨格勒布大学孔子学院在首都以外的第一个汉语教学点。学生和教师的热情很高，首次开班就有 80 名高中生和 20 名教师报名参加。除此之外，2014 年萨格勒布大学孔子学院还在萨格勒布市 1 所高中、3 所小学和 1 个社区开展了汉语教学活动。另外，还有一些私立中小学校开设汉语课程，例如创新学校，该学校是一所集幼儿园、小学和中学为一体的私立学校。汉语是该校设置的五种外语之一，也是唯一的亚洲语言。该校学生从小学到高中均可学习汉语。随着中小学汉语教学的发展，2016 年克罗地亚举行了首届"中学生"汉语桥中文比赛，即第九届世界中学生"汉语桥"中文比赛。比赛包括汉语言表达展示、中国国情知识和中国语言文化知识三个环节。经过激烈角逐，哈娜和潘地克分别获得本次比赛的第一名和第二名。"汉语桥"比赛的成功举办不仅激发了人们学习汉语的热情，也很好地宣传了汉语和中国文化，提高了汉语在当地的知名度和影响力。整体来看，克罗地亚的汉语教学虽然起步较晚，但是目前汉语教学发展状态良好。2016 年 2 月，萨格勒布大学孔子学院在克罗地亚第三大城市里耶卡设立了汉语教学点。2016 年 3 月 18 日，萨格勒布大学孔子学院里耶卡大学经济学院汉语教学点举行了开班仪式。里耶卡是克罗地亚乃至中东欧的重要商业港口，有着十分重要的地理位置。该教学点的设立为当地人们学习汉语提供了便利的条件和机会。中国在国际上的政治经济影响力推动了克罗地亚人学习汉语的热潮，学习汉语的人数逐渐增多。但是，目前克罗地亚的汉语教学活动还主要集中在首都萨格勒布，教学机构覆盖的范围需要向周边地区辐射扩散。

第三节　汉语教学的环境和对象

克罗地亚的官方语言为克罗地亚语，这也是当地人的日常生活用语。克罗地亚地处欧洲大陆，该国人们有很多机会接触德语、法语、西班牙语等诸多欧洲语种。相对而言，他们接触汉语的机会较少。据郝晓明（2012）的调查，克罗地亚人接触汉语的渠道主要有三个：第一是媒体，如 CCTV - 4 和 CCTV - 9 的汉语教学节目；第二是通过当地的中国商店、餐馆、公司；第三是各类不同性质的教学机构。

目前，克罗地亚的汉语教学机构有公立性质和私立性质的，有高校也有中小学。学习汉语的对象有大学生、中小学生，也有部分社会人士。高校的教学机构主要在克罗地亚萨格勒布大学。Sputnic 和 Jezici 两所语言学校先后于 2007 年前后开设了汉语课，以口语教学为主。中小学主要在私立的创新学校。从目前来看，萨格勒布大学及其孔子学院依然是克罗地亚汉语教学的主力军。萨格勒布大学是克罗地亚最早开设汉语课程的机构，萨格勒布孔子学院也是目前克罗地亚唯一的一所孔子学院。该孔子学院于 2011 年启动运行后，通过丰富多彩的文化活动、多种多样的汉语课程，极大地宣传了汉语和中国文化，推动了该国汉语教学的发展和进步。下面对萨格勒布大学孔子学院的各种活动作以简介。

一　萨格勒布大学孔子学院的汉语教学[①]

所在城市：萨格勒布

承办机构：萨格勒布大学

合作机构：上海对外经贸大学

启动时间：2011 年 7 月 27 日

萨格勒布大学位于克罗地亚首都萨格勒布，成立于 1669 年，是欧洲最古老的大学之一。该校拥有 7 万名学生，是东南欧规模最大、历史最悠久的大学。哲学学院是该校历史最长、规模最大的一个综合性人文学院，有超过一半的专业为各种语言专业，汉语专业隶属于东方

---

① 萨格勒布大学孔子学院信息主要源自孔子学院总部/国家汉办官网：http：//www. hanban. edu. cn/，2016 年 12 月 1 日。

语言学系。从 2004 年 11 月起，萨格勒布大学正式设立 3 年制的汉语专业，是克罗地亚唯一开设汉语课程的大学。目前，克罗地亚的汉语教学活动主要在萨格勒布大学，该校依然是汉语教学的主力军。2011年 7 月，萨格勒布大学孔子学院启动运行后，通过形式多样的文化活动，大大提高了汉语在克罗地亚的知名度和影响力。仅 2013 年，萨格勒布大学孔子学院开设汉语语言和中国文化课程班就有 65 个，学员 800 人；举办各类文化活动 60 多场，参加人数 5.8 万人。

2012 年 12 月 21 日，庆祝中克建交 20 周年图片展在克罗地亚萨格勒布大学孔子学院举行。此次图片展集中展出了中克建交 20 周年以来历次重要活动的珍贵图片近 30 幅，真实地记录了这段不平凡的历程。中国驻克罗地亚大使申知非先生、克罗地亚外交部副部长克里索维奇先生、萨格勒布大学副校长巴列提奇先生、副校长科瓦契维奇女士、人文社科学院院长波拉斯先生参加了图片展的开幕仪式。参加此次活动的还有中国驻克罗地亚大使馆的官员和夫人，以及萨大孔子学院和人文社科学院的部分师生。图片展促进了中克文化的深入交流。

2012 年 12 月 22 日，一年一度的克罗地亚全国武术锦标赛在萨格勒布举行。克罗地亚萨格勒布大学孔子学院的王倩老师（来自上海对外贸易学院会展与旅游学院）作为特邀嘉宾参加了比赛。王老师练习太极和各种剑术多年。她现场表演了一套武当太极剑，精湛的剑术，飘逸的剑法，赢得了全场热烈的掌声。克罗地亚武术协会特意为她颁发了荣誉证书，并诚挚地邀请她再次参加第二年的比赛，希望她为推动中、克两国武术交流和文化交流做出更多贡献。

2013 年 2 月 25 日，北京体育大学一行参观萨格勒布大学孔子学院。池建副书记参观了孔子学院的教学和办公场所，详细询问了孔子学院运行以来在开展教学和文化活动的具体情况，并表示愿和孔子学院能够合作开展武术交流活动，为推广中华武术做出积极贡献。

2013 年 3 月 15 日，中国教育部副部长刘利民一行访问了萨格勒布大学孔子学院及下设教学点。刘副部长先后参观了学校图书馆、学生活动室等，并与正在学习汉语的学生亲切交谈。他对该校能率先在克罗地亚开设汉语课表示高度赞赏，并指出从小学开始学习汉语对增进中克两国的传统友谊，发展两国全方位的交流与合作有着深远意义。他询问了孔子学院中方工作人员的各方面情况，勉励大家再接再厉，为汉语和汉文化走向世界做出更大的贡献。

2013 年 3 月 23 日，古拜奇小学是克罗地亚首都萨格勒布的一所国际学校，在校学生 700 人。2010 年，萨格勒布大学孔子学院在此开设了汉语教学点。这次种植友谊树活动也是孔子学院和古拜奇小学一起组织的。古拜奇小学是克罗地亚第一所开设汉语课的小学。在古拜奇和其他汉语教学点，越来越多学生开始学习汉语。孔院在克罗地亚全国 14 所中小学设有汉语教学点，仅首都萨格勒布就有 8 个。

2013 年 6 月 18 日，萨格勒布大学孔子学院与中国驻克罗地亚使馆联合举办第十二届"汉语桥"世界大学生中文比赛活动研讨会。中国驻克罗地亚大使馆教育处工作人员、萨大孔院中方院长严立东以及孔院全体中方教师等参加了会议。本月初举办的第十二届"汉语桥"比赛克罗地亚赛区预选赛取得了圆满成功，为总结经验，提高比赛水平，双方特商定举办此次研讨会。各位与会代表畅所欲言，各抒己见。大家一致认为，应该把"汉语桥"活动做成一个宣传中国文化，推广汉语，扩大孔院知名度的品牌活动。在历届比赛的基础上，进一步利用各种新闻媒体宣传中国文化。与会代表一致认为，要充分利用孔院这个重要平台，把汉语推广和文化推广活动有机结合起来，形成良性循环，调动各方积极性，把这项比赛做大做强。研讨会为进一步推广汉语和汉文化指明了前进的方向，也为次年的"汉语桥"比赛做了坚实的铺垫。

2013 年 9 月 2 日，萨格勒布大学孔子学院儿童汉语和中国文化夏令营于 8 月 19 日至 20 日在克罗地亚最大岛屿——Pag 岛上的 Novalja 市举行。为期一周的夏令营包括语言和文化课程，以"邂逅中国"为主题。由于学生报名踊跃，夏令营将学生分成两个组，每组 25 名学生，低龄组的孩子们是 3 岁至 9 岁，大龄组 10 岁到 14 岁。孩子们每天上午学习汉语，下午学习文化。孩子们在课堂上主要学习基本的汉语问候语，数字、色彩、家庭成员和汉语歌曲等。下午的文化课主要是讲授中国的基本概况，中国书法介绍以及基本中国元素简介，如中国的龙和京剧等。通过夏令营活动，孩子们更好地学习了汉语。

2013 年 9 月 23 日，中国四川非物质文化遗产名录 "被单戏" 项目传承人沈晓在克罗地亚萨格勒布大学孔子学院为当地观众表演木偶戏和手影戏。充满浓郁中国乡土气息的表演赢得了阵阵掌声。"被单戏" 是四川木偶戏的一种，因通常只需一张被单就能搭建成戏台而得名。演员手指套入偶人，通过拇指、食指和中指的活动进行表演。演出的节目包括木偶戏《哥哥打老虎》《街头卖艺》，以及将被单戏、木偶戏、皮影戏及手影表演巧妙融合在一起的手影戏《影梦人生》。这场独具特色的表演很好地展现了中国特色文化的魅力。

2014 年 5 月 9 日，第十三届世界 "汉语桥" 大学生中文比赛在萨格勒布大学人文学院举行。本次大赛由中国驻克使馆和萨格勒布大学孔院联合举办。我国驻克罗地亚使馆参赞王秀胜鼓励广大克罗地亚大学生努力学习汉语，为推动中克友谊做出新的贡献。参赛的 6 名选手分别来自孔子学院和萨大人文学院中文系，经过紧张激烈的角逐，来自孔院的学生同时也是萨大人文学院的学生 Marija Simag 获得第一名。她于当年暑期代表克罗地亚大学生赴华参加了世界 "汉语桥" 大赛的总决赛。他们表演的中国歌曲字正腔圆，生动活泼，充分展示了克罗地亚少年儿童对中国语言和文化的热爱。

2014 年 5 月 23 日，克罗地亚萨格勒布大学孔子学院迎来了 "三喜盈门" 的好日子：一是学院成立两周年。二是中国与中东欧国家孔子学院院长、汉学家代表座谈会在萨格勒布举行；三是正在克罗地亚访问的中国国务院副总理刘延东出席了周年庆典和座谈会并发表讲话。教育部部长袁贵仁及国家汉办主任许琳等领导也与中克人士齐聚一堂，共同见证萨格勒布大学孔子学院的发展历程，并探讨孔子学院在弘扬中华文化和促进人文交流方面所起到的独特作用。萨格勒布大学孔子学院是在两国领导人亲切关怀下建立起来的，是中、克两国人民友谊的见证。

2014 年 11 月 11 日，由国务院新闻办三局、上海市旅游局、上海市对外友协和上海市图书馆联合举办的第三届"相聚上海 2014"世界汉语朗诵与写作大奖赛结束。来自全世界 37 个国家和地区的 256 名选手参赛，共产生 87 名获奖选手，其中来自克罗地亚萨格勒布大学孔子学院的 Mislav Peic 同学获得朗诵组比赛三等奖。他表示，今后要更多的学习研究汉语和中国文化，为促进中、克两国人民的友好交流贡献出自己的一份力量。

2014 年 9 月 27 日，萨格勒布大学孔子学院在萨格勒布市中心的萨马科拉广场举办了"孔子学院日"活动，同全球孔子学院一起庆祝了孔院成立 10 周年。中国驻克大使邓英在萨大孔院中外方院长的陪同下参观了孔院的各个展台，并与孔院学生和当地民众亲切交谈。活动开幕式由外方院长尤拉克主持。此外现场的舞狮、太极、茶道、书法、中国象棋、围棋等各具特色的中国传统文化的展示活动吸引了大量的观众前来参观学习。此次活动扩大了汉语和中国文化的影响，进一步促进了当地人民对中国的了解。

2015 年 1 月 26 日，克罗地亚历史名城杜布罗夫尼克市迎来了第一堂汉语课，这是萨格勒布大学孔子学院在首都和瓦拉日丁市以外开设的第三个汉语教学点。汉语志愿者教师开始了第一堂汉语课，介绍了中国的北京、长城、京剧、熊猫、茶艺、书法、饮食等内容。杜布罗夫尼克建于公元 7 世纪，是克罗地亚享誉欧洲乃至世界的最著名的旅游城市。汉语第一课使学生们对汉语学习产生了浓厚的兴趣。

2015 年 1 月 28 日，由克罗地亚萨格勒布大学孔子学院教师、当地著名中国书法家 Iva Valentic 撰写的《中国书法》一书出版发行，这是克罗地亚有史以来出版的第一部专门介绍中国书法的专著。书中详细介绍了学习书法必要的工具和信息，从而帮助当地学生更好地理解中国书法，同时选用了大量的素材详细生动地讲解了中国书法的运笔手法和技巧，对当地学生研习中国书法起到了画龙点睛的作用，并有力地弘扬了中国的书法文化。

2015 年 3 月 14 日，中国驻克罗地亚大使馆召开孔子学院、公派教师格留学生座谈会。使馆政治部主任曲慧斌担任主持。萨格勒布大学孔院中方院长严立东代表孔院做了题为"立足现实，抓住机遇，不断开拓孔院工作新局面"的工作汇报。他回顾了 2014 年的主要工作，分析了当前对外汉语推广工作的形势和面临的主要任务，展望了今后一段时期孔院开展的主要工作以及面临的挑战。孔院志愿者教师代表、萨格勒布大学公派教师代表和留学生代表也分别发言。最后，使馆参赞王秀胜作总结发言。他对孔院成立近三年来所取得的成绩给予充分肯定；他指出，使馆高度重视孔院工作，希望能够早日促进萨格勒布大学设立汉语专业，并建立更多汉语教学点。

2015 年 4 月 14 日，萨格勒布大学孔子学院在汉语教学点 Matija Gubec 国际小学餐厅举办第一次中华美食讲座，来自萨格勒布七所小学的校长参加了该活动。此次讲座教授的主菜是克罗地亚人民非常喜爱的宫保鸡丁的料理方法。孔子学院主讲教师张文娟讲解了这道名菜的来历，并现场演示了备料、刀法、调料、火候等方面的工序和掌技巧。萨格勒布大学孔子学院自开办以来，积极推广中国文化，先后开设中国书法、国画、太极拳、咏春拳、中国象棋等课程，此次开设的中华美食系列讲座开创了克罗地亚的先河。孔院计划每周一课，讲授制作最具中国特色的各类美食，满足当地人民对中华美食和中国文化的期盼。

2015 年 4 月 25 日，萨格勒布大学孔子学院全体教师和志愿者走进长城商贸中心，与当地华人开展联谊活动。孔子学院教师与数十位华人子女开展中国文化体验活动，包括书法、剪纸、踢毽子、太极等等。基金会副会长叶伟指出，这是华人旅居克罗地亚二十多年来开展的第一次以孩子们学习为主题的活动，他对孔子学院为华人子女提供中华传统文化的学习表示由衷的感谢。并希望今后开展更多的相关活动，增进中克友谊。

2015 年 5 月 11 日，"墨痕——康荣、张卫水墨研究展"暨"中国文化周"开幕式在克罗地亚萨格勒布大学孔子学院举行，此次展览是该孔院成立 3 周年庆典的重要活动。中国驻克罗地亚大使及各界嘉宾 200 余人出席了开幕式。应当地最大的华人机构克中文化基金会的邀请，两名画家在孔院中方院长严立东的陪同下前往该基金会看望当地华人，赠送艺术作品并与会长亲切交流，双方商定以孔子学院为依托，共同开展工作，为促进两国教育、文化交流而努力。

2015 年 6 月 3 日，为期一周的第十九届萨格勒布国际街头艺术节在主广场开幕。来自世界数十个国家的艺术家们带来了精彩纷呈的民族特色节目，萨格勒布大学孔子学院在喷泉广场设立展台，开展了丰富多彩的宣传活动。在活动现场，展台中的大型兵马俑和中国大熊猫展板吸引了观众的目光，孩子们纷纷投入到各自喜爱的活动和游戏中。中国龙和大熊猫脸谱、蛇形木偶玩具、帽子和灯笼制作等活动令孩子们流连忘返。许多家长在活动后特意给孔院写信，请求在下半年开学以后，孔院举办汉语和中国文化学习班，让孩子们有更多机会学习汉语，深入了解中国文化。

2015 年 6 月 17 日，应当地 Trešnjevka 社区文化中心的邀请，萨格勒布大学孔子学院的部分志愿者教师走进社区，为当地中小学生展开了为期 3 天的语言学习和文化推广活动，300 多名中小学生参与其中。活动期间，每天上午都有两小时的汉语语言示范课、手工艺制作课、中国书法班等课程体验，许多学生在家长陪同下慕名而来。社区文化中心主任 Ljiljana Perišić 说，克罗地亚相对来说是个民族构成较为单一的国家，她希望通过此类活动，增加当地孩子对中国文化的了解，让他们充分感受多元文化；她希望文化中心今后与孔院开展更多合作，让更多的当地孩子们从小学习汉语和中国文化，增进两国人民的友谊和交流。

2015 年 9 月 14 日，萨格勒布大学孔子学院全体教师在异国他乡度过了一个愉快的教师节。孔子学院中方院长严立东指出，萨格勒布大学孔子学院 3 年的发展取得了一定的成绩。孔院取得的每一点成绩和进步都离不开当地华人的大力支持和无私帮助，这也充分体现出广大侨胞的爱国热情和赤子之心。他鼓励孔院全体教师发扬优良传统，不断开拓创新，把孔院的事业推向前进。

2015 年 9 月 26 日，萨格勒布大学孔子学院举办第二届全球 "孔子学院日" 庆祝活动。来自首都的著名儿童剧表演剧团为孩子们献上了精彩的话剧，在表演中，"中国第一个讲故事的人的故事" 深深吸引了在场观众。志愿者教师身着美丽的旗袍吹奏葫芦丝，充满浓郁中国元素的现场表演不仅让孩子们学习了汉语，而且了让他们明白了真、善、美的深刻道理。克罗地亚《晚报》记者 Curic 先生带着两个女儿前来参加活动，他说孔院不仅传播汉语和中国文化，更重要的是增进了两国人民的友谊，让孩子们在学习的过程中，充分体验了跨文化交流的乐趣。

2015 年 10 月 21 日，中国中医学科学院代表团和奥地利 Graz 医科大学代表团一行 12 人访问萨格勒布大学，并来到孔子学院开展学术讲座和交流。代表团团长、中国中医科学院副院长、博士生导师范吉平教授为孔院师生、萨格勒布大学医学院以及药学院的师生作了题为 "中医药在中国卫生体系中的作用" 的讲座。两位中外教授的讲座生动活泼，内容丰富，引起了现场师生的极大兴趣。许多听众纷纷提问，就中医的作用、发展前途以及中西医结合等问题与两位专家做了深入的探讨和交流。这场活动传播了中医文化，促进了中西医的结合。

2015 年 11 月 26—27 日，"孔子学院项目经理研讨会" 在萨格勒布大学孔院举行。本次研讨会的主题是构建孔子学院交流平台，探索如何在新的时代背景下更好地开展孔子学院工作。来自斯洛文尼亚、匈牙利、斯洛伐克、马其顿、保加利亚以及克罗地亚的 8 镏金位孔子学院项目经理出席研讨会。项目经理们就以上话题展开了深入分析和热烈讨论。来自中东欧六国的孔子学院同人们畅所欲言，分享各孔子学院办学过程中的心得体会、经验和成绩。与会者表示第一次参加这样的研讨会，形式新颖，内容丰富，受益匪浅。

2015 年 12 月 27—29 日，萨格勒布大学孔子学院首次举办中小学生汉语冬令营活动，30 名来自萨格勒布汉语教学点的中小学生参加了本次活动。本次冬令营活动包括汉语学习、文化讲座、文化体验和艺术工作坊四部分内容。在汉语课堂上，志愿者教师不仅向学员们教授日常的汉语对话，还向他们介绍了中国的传统节日、生肖的来历及中国功夫。在文化体验课上，孩子们兴致勃勃的学习中国书法和围棋，体验中国剪纸，制作圣诞礼物。在冬令营活动过程中，他们进一步感受到中华文化和语言的魅力，增进了对中国的了解。

2016 年 2 月 6 日，萨格勒布大学孔子学院举办 2016 猴年春节晚会。中国驻克罗地亚大使馆参赞、中国商会主席、当地侨胞、孔子学院全体师生以及当地民众出席晚会。演出节目精彩纷呈。萨格勒布 Anan-Do 理疗与武术中心带来了精彩的太极拳表演。强身健体、招式繁多的武术，已经在克罗地亚生根发芽，深受当地人民喜爱。在晚会上，中学生们充分感受到中国传统春节习俗和文化。

2016 年 2 月 19 日，中国传统佳节元宵节前夕，萨格勒布大学孔子学院举办中医讲座，来自塞尔维亚的菲利普·玛雅先生做了题为"中医的故事"讲座，吸引了 150 多名当地民众前来聆听。玛雅先生的讲座涵盖中医发展的历史、主要特点和实际应用。他分别讲述了针灸、中草药、按摩、刮痧、艾灸和拔罐的治疗和技巧。在讲座中，玛雅先生对中国气功、阴阳理论、五行八卦和七情六欲等中国传统概念也进行了论述。本次讲座对宣传中国中医和传统文化起到了积极的推动作用。

2016 年 3 月 18 日，萨格勒布大学孔院汉语教学点开班仪式在里耶卡大学经济学院举行。里耶卡大学经济学院 Heri Bezić 院长对萨大孔院在里耶卡开设汉语教学点表示热烈欢迎。他指出，随着克、中两国高层频繁互访，两国全方位合作日益加深。克罗地亚的青年学生特别渴望学习汉语，加深对中国的了解。他感谢萨大孔院提供了优秀的汉语教师，使当地学生能够学习汉语，加深两国的传统友谊。随着汉语热在克罗地亚的不断升温，里耶卡大学经济学院的师生们迫切地感受到学习汉语、了解中国、与中国开展经贸往来的重要性。

2016 年 3 月 14 日，萨格勒布大学孔子学院在 Matjia Gubec 国际小学庆祝中国 "植树节"，该校相关负责人和孔子学院中外方院长出席了活动。在教师指导下，该校三年级学生齐心协力种下了一棵象征中克友谊的中国银杏树。孩子们一边铲土栽树，一边用简单的汉语互相交流。最后，孩子们参加了以树木和绿色为主题的书法和国画课。在种树过程中孩子们体验到了劳动的乐趣，更重要的是培养了中克友谊长久的意识。

2016 年 5 月 14 日，由克罗地亚围棋协会主办的 2016 全国围棋锦标赛在萨格勒布大学孔子学院举行。此次比赛是萨大孔院第一次承办克罗地亚全国性体育赛事。克罗地亚围棋协会主席穆塔布奇亚、中国驻克罗地亚大使馆参赞赵德勇、萨大孔院中方院长严立东等出席了开幕式。比赛共吸引了来自全国数十名选手参加比赛。据了解，穆塔布奇亚曾多次获得克罗地亚全国围棋比赛冠军，他表示围棋起源于中国，围棋协会能与孔院开展更多的合作，能促进两国体育和文化的交流。

2016 年 5 月 19 日，萨格勒布大学孔子学院主办的中国书画展在杜布罗夫尼克市最大的博物馆——现当代艺术博物馆举行，逾百名嘉宾观看了展览。张切易深入当地中学课堂，为高中生们上了书法课，并现场指导他们如何练习书法。学生们兴趣浓厚，收获颇丰。高龙章则在展馆为公众授课，讲述国画的起源和创作技巧，受到参与者的热烈欢迎。此次书画展为萨大孔院 "中国文化月" 系列活动之一。

2016 年 9 月 8 日，由萨格勒布大学孔子学院、克罗地亚国家商会、萨格勒布大学经济学院联合举办中国商务研讨会。克罗地亚政界、商界、经济学者及孔子学院中外方院长 50 余人参加了此次会议。与会嘉宾围绕中国商务、中国当代经济、外资企业在中国的运营和发展以及汉语学习等方面内容进行了主题发言。克罗地亚商会商业发展部主任米来拉（Mirela Alpeza）阐述了汉语在克中贸易中的重要性；欧盟驻中国市场法律顾问鲁德米拉（Ludmila Hyklova）分析了中国法律和市场经济之间的关系；克罗地亚康查尔公司总裁介绍了与中国企业合作的成功经验。本次会议扩大了孔子学院在当地的影响力。与会嘉宾表示，通过此次研讨会，他们进一步了解了中国的经济、贸易、商务等方面的情况。

2016 年 9 月 24 日，萨格勒布大学孔子学院举办了"孔院日"庆祝活动和"汉语桥"世界中学生中文比赛克罗地亚赛区预选赛。庆祝活动在位于市中心的科诺影院拉开帷幕。孔院教师将现场装饰一新，灯笼、中国结和书法作品布满大厅。家长们表示，孔子学院不仅传播汉语和中国文化，更重要的是增进了两国人民的友谊。孩子们在观影的同时，充分体验了中国文化的乐趣。

2016 年 10 月 20 日，"2016 年汉语之光"第三届新南威尔士州学生汉语才艺会演于 10 月 19 日晚在澳大利亚悉尼市政厅举行，会演以"和谐·梦想"为主题，上千名来自新州的中小学生献上了精彩的汉语节目表演，展示了他们心中的中华文化。本次会演由新南威尔士大学孔子学院、新南威尔士州中文教师协会共同举办，通过和谐之声架起中澳友谊的桥梁，展现新州青少年学生努力追求梦想的精神。"汉语之光"的传统节目大合唱在今年首次启用管风琴伴奏，除了如《大海啊故乡》《茉莉花》等耳熟能详的中文歌曲，学生们还演唱了如《歌剧魅影》《音乐之声》等中文填词的外国歌曲。一个半小时的节目中，歌舞、小品、乐器、朗诵等 20 多个精彩节目让观众感受到中文和中国文化的魅力。

第四节　汉语师资与教材

一　师资状况

据郝小明（2012）调查，克罗地亚的汉语师资主要有四种来源：

我国教育部派遣的汉语教师，聘请的文化教师，该国培养的本土教师和聘请的华侨教师。萨格勒布大学的汉语课由我国派出的汉语教师执教，文化课由从斯洛文尼亚聘请的教师担任，选修课由萨格勒布大学培养的克罗地亚本土教师担任。创新学校有我国派遣的汉语教师。语言学校或者一些企业的汉语教师除了我国派遣的汉语教师外，也会聘请华侨担任部分课程①。

　　克罗地亚的汉语师资一直处于缺乏状态，为了解决师资问题，克罗地亚官方从斯洛文尼亚聘请教师来兼任中国文化、中国历史和中国哲学等课程。2008 年前后，克罗地亚才有专门的汉学师资。语言类课程主要依靠我国国家汉办派遣的教师。据 2013 年我国与克罗地亚教育合作与交流简况统计，截至 2013 年 3 月 15 日，我国共向克罗地亚派遣 10 名教师和 7 名汉语志愿者。截至 2013 年 10 月，国家汉办共派遣中方院长 1 人，汉语教师 2 人，目前 3 人均在岗；2012 年开始派遣志愿者，2012 年派遣 2 人赴任，2013 年派遣 4 人赴任。同时，从 2003 年至 2013 年这 10 年期间，我国向克罗地亚赠送中文图书及音像制品共计 5507 册（套）。这些教学师资的支持极大促进了克罗地亚的汉语教学②。但是，克罗地亚的本土汉语教师比较缺乏。

二　教材的选用

　　总体来说，克罗地亚没有专门针对性的教材。汉学创始之初，克罗地亚使用的是北京语言大学出版社出版、杨寄洲编写的《汉语教程》。但由于学时设置较少，该教材内容无法正常完成。2009 年以后，克罗地亚又改用吴忠伟编写、华语教学出版社出版的《当代中文》。这本教材有克罗地亚语版本，所以受到当地学生的欢迎③。但郝小明

①　郝小明：《克罗地亚汉语教学概况及资源建设》，《国际汉语》2012 年第 2 辑。
②　中华人民共和国教育部：《中国与克罗地亚教育合作与交流简况》，http：//www.moe.edu.cn/s78/A20/s3117/moe_853/201005/t20100511_87472.html，2016 年 12 月 1 日。
③　刘涛：《克罗地亚萨格勒布大学汉语教学的现状与对策研究》，《云南师范大学学报》2012 年第 5 期。

（2012）认为，此教材在内容上是针对英语国家的，不适用克罗地亚本土的汉语教学①。除了这些教材之外，克罗地亚曾经使用的语言类教材还有《汉语会话 301 句》（康玉华，1998）、《实用汉语课本》（刘珣，1981）、《快乐汉语》（李晓琪，2003）等。这些教材都是用英语译注的，不适用于克罗地亚本土的汉语教学。

据郝小明（2012）统计数据，萨格勒布经济学院和业余语言学校使用的教材是北京语言大学出版社的《汉语会话 301 句》（康玉华，1998），这套教材是实用型口语教材，显然与萨格勒布经济学院的专业特点不符。商务印书馆出版的《实用汉语课本》（刘珣，1981）是创新学校高中生使用的教材，这套教材内容陈旧、难度较大，不太适合高中生的认知和心理特点。人民教育出版社出版的《快乐汉语》（李晓琪，2003）是创新学校小学生使用的教材。这本教材版面设计色彩鲜艳，有活泼可爱的卡通形象。课文内容的选择也适合海外教学使用，练习设计也符合小学生的特点，因此很受他们的欢迎②。另外，还值得一提的是，中国商务印书馆出版的大型词典《塞尔维亚克罗地亚语汉语》是一本很好的学习工具书，该词典为克罗地亚人很好地学习汉语提供了便利。

本章主要参考文献

郝琳：《克罗地亚的汉语教学》，《国际汉语教学动态与研究》2006 年第 1 期。

康玉华等：《汉语会话 301 句》，北京语言大学出版社 1998 年版。

郝小明：《克罗地亚汉语教学概况及资源建设》，《国际汉语》2012 年第 2 辑。

刘涛：《克罗地亚萨格勒布大学汉语教学的现状与对策研究》，《云南师范大学学报》2012 年第 5 期。

李晓琪等：《快乐汉语》，北京人民教育出版社 2003 年版。

杨寄洲：《汉语教程》第一册（上），北京语言大学出版社 1999 年版。

---

① 郝小明：《克罗地亚汉语教学概况及资源建设》，《国际汉语》2012 年第 2 辑。

② 同上。

第十二章　阿尔巴尼亚的汉语教学

第一节　国家概况

一　自然地理

阿尔巴尼亚全称为阿尔巴尼亚共和国（The Republic of Albania），位于欧洲四大半岛之一的巴尔干半岛西岸，地处欧、亚、非三洲交界地，国土总面积为28748平方公里，人口289万人（2015年1月统计数据），首都地拉那。阿尔巴尼亚北接塞尔维亚和黑山，东北与马其顿相连，东南毗邻希腊，西部濒临亚得里亚海和爱奥尼亚海，隔奥特朗托海峡与意大利相望，海岸线长472公里，陆地界线长719公里①。山地和丘陵占全国总面积的四分之三，西部沿海为平原。东部边境的科拉比山，海拔2751米，是全国最高峰。还有阿尔巴尼亚—阿尔卑斯山、托莫里山等。主要河流有德林河（阿境内长285公里）以及维约萨河等。湖泊众多，较大的湖泊有位于边境地区的斯库台湖和奥赫里德湖等。阿尔巴尼亚属亚热带地中海型气候，夏季炎热干燥，冬季湿润多雨。平均气温1月1℃—8℃，7月24℃—27℃。年平均降水量

---

① 董洪杰：《阿尔巴尼亚首都汉语推广与教学状况调查》，《中国社会语言学》2014年第1期。

1000—2500 毫米，多降于秋冬季节。

二　历史政治

　　阿尔巴尼亚人是巴尔干半岛上的古老居民伊利亚人的后裔。历史上阿尔巴尼亚屡遭其他国家的侵略和统治，19 世纪下半叶，阿尔巴尼亚民族解放运动高涨。1912 年 11 月 28 日阿尔巴尼亚宣布独立，伊斯梅尔·捷马利（1844—1919）组建第一个阿尔巴尼亚政府。第一次世界大战期间，被奥匈、意、法等国军队占领。1925 年 1 月，索古宣布成立阿尔巴尼亚共和国，自任总统。第二次世界大战爆发后，索古王朝告终。1944 年，阿尔巴尼亚在共产党的领导下取得反法西斯战争的胜利，领袖恩维尔·霍查成为政府首脑。1946 年 1 月 1 日，阿尔巴尼亚人民共和国成立。1976 年修改宪法，改称为阿尔巴尼亚社会主义人民共和国。1991 年 4 月，通过宪法修正案，改国名为阿尔巴尼亚共和国。阿尔巴尼亚国旗上绘有一只黑色的双头雄鹰，沿用于 15 世纪抵抗奥斯曼帝国入侵的领袖斯坎德培的印章，因此其有"山鹰之国"的别称①。

　　中国和阿尔巴尼亚于 1949 年 11 月 23 日建交，其是首批同新中国建交的国家之一。1955 年起中阿关系升温，中国在自身经济困难的情况下，给予了阿尔巴尼亚巨额的援助。在国际上，阿方也为恢复中国在联合国的合法席位做出了重要贡献。1972 年美国总统尼克松访华，中阿政治分歧严重，两国关系跌入低谷。1985 年之后，中阿关系又开始了平稳健康的发展。近年来，两国在政治、经贸、人文等方面的往来日益密切。中东欧是中国通往欧洲的桥头堡，而阿尔巴尼亚在欧洲交通中的位置十分重要，是中国与欧洲互动来往的枢纽。

　　阿尔巴尼亚实行三权分立的政治制度。1998 年 11 月，阿尔巴尼亚经全民公决通过新宪法。宪法规定阿尔巴尼亚为议会制共和国，实

---

①　阿尔巴尼亚国家概况内容主要源自 http：//www.fmprc.gov.cn/web/gjhdq_ 676201/ gj_ 676203/ oz_ 678770/1206_ 678772/1206x0_ 678774/，2016 年 12 月 2 日。

行自由、平等、普遍和定期的选举，总统为国家元首，由议会以无记
名投票方式产生，每届任期 5 年，可连任一届。议会是国家最高权力
机关和立法机构，实行一院制，任期 4 年。现任国家总统为布亚尔·
尼沙尼，于 2012 年 6 月当选①。

三　人口经济

阿尔巴尼亚共和国主要为阿尔巴尼亚族，占 98%，其余为希腊
族、马其顿族、黑山族、罗马尼亚族等少数民族。全国通用阿尔巴尼
亚语，它属于印欧语系阿尔巴尼亚语族。阿尔巴尼亚人 70% 信奉伊斯
兰教，20% 信奉东正教，10% 信奉天主教②。

阿尔巴尼亚工业以食品、轻纺、机械、冶金、动力、建筑材料、
化学为主。农作物有小麦、玉米、马铃薯、甜菜等。山区牛羊畜牧业
较发达。阿尔巴尼亚为欧洲最不发达和低收入的贫困国家之一，全国
一半的人口依然从事农业种植，基础设施落后，国家财政资金紧缺。
据世界银行数据，2010 年该国人均 GDP 为 3960 美元。阿尔巴尼亚地
处丝绸之路经济带地中海沿线，其多样的矿产资源和丰富的旅游资源
为"一带一路"倡议的发展提供了良好的合作与投资条件。自 2012
年在华沙举办了首次中国—中东欧领导人会晤之后，中国与中东欧的
合作机制已经有五个年头。阿尔巴尼亚总理艾迪·拉马曾这样评价该
机制："中国—中东欧国家合作机制对于整个中东欧地区的国家具有
重大的意义。对于阿尔巴尼亚而言也不例外，这是国家间务实合作项
目的具体框架。"近年来，中国与阿尔巴尼亚的双边贸易额不断攀升。
中国已成为阿尔巴尼亚第三大贸易伙伴。2015 年 6 月，中国—中东欧
国家投资贸易博览会在宁波举行。阿尔巴尼亚副外长塞利姆·白劳尔
达雅率团参加，双方达成多项共识。白劳尔达雅副外长在与中国商务

---

① 中国驻阿尔巴尼亚大使馆经济商务参赞处：《对外投资合作国别（地区）指南——阿尔巴尼
亚》，商务部 2015 年发布，http：//fec. mofcom. gov. cn/article/gbdqzn/，2016 年 12 月 2 日。
② 同上。

部部长助理王炳南会谈时表示，阿尔巴尼亚政府高度重视中国倡导的"一带一路"倡议和中国—中东欧国家合作机制。阿尔巴尼亚已把同中国的经济合作，与阿政府最重视的"入盟"工作放到同等重要的位置。他高度评价"一带一路"倡议：中国的"一带一路"倡议是一个包容的平台，包容 60 多个国家的利益。这个倡议为不同地区的国家合作提供了可能，也为中阿两国的务实合作开启了新的机遇之窗。阿尔巴尼亚地缘优势明显，是海上丝绸之路进入欧洲的门户。中阿文化友好协会会长伊利亚兹·斯巴修指出，中国的"一带一路"倡议赋予了中国—中东欧国家合作机制新的生命力①。

2016 年 5 月 25 日，驻阿尔巴尼亚使馆与香港《文汇报》合作，推出《一带一路》阿文画册。驻阿尔巴尼亚大使姜瑜在与阿副总理佩莱希会见时向其赠送了画册。画册以"丝路精神"为主线，由"倡议构想的提出与推进"和"开放包容的大合唱"两大部分组成，采用大量图片资料，配以精练文字说明，详尽阐释了中国"一带一路"倡议构想的出台过程、发展理念、推进方式，展示了几年来"一带一路"建设取得的成果，以及有关沿线国家积极响应、参与合作的具体项目实例。此系"一带一路"阿文图文资料首次在阿落地，有助于阿各界全面、准确了解"一带一路"倡议。

四　语言政策

官方语言为阿尔巴尼亚语，主要流行的外语是希腊语、意大利语、德语和英语②。阿尔巴尼亚境内主要有两种方言：南部的托斯克方言（Tosk）和北部的盖格方言（Gheg）。这两种方言以什库姆滨河（Shkumbin）为分界线，河以北为盖格方言，以南为托斯克方言。阿尔巴尼亚标准语是在托斯克方言的基础上形成的，这可能受政治因素的影

---

① 国际在线：《阿尔巴尼亚总理：中国——中东欧国家合作机制具有重大意义》，http：//gb.cri. cn/42071/2015/11/20/8011s5172789. htm，2016 年 12 月 2 日。
② 中国驻阿尔巴尼亚大使馆经济商务参赞处：《对外投资合作国别（地区）指南——阿尔巴尼亚》，商务部 2015 年发布，http：//fec. mofcom. gov. cn/article/gbdqzn/，2016 年 12 月 2 日。

响。阿已故领导人恩维尔·霍查出生在南部的托斯克方言区，其巨大的政治及社会影响力使其所在的方言成为阿尔巴尼亚标准语的基础方言①。1908 年 11 月 14 日，马纳斯蒂尔代表大会确定了阿尔巴尼亚语现在使用的拉丁字母表。1967 年公布了《阿尔巴尼亚语正字法规则》草案。1972 年 11 月阿尔巴尼亚正字法会议确定了统一的标准语言，认为这种标准语言的基础是两种主要方言中共同的基本要素。1980 年《现代阿尔巴尼亚语词典》的出版标志着阿尔巴尼亚统一的标准语言达到了新的水平。文字以拉丁字母为基础，总共有 36 个字母。

　　董洪杰、李琼（2014）指出，阿尔巴尼亚经济状况的落后致使政府无暇顾及语言的规划和语言政策的制定。阿尔巴尼亚人母语意识淡漠，政府对公共媒体的语言也没有明确的规定，一些电视台直接播放意大利语、西班牙语或是英语的节目。报纸杂志和电视网络等平台上经常出现各类外来语词汇，这对阿尔巴尼亚的青少年有十分重要的影响。公共场所的道路标牌和建筑标牌等使用阿尔巴尼亚语和英语两种语言进行标识，阿尔巴尼亚南部与希腊有争议的地方则用阿尔巴尼亚语和希腊语进行标识。经济的落后，物质的匮乏，致使阿经济依靠进口，因此商品的说明大部分为外语。因此，总体来讲，阿尔巴尼亚的语言使用状况比较混乱，而且多种语言并存②。

第二节　汉语教学简史

　　阿尔巴尼亚特殊的社会历史及政治原因导致汉语推广的困难性。第二次世界大战后，阿尔巴尼亚受苏联影响，把俄语设置为必修外语。20 世纪 60 年代后，俄语的位置被英语取代。目前，阿尔巴尼亚的教育体

---

① 董洪杰、李琼：《阿尔巴尼亚语言政策及教育现状与汉语推广策略》，《宝鸡文理学院学报》2014 年第 1 期。

② 同上。

制中，自小学七年级开始开设外语课程，英语是首选语种。一些综合性中学还开设意大利语、法语、德语、西班牙语等不同语种的外语作为选修课。阿尔巴尼亚高校中，英语是公共外语，专业外语以欧洲语言为主。阿尔巴尼亚的一些私立外语机构基本上以英语教学为主①。

　　历史上我国跟阿尔巴尼亚交好，毛泽东主席曾盛赞中阿两党两国"同志加兄弟"的亲密关系，称阿尔巴尼亚是欧洲的一盏社会主义明灯，并引用唐代诗人王勃"海内存知己，天涯若比邻"来形容中阿关系。20 世纪我国就曾派学者到阿尔巴尼亚进行汉语教学。1967 年 8 月，童庆炳先生作为教育部派往阿尔巴尼亚的专家，几经辗转来到位于阿首都的地拉那大学，在那里进行了为期 3 年的汉语教学②。之后因历史等多种原因，阿尔巴尼亚当地的汉语教学中断。自 2008 年起，国家汉办开始派遣教师到阿从事汉语教学工作。但到目前为止，阿的汉语教学状况与欧洲其他国家相比相对落后。只在地拉那大学有一所孔子学院，没有孔子课堂，汉语教学规模不大而且汉语教师比较缺乏。但是，阿官方已经开始重视汉语教学，这将对汉语在阿的推广起到重要的政治引导作用。2012 年 4 月，阿尔巴尼亚教育与科技部部长米切雷姆·塔法伊先生在北京表示，阿尔巴尼亚政府将把汉语教学作为阿外语教学的重点③。地拉那大学外国语学院已经开办了汉语选修课，有 150 人在此学习汉语。这些学生和学习阿尔巴尼亚语的中国人将成为阿尔巴尼亚汉语教学的主力军。在阿尔巴尼亚教育体系中，汉语被认为是最优先发展的外国语言。塔法伊先生表示，此次来华期间，他已与相关方面达成协议，将在阿尔巴尼亚首都地拉那建立孔子学院，该学院将成为中国语言及文化在阿尔巴尼亚传播的中心。

———————————

① 董洪杰、李琼：《阿尔巴尼亚语言政策及教育现状与汉语推广策略》，《宝鸡文理学院学报》2014 年第 1 期。
② 桐城江飞的博客：《童庆炳先生口述史》，http：//blog. sina. com. cn/s/blog_ 3f6f386b0102uwkr. html，2016 年 12 月 3 日。
③ 新华网：《阿尔巴尼亚政府将汉语教学作为外语教学的重点》，http：//news. xinhuanet. com/overseas/2012 - 04/11/c_ 122962455. htm，2016 年 12 月 3 日。

2009 年阿尔巴尼亚地拉那大学开设了首个汉语学习班，学习班受到了当地师生的热烈欢迎。2011 年该校开设了 14 个不同层次的汉语学习班，后来为满足人们学习汉语的需求，该校外国语教学中心开设了"汉语夜大成人班"。2013 年 11 月 18 日，地拉那大学成立了阿首家孔子学院。这为阿尔巴尼亚人在高校学习汉语提供了良好的条件和平台。

阿尔巴尼亚中小学汉语也逐渐开展起来。阿小学外语课程的设置主要以英语为主，同时还包括意大利语、法语和德语等欧洲语言，但一直没有汉语课程的开展。阿方领导人也比较重视中小学汉语课的开展工作。2012 年 2 月 15 日，阿尔巴尼亚总理萨利·贝里沙在一次内阁会议上表示，阿中等教育学校应开设汉语课，把汉语作为第二外语进行选修。贝里沙当天在内阁会议讨论《阿尔巴尼亚中等教育纲要》草案时说，阿尔巴尼亚的中等教育应反映现实需求，在阿中等学校开设汉语课具有非常重要的意义，汉语教学应成为阿中等教育体系中不可或缺的一个内容。中国是阿尔巴尼亚的第三大贸易伙伴，仅次于意大利和希腊。阿尔巴尼亚地拉那大学开设有汉语班，有 100 多名学生选修汉语[①]。

2013 年 11 月 18 日，阿尔巴尼亚地拉那三七学校和西南塔法伊中学的汉语课堂在国家汉办的支持下正式开班，阿尔巴尼亚教育部长尼科拉和中国驻阿尔巴尼亚大使官方人员出席了开班仪式。大使工作人员不仅深入浅出地介绍了汉语的特点、学习汉语的方法以及学习汉语的重要性，还鼓励学生们学好汉语，成为中阿友好交往的桥梁和阿尔巴尼亚民族复兴的栋梁之材。中小学汉语课堂的开设能为更多的人学习汉语创造条件，也能进一步推广中国文化。

中国政府一直比较重视对阿尔巴尼亚汉语教学的支持。2016 年 9 月 9 日，中国政府向阿尔巴尼亚政府赠送教学设备的交接仪式在阿尔巴尼亚教育和体育部举行，驻阿大使姜瑜与阿教育和体育部副部长马

[①]　新华网：《阿尔巴尼亚总理建议中学开设汉语课》，http://news.xinhuanet.com/world/2012 - 02/16/c_ 111530854. htm，2016 年 12 月 3 日。

拉伊共同出席并签署交接证书。近年来，孔子学院在阿尔巴尼亚的招生规模不断扩大，阿尔巴尼亚共有五所中小学已经开始设置汉语课程，这些教育交流在中阿关系中发挥着越来越重要的作用。2016 年 9 月 13 日，姜大使同阿教育和体育部副部长及地拉那市教育局局长共同出席"西里·科德拉"（Siri Kodra）九年制学校的开学典礼，该学校是地拉那市第五所开设汉语课的学校①。

第三节　汉语教学的环境和对象

自 20 世纪 60 代至今，阿尔巴尼亚汉语教学已有近 50 年的历史。阿尔巴尼亚官方对汉语的重视，再加上我国在师资、图书、设备等方面的支持，阿尔巴尼亚的汉语教学工作有了一定的发展。2013 年阿尔巴尼亚首家孔子学院成立，之后有五所中小学先后成立了教学点。这些教学机构为不同群体的阿尔巴尼亚人们提供了学习汉语的平台和机会。

地拉那大学（University of Tirana）是阿尔巴尼亚的一所公立大学，创建于 1957 年，位于首都地拉那，是阿尔巴尼亚规模最大、实力最强的大学。地拉那大学孔子学院是阿尔巴尼第一所孔子学院，也是目前唯一的一所孔子学院。2013 年 11 月 18 日，由阿尔巴尼亚地拉那大学和北京外国语大学合作创办的阿首家孔子学院在地拉那成立。阿尔巴尼亚总理拉马、中国驻阿尔巴尼亚大使叶皓等出席揭牌仪式。孔子学院是了解中国文化和学习汉字的平台。孔子学院的建立是中阿两国文化、教育合作的一座里程碑。阿尔巴尼亚民众通过孔子学院更深入地了解中国语言和文化，促进各项合作和发展。拉马表示，加强教育合作有助于增进阿中两国人民的友谊。北京外国语大学校长韩震指出，孔子学院将全面开展多层次的汉语教学、考试、师资培训、中国信息

---

① 　中华人民共和国外交部官网：《驻阿尔巴尼亚大使姜瑜出席教学设备交接仪式》，http：//www.fmprc.gov.cn/web/wjdt_ 674879/zwbd_ 674895/t1397191. shtml，2016 年 12 月 3 日。

咨询等业务，满足阿尔巴尼亚人民学习汉语和了解中国的需求。孔子学院的发展必将推动汉语教育、汉学研究及中华文化研究在阿尔巴尼亚的发展①。

　　2014 年地拉那大学孔子学院有中方院长 1 人，汉语专职教师 2 人，外方兼职院长和秘书各 1 人。目前在外语系和经济系开启汉语选修课，分为 6 个班授课，其中社会班 1 个。汉语选修学生 116 人，其中修学分97 人，非修学分 13 人，社会人士 6 人。分别来自外语系和经济系的二年级、三年级本科生及社会人士。修学分的学生成绩将计入学分体系。累计注册学员 216 人，其中大学生 110 人、中学生 30 人、小学生 10 人、社会人士 66 人。短期社会业余班已有 17 名学生通过考试，拿到结业证书。截至 2014 年 11 月底，开展文化活动 6 场。2014 年 9 月 26 日，孔院10 周年庆典举办活动 5 场，中国文化讲座 1 场，受众人数达 280 多人。

　　孔子学院已成为阿尔巴尼亚人民学习汉语和了解中华文化的平台。重视汉语推广工作，把传授汉语推向更高层次，进一步促进孔子学院的可持续性发展，是长期而富有挑战的目标。地拉那大学孔子学院现在已经渡过初创的艰辛，但要快速成长为当地具有规模和影响力的汉语教学机构，还需要大量的努力和工作。继续面向在校学生和社会各界人士开展汉语教学，并针对不同人群开设更有特色的汉语教学课程。开启好汉语选修课，完善学分制，最终达到建立学历制，这是地拉那大学孔子学院的下一个目标②。

　　随着中阿关系日益紧密，越来越多的中国企业和中国游客走进阿尔巴尼亚，以及更多的阿国企业同中国企业开展合作。能熟练掌握汉语、深入了解中华文化的人才将拥有更多的职场机会。因此，阿尔巴尼亚学习汉语的人数越来越多。阿尔巴尼亚民众将通过孔子学院更深入地了解中国语言和文化，促进各项合作交流的开展。

---

① 新华网：《阿尔巴尼亚首家孔子学院揭牌》，http://news.xinhuanet.com/world/2013 - 11/18/c_ 125722515. htm，2016 年 12 月 3 日。

② 北京外国语大学孔子学院工作处：《阿尔巴尼亚地拉那大学孔子学院》，https://oci.bfsu.edu. cn/archives/5039，2016 年 12 月 3 日。

2014 年 9 月 5 日，第七届"汉语桥"世界中学生汉语比赛阿尔巴尼亚赛区首届预选赛在地拉那市中学大礼堂举办。来自地拉那大学汉语文化推广中心和中国文化中心的 10 名选手参加了比赛。驻阿尔巴尼亚大使工作人员、阿尔巴尼亚国家教育部部长、地拉那市中学领导以及地拉那教育局工作人员参加了此次活动。中国舞狮表演拉开了比赛的序幕。地拉那大学汉语文化推广中心的宣传片向观众展示了阿尔巴尼亚大、中学生学习汉语的热情和汉语教学近年来的蓬勃发展。

比赛分为汉语主题演讲、中华传统文化和汉语知识问答及中国传统才艺表演三个部分。参赛选手们以"中国幸运星"为主题，与现场观众分享了他们对中华古国的向往，对中华传统文化的认识，以及学习汉语的原因和感受。在中国文化和汉语知识问答部分，绝大多数选手获得了 100 分。在中华才艺表演中，选手们的中国书法、太极拳、中国绘画等表演赢得现场观众的一致称赞。

经过激烈的角逐，来自地拉那大学汉语文化推广中心的选手西雷·莫斯获得了一等奖，来自汉语文化推广中心的选手诺杜德·卡布纳拉和维奥莉卡·索默分别获得二等奖和三等奖，来自中国文化中心的卡斯特拉蒂获得三等奖，其余选手获得优秀奖。此次比赛由中国驻阿尔巴尼亚大使馆主办、地拉那中国文化中心和地拉那大学汉语文化推广中心承办。赛后我国驻阿大使还向地拉那市中学、中国文化中心赠送了介绍中国文化的图书和视频资料。

2015 年 4 月 14 日，驻阿尔巴尼亚大使姜瑜访问地拉那大学孔子学院，看望师生，旁听汉语课并与师生进行了亲切交谈与互动。孔子学院院长介绍了地拉那大学孔子学院的有关情况及今后发展设想，汉语班学生还演唱了中文歌曲。2015 年 9 月 22—23 日，中国驻阿尔巴尼亚大使姜瑜赴地拉那四所开设汉语课程的中小学校访问，分别与四位校长会面，并与学校师生亲切互动①。姜大使积极评价四所学校在开

① 中华人民共和国外交部官网：《驻阿尔巴尼亚大使姜瑜走访阿尔巴尼亚中小学校》，http：//www.fmprc.gov.cn/web/zwbd_ 673032/nbhd_ 673044/t1299653.shtml，2016 年 12 月 5 日。

设汉语课程、传播中国文化、促进中阿友好所做的积极努力，勉励同学们学好汉语，做传承中阿两国友谊的小使者。中国驻阿使馆作为服务的平台、交流的窗口，愿继续为阿尔巴尼亚学校开设汉语教学提供积极协助，并进一步推动两国教育领域交流与合作。地拉那大学中文班学生们演唱了中国歌曲，还表演了中国舞蹈。姜大使代表使馆向中文班学生们捐赠了一批介绍中国的书籍和体育器材，并为在场学生发放中国结、书包等小纪念品。在国家汉办的大力支持下，阿尔巴尼亚中小学校的中文教学从无到有，从小到大，已取得长足发展，教授汉语的学校数量和规模日益扩大，教学质量和水平亦不断提高，这为推进阿汉语教学和中阿教育交流发挥了积极作用。

此外，地拉那当地的私人语言培训中心也进行小规模的汉语教学和培训。伊利索芙特语言学校开设了一个汉语学习班，有 18 人在学习汉语（数据截至 2013 年 5 月）。东方汉语中心有 28 人在学习汉语（数据截至 2013 年 5 月）。

2015 年 9 月 25 日，适逢第二届"全球孔子学院日"和我国的传统节日"中秋节"，地拉那大学孔子学院举办了庆祝活动。孔子学院院长张树芳介绍了中秋节即团圆节和月饼节的由来，并请大学生品尝中国传统美食和月饼。这次活动使阿尔巴尼亚人更多地了解了我国的传统风俗和文化。

第四节　汉语师资与教材

一　师资状况

阿尔巴尼亚的汉语教学开始较早，20 世纪 60 年代，童庆炳等学者先后到阿尔巴尼亚地拉那大学教授汉语。但由于历史等原因，之后的阿尔巴尼亚汉语教学一度中断，直到 2008 年我国国家汉办开始派遣教师赴阿进行汉语教学。汉语课程恢复后，学习汉语的人数日益增多，但是却面临师资不足的问题。2009 年 10 月，我国教育部与阿尔巴尼亚教育和科学部在阿首都地拉那签署了《中华人民共和国教育部与阿尔巴尼亚共和国教育和科学部 2010—2012 年教育执行计划》（有效期至 2012 年 10 月，自动延长 3 年)①。该协议的数据显示，截至 2013 年底，我国共向阿尔巴尼亚派遣汉语教师 10 人次，赠书 13996 册，提供孔子学院奖学金名额 7 个。同时中国政府表态，中方将根据阿方需求，通过派汉语教师和志愿者，赠送汉语教材和图书，提供孔子学院奖学金，帮助培养本土汉语教师等多种方式，进一步支持阿开展汉语教学。这些政策有助于阿尔巴尼亚汉语师资队伍的扩大，从而促进阿尔巴尼亚的汉语教学的发展和中国文化的推广。

2013 年 1 月 29 日，中国国家汉办向阿尔巴尼亚赠书仪式在中国驻阿使馆举行，共赠送了 10 余种、300 余册汉语教材和音像制品，这是国家汉办首次向阿官方推广汉语教材。各类图书和音像资料能进一步激发阿青少年学习汉语的热情，增进他们对中国的了解②。

二　教材的开发与选用

目前国家汉办推出的阿尔巴尼亚语的汉语教材包括适合不同年龄段的《汉语乐园》（幼儿园阶段)、《快乐汉语》（小学阶段)、《跟我学汉语》（中学阶段）和《当代中文》（大学及成年人阶段)，还包括《汉阿图解词典》等语言工具书以及汉语教师培训用书《国际汉语教师标准》等。目前教材方面存在的不足是，虽然对年龄段进行了区分，但是横向的汉语教材分类比较单一。适合青少年和成年人的教材只有综合型汉语一类，而且，每种类型的教材只有初级的版本。因此深化对阿汉语教材的分类，开发旅游、商务、文化类专业教材；适当细化汉语教材的分级，出版适合自学、短期培训、中长期系统学习等

---

① 中华人民共和国教育部官网：《中国—阿尔巴尼亚教育合作与交流简况》，http：//www. moe. edu. cn/s78/A20/s3117/moe_ 853/201005/t20100511_ 87475. html，2016 年 12 月 6 日。
② 中国新闻网：《中国国家汉办向阿尔巴尼亚赠送 300 余册汉语教材》，http：//www. chinanews. com/hwjy/2013/01 - 29/4528720. shtml，2016 年 12 月 6 日。

不同级别的汉语教材，是汉语推广和教学工作的当务之急①。同时，阿尔巴尼亚汉语教师在教学过程中为了配合《汉语会话 301 句》的教学效果，还自己编写辅助教材，举办多种"中国文化日""汉学家聚会"等汉语教学活动，为促进阿汉语教学②。

本章主要参考文献

董洪杰、李琼：《阿尔巴尼亚语言政策及教育现状与汉语推广策略》，《宝鸡文理学院学报》2014 年第 1 期。

董洪杰：《阿尔巴尼亚首都汉语推广与教学状况调查》，《中国社会语言学》2014 年第 1 期。

王亚娟：《阿尔巴尼亚汉语教学情况一瞥》，《世界汉语教学学会通讯》2011 年第 2 期。

---

① 董洪杰：《阿尔巴尼亚首都汉语推广与教学状况调查》，《中国社会语言学》2014 年第 1 期。
② 王亚娟：《阿尔巴尼亚汉语教学情况一瞥》，《世界汉语教学学会通讯》2011 年第 2 期。

第十三章　塞尔维亚的汉语教学

第一节　国家概况

一　自然地理

塞尔维亚共和国（The Republic of Serbia），简称"塞尔维亚"，位于欧洲东南部，是巴尔干半岛中部的内陆国，边界线总长 2457 公里，国土总面积为 77474 平方公里（不含科索沃地区）。首都是贝尔格莱德。与黑山共和国、波黑、克罗地亚、匈牙利、罗马尼亚、保加利亚、马其顿及阿尔巴尼亚等国家接壤，欧洲第二大河多瑙河的五分之一流经其境内。塞尔维亚在巴尔干半岛上的地理位置形成了西欧、中欧、东欧，以及近东和中东之间的天然桥梁和交叉路口。塞尔维亚原是位于巴尔干半岛的邻海国家，随着南斯拉夫的解体和黑山的独立而变成了内陆国。塞尔维亚大部分地区为山丘，中部和南部多丘陵和山区，而北部则是平原。塞尔维亚最高点是位于阿尔巴尼亚和科索沃边界的贾拉维察山，海拔 2656 米。多瑙河在此与支流萨瓦河、蒂萨河汇合后，折向东南，构成与罗马尼亚的界河；塞尔维亚属于温带大陆性气候。塞尔维亚被称作欧洲的十字路口，是连接欧洲、亚洲、中东和非洲的陆路必经之路。冬季寒冷，夏季炎热，年降水量 550—750

毫米①。

二　历史政治

塞尔维亚在 6000 年前已有村落，在当时欧洲是比较大型的。最早以 "塞尔维亚" 为名的国家是 10 世纪中叶由察斯拉夫·卡罗尼米洛维奇建立的。12—14 世纪塞尔维亚国家的发展达到巅峰。15 世纪末，奥斯曼帝国征服了塞尔维亚，开始了长达 5 个世纪的亚洲式伊斯兰教的封建军事统治。1878 年，塞尔维亚在俄国的协助下获得独立，1882年成立王国，国土仅包括今塞尔维亚的中部。两次巴尔干战争之后，塞尔维亚国土得以扩张。1914 年 6 月 28 日，萨拉热窝事件导致第一次世界大战的爆发，塞尔维亚在战争中沦陷。1918 年，同盟国战败，塞尔维亚得以复国，该年 12 月，塞尔维亚、邻国黑山以及由原奥匈帝国所管辖的斯洛文尼亚、克罗地亚、波斯尼亚、伏伊伏丁那共同组建了塞尔维亚人—克罗地亚人—斯洛文尼亚人王国，即南斯拉夫王国的前身。第二次世界大战时，伏伊伏丁那被匈牙利兼并，科索沃并入阿尔巴尼亚，塞尔维亚其余部分则由德军占领。1945 年，铁托在苏联红军帮助下成为国家最高领袖，建立了南斯拉夫社会主义联邦共和国，即南联邦。1948 年南联邦与苏联决裂。南联邦在铁托的领导下，成为这个时期东欧共产主义国家中较富裕的国家。铁托逝世后，民族矛盾激化，南斯拉夫于 20 世纪 90 年代初期解体，1992 年之后，剩下塞尔维亚和黑山两国。1999 年，科索沃战争后，科索沃由国际社会接管。2003 年，南斯拉夫联盟共和国重新组建，将国名改为塞尔维亚和黑山。2006 年 5 月 21 日，黑山通过公民投票决定正式独立，塞黑联邦解散，6 月 5 日塞尔维亚国会亦宣布独立，并且成为塞黑联邦的法定继承国。

---

① 塞尔维亚国家概况内容主要源自 http：//www. fmprc. gov. cn/web/gjhdq_ 676201/gj_ 676203/oz_ 678770/1206_ 679642/1206x0_ 679644/，http：//fec. mofcom. gov. cn/article/gbdqzn/，2016 年 12 月 10 日。

塞尔维亚为议会共和制国家，实行三权分立的政治体制，立法权、司法权和行政权相互独立，互相制衡。宪法规定，塞尔维亚是一个由塞族和所有生活在其境内的公民组成的国家，实行议会民主制。

三　人口经济

塞尔维亚全国总人口 714.4 万人（2014 年统计数据，不含科索沃地区）。塞尔维亚是一个多民族国家，83.3% 的人口（不计科索沃地区）是塞尔维亚族，其余有匈牙利族、波斯尼亚克族、罗姆族及斯洛伐克族等。塞尔维亚族在中部地区居多，匈牙利族主要居住在北部的伏伊伏丁那自治省。全国多数居民信奉东正教，少部分人信奉罗马天主教或伊斯兰教，个别人不信教。

塞尔维亚经济主要依靠服务业，约占国民生产总值的 63%。20 世纪 90 年代初期由于北约的制约，经济损失严重。进入 21 世纪之后，经济增长较快，2006 年经济增长率达到 6.3%，因而被人称为"巴尔干之虎"。足球是塞尔维亚人最热衷的集体运动项目。

塞尔维亚作为巴尔干地区的重要国家之一，在"一带一路"上的位置尤其关键。"一带一路"是中东欧区走向繁荣的又一次历史机遇。在地理位置上，它是西欧、中欧、东欧，以及近东和中东之间的"桥梁"和交叉路口，中塞合作能将中国产品更顺畅地带到欧洲内陆。而且塞尔维亚过去由于受到过战争的破坏，基础设施百废待兴，市场和社会都对基建有较大需求，"一带一路"倡议也能为塞尔维亚带来利益。塞尔维亚在中东欧 16 国中据有着重要地位，在"一带一路"中，塞中合作能够起到一定示范作用。未来塞尔维亚能够发挥的作用不仅仅存在于塞中之间，更可以带动周边国家和地区一同参与到"一带一路"中去。2016 年习近平主席访问塞尔维亚等国有助于拉近中国与中东欧国家的关系，为"一带一路"填充更多实实在在的内容①。

---

①　《欧洲时报》：《学者：塞尔维亚在中国"一带一路"布局上作用重大》，http://www.oushi-net.com/news/china/chinanews/20160615/233698.html，2016 年 12 月 10 日。

近几年，中塞两国经济合作已经由基建领域拓展到能源、钢铁、通信和金融等更多领域，合作模式也由原来的贷款结合项目承建逐步转向投资和共同经营。如中国机械进出口公司承建的科兹托拉兹火电站项目、河北钢铁集团收购斯梅德雷沃钢厂、华为公司参与塞尔维亚电信基础设施改造项目、中国路桥公司与贝尔格莱德市协议建设中国工业园区项目等。不仅塞政府希望进一步开展和深化两国各领域的合作，塞尔维亚民众也开始感受到中塞合作给他们生活带来的变化和希望。2016 年 6 月 17 日，习近平主席访问塞尔维亚，并在塞尔维亚媒体发表署名文章《永远的朋友，真诚的伙伴》。文章指出中国愿同塞尔维亚分享发展成果和机遇，探索和加强双方发展战略对接，扩大利益融合，重点在"一带一路""16 + 1 合作"等框架内扩大贸易和投资规模，不断挖掘合作潜力，打造更多大项目合作，使中塞合作成为"16 + 1 合作"的标杆和典范，切实造福两国人民。习近平主席的访问把中塞战略伙伴关系提升到一个新高度①。

四　语言政策

塞尔维亚官方语言为塞尔维亚语，英语在当地也比较普及，会讲英语的人约占 40%，会讲德语和俄语的人也比较多。

第二节　汉语教学简史

贝尔格莱德是前南斯拉夫和现今塞尔维亚的首都，它的汉语教学不仅开始的早，而且开展得很好。1974 年贝尔格莱德大学语言学院就成立汉语教研室，开设汉语公共课。1975 年，我国著名对外汉语学者刘珣先生由教育部派往贝尔格莱德大学，在那里进行了为期 3 年的汉语教学。1985 年贝尔格莱德大学成立了汉语专业，隶属于语言学院的

---

① 习近平：《永远的朋友、真诚的伙伴》，《人民日报》2016 年 6 月 17 日第 1 版。

东方语言学系①。丹阳·拉契奇博士为汉语课的开设和汉语专业的建立做出了不可磨灭的贡献。课程开始后，语言学系、哲学系、机械系等专业的学生争相选修。有时一年级学生可达四五十人②。自1994年起，开始招收硕士研究生。1995年贝尔格莱德高级语言中学开设汉语专业班。

随着中赛双边合作和交流的加强，塞尔维亚政府越来重视本国的汉语教学。汉语在塞尔维亚得到更多人的喜爱。2000年之后，塞尔维亚汉语教学进入了快速发展时期，汉语在塞国内开始得到推广。首先是2006年贝尔格莱德大学与中国传媒大学合作创建了孔子学院，这是塞尔维亚国内第一所孔子学院。2010年塞尔维亚最古老的高中Karlovic语言中学成功开设汉语课。2012年3月，中国国家汉办和塞尔维亚教育科学部签署了"塞尔维亚共和国中小学校开设汉语课试点"项目的备忘录。这是对2009—2013年教育合作计划的逐步落实。塞尔维亚全国除Vojvodina省（伏伊伏丁那省，2010年已开设两个汉语授课点）外，在31所中小学首批开设汉语选修课试点，共分八个区。主要在小学四年级和中学二年级进行，采取自愿报名方式。计划招生1000名，但有2387名学生报名，分成95个班级。国家汉办共派遣14名汉语志愿者。使馆代表汉办赠送了2500套中小学生教科书、练习册、多媒体光盘、词典等图书资料。一年后，塞尔维亚教育部将试点学校增加到36所，继续开展汉语教学。这极大地推动了汉语教学在塞尔维亚的推广，使塞尔维亚的汉语教学从大学课堂扩展到中小学校园。

塞官方对汉语的重视进一步推动了该国汉语教学的发展。中国在塞尔维亚的投资使越来越多的塞尔维亚学生对汉语产生了浓厚的兴趣。2013年1月2日塞尔维亚教育部部长助理菲拉发表讲话，称将扩大塞尔维亚塞中学的汉语教学规模。从2012年开始的、在塞尔

①　易树：《塞尔维亚汉语文化教学现状研究——以塞尔维亚梅加特伦德大学为例》，硕士学位论文，重庆大学，2015年，第13页。

②　张维：《南斯拉夫汉语教学掠影》，《世界汉语教学》1987年第2期。

维亚中学试点的汉语学习课程到 2013 年将会继续扩大。2013 年，塞尔维亚 35 所中学里已有 2500 名学生在学习汉语。汉语课程的费用由塞尔维亚和中国分担。中国承担教师的工资和教材，塞尔维亚承担教师的食宿①。

2014 年 5 月，由塞尔维亚排名第二的诺维萨德大学与浙江农业大学合作创建的塞尔维亚第二所孔子学院举行了揭牌仪式，这是全球第一个以传播茶文化为特色的孔子学院。这说明塞尔维亚的汉语教学在当地得到了认可和推广。近年来，随着中塞两国在政治、经贸、文教等方面合作和交流的深入，中赛双边关系不断增强。从 2009 年起，中、塞正式成为战略合作伙伴后，中国是塞尔维亚在亚洲最大的伙伴。塞尔维亚人学习汉语和了解中国文化的热情更加高涨，这从客观上促进了塞尔维亚的汉语教学。

2016 年 6 月 17—19 日，习近平主席访问塞尔维亚。塞尔维亚是中国在中东欧的第一个战略伙伴。塞尔维亚总统尼科利奇在总统府举行了盛大的欢迎晚宴。贝尔格莱德孔子学院师生在欢迎晚宴上表演歌曲《流光飞舞》和伞舞，充分表达了塞尔维亚青少年学习汉语的热情，以及对中塞世代友好的愿望。普西奇教授将一套中、英、塞三语出版的《贝尔格莱德孔子学院期刊》作为礼物赠予习主席。这次访问不仅揭开了中塞友好合作的新篇章，和塞方携手共建"一带一路"，而且进一步激发了塞尔维亚人学习汉语的热情。

塞尔维亚汉语教学工作取得的成就离不开汉学家的默默奉献。塞尔维亚有一位知名汉学家，他是贝尔格莱德孔子学院院长拉多萨夫·普西奇博士。他是贝尔格莱德大学语言学院副教授、贝大语言学院东方语言系主任、贝尔格莱德孔子学院院长。1985 年他毕业于贝尔格莱德大学哲学系。1985—1988 年先后在北京语言学院和南京大学哲学系学习汉语和进修中国古代哲学，2001 年获哲学博士学位。回国后他在贝尔

① 新华网：《塞尔维亚将扩大塞中学汉语教学规模》，http：//news. xinhuanet. com/world/2013 – 01/03/c_ 114228371. htm，2016 年 12 月 11 日。

格莱德大学哲学院任教，一直从事汉语教学、汉学研究和翻译工作。
普西奇博士在中国古代文化方面出版和发表了不少著作和译文。从
1991 年起，在中国、美国、英国和塞尔维亚本国等有影响的学术刊物
上发表了 30 多篇学术论文和多本著作，其中有代表性的论文和文集有
《婴儿与水：老子的道》《老子宇宙观的探讨》《论老子的"无"》《宇
宙的纹理：中国古代哲学思想对美的认识》《禅宗及其对中国艺术的
影响》《中国当代美学：传统与现代化》《丝与樱桃：影响中日关系的
负荷》《糖和纸：印度、波斯和中国文化的纽带》以及《道德经》《中
国古代四大哲学家》《中国当代诗歌选》《中国现当代小说选》等汉译
塞作品，都受到读者的好评。同时，普西奇博士多次参加在世界各地
举行的各种中国古文化学术会议，例如 1996 年北京道教文化国际学术
研讨会，2003 年台北"柏杨学术讨论会"，2007 年北京人民大学召开
的"世界汉学大会"，以及贝尔格莱德孔子学院召开的"当代中国及
其传统"国际学术研讨会等。普西奇博士对中国哲学和文化有着独特
的看法，他认为，中国今天的繁荣与发展是中国文化传承的结果，中
国古文化越来越多地被认为是人类智慧的源泉。世界都在关注中国文
化的演绎与传承，而中国年轻一代对传统文化的兴趣不足。失掉传统
文化的发展等于没有根基，没有根基融入全球化是经不起风浪的，因
此中国年轻一代需要读老子的《道德经》①。

第三节　汉语教学的环境和对象

　　塞尔维亚汉语教学最早从高校开始，而且在高校开展的也最好。
贝尔格莱德大学和诺维萨德大学先后于 2006 年、2014 年成立了孔子
学院。孔子学院均运行良好，学习汉语的人数逐年增多，文化活动丰

---

① 国学网：《我看中国——知名汉学家访谈录：访塞尔维亚贝尔格莱德大学普西奇教授》，http：//
www. guoxue. com/？ p = 14821，2016 年 12 月 12 日。

富多彩。私立大学梅加特伦德大学于 2012 年 9 月成立了中国中心，也开始开设汉语课。这些机构的成立为塞尔维亚学生学习汉语提供了很好的平台和环境。随着两国友好交往的不断深入，塞尔维亚兴起了强劲的"汉语热"和"中国风"。贝尔格莱德兴建了占地 6000 平方米的中国文化中心，孔子学院已达到两所，汉语教学已经走进了塞尔维亚的幼儿中心及大中小学，中塞两国文化的交流前景愈加光明①。2016年 5 月，习近平主席访问塞尔维亚，这进一步促进了两国的双边交流，掀起了新一轮汉语学习的热潮。

一 贝尔格莱德孔子学院的汉语教学

所在城市：贝尔格莱德

承办机构：贝尔格莱德大学

合作机构：中国传媒大学

启动运行时间：2006 年 5 月 30 日

贝尔格莱德大学（University of Belgrade）是塞尔维亚最古老和最著名的国立高等学府，也是巴尔干地区最大的高校之一，有在校生 7 万多人。2006 年 5 月 30 日，贝尔格莱德孔子学院启动运行，该孔院由中国传媒大学和贝尔格莱德大学合作共建。作为前南斯拉夫地区的第一家孔子学院，贝尔格莱德孔子学院自 2006 年成立以来，为推广中国文化和汉语、增进塞尔维亚普通民众对中国的了解、促进塞中友好做了大量卓有成效的工作。贝尔格莱德孔子学院成立以来，学院以开办汉语培训班为主，并通过讲座、短期学习班以及展览等形式面向社会推广汉语并宣传中国文化。通过贝尔格莱德孔子学院这个平台，先后有十批优秀的汉语学生成为两国交流的促进者和两国友好的推动者，他们对孔子学院长期以来的工作作出了不懈的努力。贝尔格莱德大学孔子学院的开办为塞尔维亚汉语爱好者打开了方便之门。

---

① 中国侨网：《塞尔维亚人钟爱中国传统文化 汉语教学进大中小学》，http：//www.chinaqw.com/hwjy/2016/06 - 17/92224. shtml，2016 年 12 月 12 日。

　　2011 年 7 月，中共中央政治局常委、中央纪委书记贺国强来到了有着 200 多年历史的塞尔维亚贝尔格莱德大学，参观了孔子学院，并向该校孔子学院赠送大量书籍。贝尔格莱德孔子学院的学生和塞尔维亚合唱团表演了具有中塞两国文化特色的节目①。2013 年，贝尔格莱德孔子学院开设汉语班 30 多个，学生 400 多人，举办活动 15 场，参与人数 4700 多人，参加 HSK 和 HSKK 的人数有近百人②。2016 年正值贝尔格莱德孔子学院成立 10 周年之际，我国国家主席习近平于 2016 年 5 月访问塞尔维亚，贝尔格莱德孔院在欢迎晚会上表演了精彩的节目。2016 年 6 月 21 日，塞尔维亚共和国总统办公厅为贝尔格莱德孔子学院颁发表彰令。塞尔维亚总统府为贝尔格莱德孔子学院外方院长普西奇颁发表彰令，对普西奇院长及孔子学院全体人员在此次接待活动中的表现给予高度赞赏③。贝尔格莱德孔子学院成立十年来对推广汉语教学、宣传中国文化做了大量的工作。

　　2010 年 7 月 8 日，贝尔格莱德孔子学院在当地航空俱乐部里举行了第八期汉语班结业仪式。本期结业的 18 位学员年龄跨度很大，最小的 14 岁，最大的是一位 70 多岁的女画家，他们对汉语和中国文化都有浓厚的兴趣。结业仪式上，孔院志愿者表演了精彩的节目，有刚柔并济的太极拳表演、优美的诗歌朗诵、生动的戏曲演唱及动感的现代歌曲等。

　　2010 年 10 月 15 日，贝尔格莱德孔子学院在市图书馆举办了"庆国庆中国艺术之夜暨中国书法家李俊明先生个人书法作品展"。李俊明老师钻研书法多年，对行书、楷书、草书等多种书体均有深厚的造诣，此次来贝尔格莱德孔子学院将进行为期三个月的书法课辅导。中

---

① 　新华网：《贺国强参观贝尔格莱德大学孔子学院》，http：//news. xinhuanet. com/politics/2011 - 07/13/c_ 121661190. htm，2016 年 12 月 14 日。

② 　中华人民共和国教育部：《中国与塞尔维亚教育合作与交流简况》，http：//www. moe. edu. cn/s78/A20/s3117/moe_ 853/201005/t20100511_ 87473. html，2016 年 12 月 14 日。

③ 　孔子学院总部/国家汉办官网：《塞尔维亚共和国总统办公厅为贝尔格莱德孔子学院颁发表彰令》，http：//www. hanban. edu. cn/article/2016 - 07/06/content_ 649554. htm，2016 年 12 月 14 日。

国书法博大精深，这次书法展，使更多的塞尔维亚人了解中国的传统文化，使中塞在文化上有更深的交流。

2010年10月18日，贝尔格莱德孔院在市十三中开设汉语课，设备和教师由贝尔格莱德孔子学院提供，每周两次汉语课，本学期由本土汉语教师授课，有两名汉语志愿者助教。这是贝尔格莱德孔子学院第一次在中学设汉语课，学生们报名十分踊跃，达70多人。在中学设立汉语课程为中国文化在塞尔维亚的深入传播掀开了新的一页。

2011年10月20日，贝尔格莱德第二所开设汉语课的市数学中学举行了开班仪式，同时举行贝尔格莱德孔子学院成立五周年纪念展。数学中学校长、贝尔格莱德孔子学院院长和中国驻塞尔维亚大使馆工作人员出席了这次活动。贝尔格莱德数学中学是塞尔维亚最负盛名的中学之一，该校学生以理科见长。孔子学院还向数学中学赠送了汉语教材和中国文化方面的书籍。

2012年2月25—26日，贝尔格莱德孔子学院和贝尔格莱德市新区文化中心"新贝文化网"联合举办了"中国文化节"，以促进孔子学院与当地社区的文化交流，使中华文化走进塞尔维亚社区。活动内容包括中国书画展览、图片展览、书法和武术表演、兴趣汉语、中国电影、中国烹调、图书推介等一系列文化活动。

来自贝尔格莱德大学语言学院中文专业的志愿者带领社区幼儿园和小学的孩子们学习汉语，先后有4组100多名孩子在家长的带领下参加了学习汉语的体验活动。另外，书法老师为市民介绍"文房四宝"，示范讲解基本的笔法，手把手教他们执笔、运笔、书写汉字。中华餐饮文化在塞尔维亚当地深受欢迎，孔子学院特别邀请贝尔格莱德颇有代表性的中餐馆长城饭店与新贝塞餐馆VIVIO联合推出了一场中国美食节。文化节内容丰富，受到社区居民的热情关注，参与本次艺术节各类活动的人数超过千人。塞尔维亚最权威的国家级平面媒体《政治报》和具有广泛影响力的电视台《B92》对本次活动进行了及时报道。丰富多彩的文化活动增强了塞尔维亚人对中华文化的兴趣，加深了他们对中国的了解，同时也提高了孔子学院在当地社会的影响力。

　　2012 年 4 月 7 日，贝尔格莱德孔子学院组织的中学生"中华文化和汉语知识竞赛"复赛在贝尔格莱德数学中学举行。来自贝尔格莱德 6 所中学的 26 名初赛入围选手参加了比赛。比赛题目涉及中国历史常识、中国地理常识和中国文化常识等内容。举办知识竞赛的目的是引导塞尔维亚学习汉语的中学生更好地了解中国的国情和历史，激发他们学习汉语的兴趣。6 月 5 日，进行了决赛，贝尔格莱德语言中学的安娜·伊里奇最终获胜，她将参加在北京举办的暑期夏令营和汉语学习班。比赛的成功举办在当地引起了很大反响。2013 年 4 月 21 日，贝尔格莱德孔子学院组织了第二届"汉语和中华文化知识竞赛"，决赛胜出的 10 名优秀学生都是贝尔格莱德孔子学院中学汉语教学点的学生，来自贝尔格莱德市四所中学，他们将代表贝尔格莱德孔子学院参加中国北京举办的"国际青少年夏令营"活动。2015 年 4 月 4 日，贝尔格莱德孔院举办"塞尔维亚第四届中学生中华知识竞赛"，比赛在贝尔格莱德市 13 中进行。决赛分为中华文化知识问答、剪纸、书法、象形字辨识、汉语水平考试五个方面，综合考查学生的语言知识、才艺和中华文化知识。来自贝尔格莱德市 13 中的安娜丝苔娅获得冠军。比赛激发了学生学习汉语的热情，为更多热爱中华文化的塞尔维亚中学生打开了学习汉语、了解中国的窗口。2016 年 4 月 9 日，贝尔格莱德孔子学院举办了第五届知识竞赛。

　　2012 年 6 月 11 日，贝尔格莱德孔子学院在市图书馆阅览室举行书画班、太极拳班结业典礼和师生书画作品展开幕式。这是孔子学院第二次举办中国书法班和太极拳班，第一次举办国画班。书法班和太极拳班学期两个月，国画班为期一个月。本次特色课程班获结业证书的学员共 52 名，包括大学生、中学生、退休老人及其他各类从业人员，年龄最小的学员只有 10 岁，年纪最大的 65 岁。

　　贝尔格莱德孔子学院除了开设常规的面向社会各界和中学生的各级汉语班之外，自 2009 年起还先后开设了多期烹调班、书画班和武术班，为当地人提供了近距离感受中华文化的机会，受到当地人民的热情欢迎，扩大了孔子学院的影响力，取得了良好的社会效果。

2012 年 11 月 21 日，贝尔格莱德孔子学院与塞尔维亚 "LAGU-NA" 出版社共同举办了一场题为 "诺奖尽在莫言中" 的讲座。讲座由中国传媒大学国际教育学院院长逄增玉主讲。逄教授介绍了中国现当代文学的现状、中国作家与诺贝尔文学奖的关系、莫言生平与创作和莫言代表作的分析。莫言的获奖使得塞尔维亚人民对中国文学和文化增添了浓厚的兴趣，"LAGUNA" 出版社已经购买了莫言部分作品的版权。这次讲座增进了塞尔维亚人对中国文学的兴趣和了解。

贝尔格莱德孔子学院举办的第二届 "中国语言与文化传播" 国际汉学会议于 2012 年 11 月 23 日，在贝尔格莱德大学礼堂举行。塞尔维亚教育科技部部长日列科·奥布拉多维奇先生、中国驻塞尔维亚大使张万学和贝尔格莱德大学副校长波波维奇教授发表了讲话。来自中国、俄罗斯、美国、瑞士、保加利亚、斯洛文尼亚等国家的 20 位汉学家参加了会议。他们对中国语言与文化的教学、跨国传播和深层次的哲学与艺术等问题，进行了广泛的研讨和切磋。此次会议促进了文化的交流和传播。

贝尔格莱德孔子学院学员在 2012 年 12 月 2 日举行的新 HSK 考试中取得优异成绩。报名参加新 HSK1 级至 5 级考试的 36 名学员中，只有报考五级的人员中有一人未及格，其余 1 级至 4 级及格率达到百分之百。贝尔格莱德大学 HSK 考点设立至今已将近 10 年。近两年来有越来越多的孔子学院学员参加这一考试，其中包括中学生、非中文专业的大学生和市民。

2013 年 10 月 18 日，参加塞尔维亚 "斯梅德雷沃" 国际诗歌节的中国作家协会代表团，著名作家、诗人赵丽宏，田永昌，季振邦等一行走进贝尔格莱德孔子学院与中文系的师生进行了一场关于中国现当代文学的交流。获得塞尔维亚第 44 届 "斯梅德雷沃" 国际诗歌节 "金钥匙" 奖的赵丽宏介绍了中国诗歌的现状、发展形势以及中国文化等内容。他的讲座增加了塞尔维亚人们对中国诗歌的兴趣。参与本次交流讲座的还有塞尔维亚著名诗人德拉格耶罗维奇，以及来自美国和德国的作家。

贝尔格莱德孔院在贝尔格莱德中小学汉语班推广中国书法。为了激发学员对中国书法的兴趣，从 2014 年 5 月份起，贝尔格莱德孔子学院教师尝试在中小学汉语班开设书法公开课。由孔子学院的老师和志愿者们利用周六的时间到中小学上书法公开课，通过书法课达到教汉字的目的。凡是学习汉语的学生，不分年级高低，只要对学写汉字有兴趣，均可来上公开课。

为庆祝全球"孔子学院日"活动，贝尔格莱德孔子学院于 2014 年 9 月举办了"中国与我"作文比赛，孔子学院汉语班的成人学员、大学和中学生们踊跃参加。这次作文比赛分塞尔维亚语写作和汉语写作两个类别。孔子学院三年级学员高尔丹娜·吉达克获得了第一类作文比赛的优胜奖。她是贝尔格莱德著名的陶瓷家，其陶瓷作品曾在中国展出并获得好评。她以一个艺术家的细腻情感，通过"塞尔维亚陶瓷"与"中国瓷器"的对话，表达了普通塞尔维亚人对中国博大文化和艺术的理解与热爱。

塞尔维亚汉语教学于 2014 年推广到幼儿中心。2014 年 9 月 25 日，贝尔格莱德孔子学院院长普西奇教授代表孔子学院为贝尔格莱德市幼儿中心汉语教室揭幕，并向该幼儿中心赠送了教学设备、汉语教材等学习资料。为提高学龄前儿童汉语教学点的汉语教学条件，贝尔格莱德孔子学院在总部的大力支持下，专门为该中心建设了汉语专用教室，并赠送了一套教学用的多媒体投影设备。

2015 年 10 月 14 日，贝尔格莱德孔子学院举办主题了为"丝绸之路促进文化融合"的专题讲座，并举行了反映"丝路"风貌的摄影展览揭幕式。中国驻塞尔维亚大使馆工作人员、塞尔维亚民俗博物馆馆长、贝尔格莱德市民和中小学生参与了此次活动。普西奇教授从历史、经济、文化、宗教等方面，介绍了历史上丝绸之路的起源，以及对当时该地区经济发展、人们相互了解和文化交融所发挥的巨大作用。而且阐述了今天全球一体化的新时期，中国"新丝绸之路"的战略设想以及它将为欧亚文化融合、地区经济发展所带来的深远意义。21 幅反映丝绸之路风土人情的摄影图片体现了多彩文化融合的魅力。丝绸之路将东西方文明联系在一起。

2015 年 10 月 26 日，贝尔格莱德孔子学院下属尼什大学哲学院教学点第一届汉语选修班开班，该教学点成为贝尔格莱德孔子学院外设的第 8 个汉语教学点，共 43 名学员。今年 10 月，汉语正式进入尼什大学哲学院的学历教育体系，成为外语专业学生选修第二外语的学分课程。当地市民对汉语和中国文化有十分浓厚的兴趣。

2016 年 2 月 19 日，塞尔维亚贝尔格莱德孔子学院举办了"老子和赫拉克利特的精神世界"的主题讲座，讲座由著名汉学家普西奇教授主讲。他比较了解中国的老子和古希腊赫拉克利特两位先哲的哲学世界。此次讲座使听众了解了中西方哲学思想的差异。这是贝尔格莱德孔子学院 2016 年继续举办"中外文化思想对比与交流"系列讲座之一。

2016 年 6 月，习近平主席访问塞尔维亚，普西奇教授为习近平主席备了一份特殊的礼物——用中文、英文、塞尔维亚文三种文字出版的《贝尔格莱德孔子学院期刊》一套，这是巴尔干半岛唯一一本用三种文字出版的关于中国文化的期刊。孔子学院发行期刊的目的是希望通过孔子学院的声音，把塞尔维亚和周边地区热爱中国文化和语言的人们联系起来，并积极地参与进来，为增进塞尔维亚与中国和世界的了解做出自己的努力。

2016 年 9 月 29 日，为庆祝全球"孔子学院日"，塞尔维亚资深记者、"中国通"诺瓦契奇应贝尔格莱德孔子学院之邀，为当地市民举办了一场以"孔子学院与'一带一路'"为主题的专题讲座。诺瓦契奇讲解了孔子文化对中国几千年来的影响，他着重介绍了《论语》中的儒家文化价值观。随后，他向听众们介绍了古代丝绸之路，并称它为"中外文明文化通途"。他表示，古代中国通过这条路与亚、非、欧三大洲互通有无，而今天新的"丝绸之路"——"一带一路"再次成为连接世界和中国的纽带，成为连接全球的政治、经济、文化交流的桥梁。他还强调了孔子学院为推进中国和世界交流所起到的重要作用。

二 诺维萨德大学孔子学院的汉语教学

所在城市：诺维萨德

承办机构：诺维萨德大学

合作机构：浙江农林大学

协议时间：2013 年 8 月 30 日

2014 年 5 月 27 日，由浙江农林大学和塞尔维亚诺维萨德大学合作共建的诺维萨德大学孔子学院，在诺维萨德大学大礼堂举行了揭牌仪式。这是全球首家以传播茶文化为特色的孔子学院，也是继贝尔格莱德大学孔子学院后，在塞尔维亚建立的第二所孔子学院。

诺维萨德大学是塞尔维亚的第二国立大学。浙江农林大学则是国内首个设置茶文化本科专业，并积极向世界弘扬茶文化的高校。浙江农林大学与诺维萨德大学共同举办的孔子学院，不断探索孔子学院可持续化发展和特色发展道路，对孔子学院发展进行专题研究；积极开展中华艺术、中医、武术、烹饪等各类中国文化交流活动；结合学科特色，把茶文化传播打造成学院的特色和亮点。开展有关中国文化、教育等方面的研究及信息咨询，深化中塞教育合作和交流。

目前，浙江农林大学已经派出了孔子学院的中方院长和汉语教师。诺维萨德大学孔子学院的建设和相关工作已经步入正轨。学校还将选拔在茶文化、中国书法、绘画、武术、中医等学科的教师到孔子学院担任相关工作，从而丰富教学内容、提高学生学习兴趣，增强孔子学院的文化竞争力①。

---

① 张晶：《塞尔维亚有个和浙江共建的孔子学院、全球首家以传播茶文化为特色》，《青年时报》2014 年 6 月 3 日第 A4 版。

诺维萨德孔子学院自 2014 年揭牌以来，以推广汉语和传播中国文化为宗旨，致力于促进中塞文化交流与合作。诺维萨德孔子学院虽然成立的时间不长，仅有 3 年多的时间，但是该孔院在推广汉语教学、传播中国文化方面做了大量的工作，使得孔院汉语工作飞速发展，取得了巨大的成就。揭牌后仅 3 个月，就开设汉语班、文化班 10 个，学员近 200 名，举办各类文化活动 8 场，参与人数 5 万人①。到目前为止，在孔院工作人员的共同努力下，共创建了 9 个汉语教学点，涵盖了幼儿中心、小学、中学、大学以及图书馆等不同的机构，为近 1500 人次提供了汉语和中国文化技能培训，成为塞尔维亚推广汉语和中国文化的重要力量。汉语课程正式提升为诺维萨德大学的学分课程，而且选修人数逐渐增多；诺维萨德大学孔子学院的汉语推广工作从该市扩展到周边地区，后又扩展到贝尔格莱德市，这足见诺大孔院工作的成就。三年来举办了 70 多场中国文化推广活动和孔子学院宣传活动，在当地产生了巨大影响，使塞尔维亚的汉语推广和中国文化传播迈向了一个新的台阶。

2014 年 5 月 7—8 日，诺维萨德大学孔子学院与 Karlovic 语言高中合作举办了"中国文化节"活动，这是孔院与语言高中第一次合作举办中国文化节活动，活动激发了该校学生学习汉语和中国文化的积极性。同学们精彩的表演，国画、中国结、画京剧脸谱等活动让更多的塞尔维亚中学生体验了中国文化的魅力，拓宽了他们的视野，不仅提高了孔子学院的知名度和影响力，也为进一步传播和发展中国文化奠定了坚实的基础。

2014 年 5 月底"印象中国"大型中国书画体验活动在诺维萨德市中心广场举行。活动吸引了众多当地市民和外国游客驻足观看，并有上百人踊跃参与体验中国书画的魅力。塞尔维亚 BETA 通讯社、伏伊伏丁那省一台及 RTV 等 14 家主流媒体就孔子学院的创建和发展规划、

---

① 中华人民共和国教育部：《中国与塞尔维亚教育合作与交流简况》，http：//www. moe. edu. cn/s78/A20/s3117/moe_ 853/201005/t20100511_ 87473. html，2016 年 12 月 14 日。

汉语与中国文化活动的影响力、中塞文化交流与合作等内容进行了专题采访报道。书画体验活动的目的是进一步扩大孔子学院的知名度和影响力。

2014 年 7 月 11 日，诺维萨德大学孔子学院首届"中国文化体验夏令营"落下帷幕。此次夏令营主要面向塞尔维亚 Karlovic 语言高中汉语专业一年级、二年级的优秀生。基础汉语言课、太极拳、剪纸、中国书画、歌曲等中国文化体验课，让学生们能多方位体验悠久中国文化的魅力。中国文化体验夏令营进一步宣传了孔子学院，加强了中国文化在诺维萨德的影响力，为诺维萨德大学孔子学院下一步的稳定发展奠定了坚实的基础。8 月 29 日，诺维萨德大学孔子学院第二期"中国文化夏令营"闭幕。活动旨在让 Karlovic 语言高中汉语专业的优秀高年级学生或应届毕业生有更多机会了解中国的传统文化和当代中国的社会情况。

2014 年 8 月 8 日，中国国际广播电台驻塞尔维亚记者来到诺维萨德大学，就诺维萨德大学孔子学院的发展规划、文化活动特色、"孔子学院日"活动设置、学生的学习需求等问题对中方院长、志愿者老师及学生代表进行了专题采访。此次专访是中国国际广播电台推出的孔子学院十周年系列专访之一，旨在了解全球孔子学院的发展情况及未来的发展规划，充分挖掘发生在汉语教师及汉语学习者身边的生动故事。诺维萨德大学孔子学院在成立后的短短 3 个月时间里，已经开展了一系列中国文化推广活动，大大地提升了孔子学院的知名度和在当地社区的影响力。

为庆祝孔子学院成立 10 周年，诺维萨德大学孔子学院举办了主题为"我心目中的中国"的中国书画大赛。塞尔维亚全国 22 所大、中小学的约 500 位学生参加，学生创作以孔子、长城、熊猫及中塞友谊等为主题，表达了他们对中国文化的热爱。活动产生了良好的反响，为下一步发展创造了良好的宣传效应。

2014 年 9 月 20—26 日，诺维萨德大学孔子学院"中文体验课"

成功走进了塞尔维亚全国 24 所大中小学校园，为首届"孔子学院日"庆祝活动拉开了序幕。参加此次"中文体验课"的学校包括塞尔维亚百年名校 Karlovic 语言高中、Djordje Natosevic 小学、尼什大学和贝尔格莱德第六高中等著名学校，涵盖从小学到大学各个阶段，参加学生人数达 800 多人，规模很大。

活动根据学生汉语水平的不同，此次"中文体验课"分为初级和中级。初级体验课通过教师的生动讲解和实际场景的模拟，让学生学习简单的问候语和汉字书写；中级体验课主要介绍中国文化，旨在让有一定汉语基础的学生对中国文化有更多的了解。此次活动在激发学生学习汉语兴趣和扩展学生中国文化知识等方面起着非常积极的作用。中文体验课的成功举办使诺维萨德大学孔子学院的影响范围拓展到了整个塞尔维亚，为诺维萨德大学孔子学院的发展打下了坚实的基础。本活动得到了塞尔维亚国家教育台等主流媒体的关注和转播，极大提高了孔子学院的知名度。

2014 年 10 月 10 日，孔子学院 Karlovic 语言高中汉语教学点正式开班，这标志着孔子学院校外第一个汉语教学点正式创办。Karlovic 语言高中建于 1791 年，是塞尔维亚国内第一所语言高中，也是该国以汉语为必修课的重点高中。孔子学院志愿者教师将与该校的本土汉语教师合作，为该校 48 位汉语专业学生提供更专业的汉语课程和更丰富的中国文化课程。之后该孔子学院在 Maštolend 幼儿园也建立了汉语教学点。这两个教学点与诺大哲学院汉语教学点共同构成了孔子学院从幼儿到大学不同层次中三个重要的环节。

2014 年 10 月 28 日至 11 月 5 日，诺维萨德大学孔子学院首次将中国饮食文化融入到 Maštolend 幼儿园。在当地华人饭店（QIQI 饭店）的协助下，孔院在该幼儿园举办了中国饺子、品饮中国茶和中华手擀面等三场中华饮食文化体验活动。此次活动使学生和家长品味了中华饮食的独特魅力。

2015 年 1 月 11 日，诺维萨德大学孔子学院应邀参加塞尔维亚华人商业联合会成立大会。塞尔维亚总统托米斯拉夫·尼科利奇夫妇，中国驻塞尔维亚大使馆工作人员、塞尔维亚政府官员及社会各界友好人士共 500 多人出席了该活动。诺维萨德大学孔子学院志愿者现场表演了中国茶艺和太极拳，茶艺与太极的完美结合，充满浓厚的儒雅气息，成功展示了中国的传统文化。

2015 年 3 月 18 日，诺维萨德大学孔子学院开办太极拳、书法、国画、剪纸、中国结和茶艺等中国文化才艺培训班，共吸引近百名当地民众参与。文化课程增进了当地民众对中国传统文化的了解，进一步激励他们学习汉语和中国文化知识的积极性。

2015 年 3 月 27 日，诺维萨德大学孔子学院在市图书馆汉语教学点开展汉语公开课，塞尔维亚 PINK 电视台等全国性主流媒体全程拍摄了该课程。来自本市 11 所小学的 20 余名学生参加本次课程。诺维萨德市图书馆于同年 2 月成为诺维萨德大学孔子学院汉语教学点。孔子学院与市图书馆的合作具有独特的意义。孔子学院凭借图书馆的公共平台，可以更大范围地为塞尔维亚人提供中文教学服务。

2015 年 4 月 13—18 日，诺维萨德大学孔子学院、中塞文化交流协会等机构合作举办了塞尔维亚首届"中国文化周"活动，活动在 SEN-JAK 彼得国王文化中心举行，塞总统顾问友万、总理顾问内马尼昂及当地上千民众出席了活动。在彼得国王文化中心展馆展出了"春节""戏曲"等不同主题的中华文化艺术图片，以及该国著名画家托米斯拉夫·托马洛维奇的部分画作，展现了西方画家眼中神秘的东方文化。同时还举办了不同主题和形式的中塞文化活动，使塞尔维亚民众充分体会了"中国文化"，使他们对学习中文、了解中国产生了浓厚的兴趣。孔院中方院长赵有华发表了关于儒家思想"和而不同"与中国政府"一带一路"规划的文化讲座。他介绍了儒家主要思想，并将"和而不同"与习近平主席于 2014 年在比利时布鲁日欧洲学院呼吁合作共赢的演讲，以及中国政府的"一带一路"规划融汇在一起，深入浅出地阐述了"和而不同"思想在现代国际关系中的重要性。此次活动很好地宣传了中国的文化。

2015年4月18日，诺维萨德大学孔子学院举办了2015年首场汉语水平考试，考试包括HSK1级至4级，吸引了来自不同城市的42名在校学生和社会民众参加。考生年龄跨度较大，年龄最小的8岁，最大的69岁。他们对中国文化都十分感兴趣。

2015年5月5日，诺维萨德大学孔子学院与当地社区合作开展了丰富多彩的中国文化推广活动，使当地民众"零距离"感受到中国传统文化的魅力。诺大孔院与当地最大的商城BIG购物中心以及Kuća ZelenogCaja茶庄合作举办了"四月茶飘香"中国茶艺品饮活动。现场分为中西方茗茶鉴赏区、"全民饮茶"赠饮区和中华茶艺展示区。孔院茶艺教师与当地学生共同展示的茶艺表演大受民众的喜爱。

2015年5月6日，诺维萨德大学孔子学院中文体验课走进塞尔维亚最优秀的高中Jovanovic高中。该高中以著名诗人兹马伊命名，是塞尔维亚最悠久、最著名的文化和教育机构之一，在塞尔维亚高中综合排名中名列前茅。现有在校生1400名，专业涉及科学、数学、哲学、文学、历史、文化、武术等领域，多次在国际竞赛中获得大奖。其特色书法专业，更是塞尔维亚东正教书法协会人才孕育的摇篮。学校安排了近100名学生参与了中文体验课活动，中国茶艺展示使学生更多地了解了中国文化。该校于同年9月开始正式开设汉语课。

2015年5月16日，诺维萨德大学孔子学院承办的第14届"汉语桥"世界大学生中文比赛塞尔维亚赛区决赛落下帷幕。大赛以"我的中国梦"为主题，分为主题演讲、中华才艺展示、中国文化知识问答三个环节。中华才艺展示部分更是高潮迭起，选手们将中国文化的辨析、中塞俗语异同比较、复杂的汉语多音字等讲述得趣味横生；最终经过激烈角逐，来自诺维萨德大学孔子学院的山多尔通过以"和为贵""和而不同"为主题的饱含深情的演讲，和一首慷慨激昂、振奋人心的"我的中国心"，赢得比赛冠军。

2015年6月10日，诺维萨德大学孔子学院与Svetozar Markovic高中举行了汉语教学点签约仪式。这为塞尔维亚青年学生更多地了解和学习中国文化提供了平台。2015 年 7 月 4 日，诺维萨德大学孔子学院与中塞文化交流协会和塞尔维亚华人商业联合会合作，首次走入贝尔格莱德华人社区举办汉语、中国文化学习班活动，招生对象是 6—12 岁在塞华人子女。诺大孔院的教师根据首期学生的汉语水平和学习需求，通过画画、歌曲、游戏等有趣的教学方法，让学生们掌握了家庭成员、颜色、数字、脸谱、拼音和汉字书写等，学生对汉语课十分感兴趣。

2015 年 10 月 19 日，诺维萨德大学孔子学院本土汉语教师 Natasha 和公派汉语教师同时为诺维萨德大学的学生上了一堂具有重要意义的汉语课，这标志着汉语课正式成为诺维萨德大学的学分课程。汉语学分课程受到了诺维萨德大学学生的热烈欢迎。截至目前，已有 70 多名学生选修了汉语 1 级—4 级各个级别的课程，使汉语成为该校的热门外语课程。经过孔院近一年的努力和准备，汉语从兴趣课程提升为学分课程，为当地学生提供了更多的学习选择。

2015 年 10 月 19 日，诺大孔院又新增了一个汉语教学点，Gimnazija Isidorina Sekulić 高中正式开设汉语课程，这使该院的汉语教学点总数达到了 8 个。该校参加汉语学习的学生达 100 多人，分 3 个班级授课。

2015 年 11 月 10 日，诺维萨德大学孔子学院与各个汉语教学点举办 2016 年度汉语教学与文化活动合作项目集体签约典礼暨 2015 年度颁奖典礼。伏伊伏丁那省科技厅副厅长、诺维萨德大学副校长与部分师生、市民约 200 人参加此次活动。诺维萨德大学孔子学院自 2014 年 5 月揭牌以来，共创建 8 个汉语教学点，为 1164 人次学生提供汉语和中国文化技能培训；将汉语课程提升为诺维萨德大学学分课程；举办 75 场中国文化推广活动和孔子学院宣传活动，在当地产生了巨大影响，使塞尔维亚的汉语推广和中国文化传播迈向了一个新的台阶。

2016 年 3 月 2 日，诺维萨德大学孔子学院首次来到 Jovan Ducic 小学，为师生们上了一场生动的中文体验课。Jovan Ducic 小学创建于

1876 年，是塞尔维亚历史最悠久的公立小学之一，现有学生 870 人。2016 年 3 月 11 日，诺维萨德大学孔子学院来到 Sabacka 高中，为该校 70 余名学生举办了首场中国语言文化体验课活动，活动受到了热烈欢迎。基本问候语和中国茶艺表演等汉语活动激发了学生了解汉语和中国文化的兴趣。Sabacka 高中有着 120 年的悠久历史，是 Sabac 市综合实力排名第一的高中。此次活动的成功举办，标志着诺维萨德大学孔子学院向诺维萨德周边城市拓展迈出了具有里程碑意义的一步。

2016 年 3 月 9 日，诺维萨德大学孔子学院与诺维萨德市图书馆合作开办的"Liman 分馆汉语教学点"正式开课。当地 Vasa Stajic 小学、Sonja Marinkovic 小学和 Zarko Zrenjanin 小学的 36 名学生报名参加汉语学习。自 2014 年诺大孔院建院以来，一直将面向小学生推广中国语言文化作为其核心工作之一，至 2016 年已创建了两个小学汉语教学点，可面向多所小学招生。市图书馆协助孔子学院在其周边小学开展汉语和中国文化推广活动，有效扩大了孔子学院的知名度和影响力。

2016 年 4 月 16 日，诺维萨德大学孔子学院举办了本年度首场 HSK 考试，内容涵盖 HSK1 级至 4 级，考生共计 68 人，年龄最小的考生 9 岁，最大的 56 岁。老少同学同场竞技。参加此次考试的考生除了诺大孔院下设汉语教学点的学生外，还有来自贝尔格莱德大学中文系和贝尔格莱德 John Naisbitt 大学的学生。汉语水平考试激励了更多的当地学生学习中文，孔子学院将为他们实现自己的"汉语梦"和"中国梦"提供服务与支撑。

2016 年 4 月 23 日，诺维萨德大学孔子学院与 Sabacka Gimnazija 高中汉语教学点正式签署了合作协议。Sabacka 高中成为诺大孔院的第九个汉语教学点，也是诺大孔院走出伏伊伏丁那省，向外拓展的第一个汉语教学点。孔子学院为 Sabac 市学生创建了学习汉语和了解中国文化的平台。Sabac 市位于塞尔维亚西部地区，距离诺维萨德大约 80 公里，是该地区重要的工业城市。这是诺大孔院正式迈出了向省外教学拓展的重要一步。

2016 年 5 月 13 日，诺维萨德大学孔子学院举办了首届中国知识大赛决赛。比赛包括初级组（适用小学生）和高级组（适用高中生、大学生），考核内容涵盖了中国节日习俗、饮食文化、名胜古迹、历史名人、文学常识等方面知识。高中生和大学生用中文作答，小学生可用拼音作答。比赛旨在对学院一年来的教学成果进行一次大检阅。赛前的准备，增加了学生们对中国的了解，丰富了他们的中国文化知识，进一步激励了广大学生学习汉语和中国文化的积极性。

2016 年 5 月 14 日，第九届"汉语桥"世界中学生中文比赛塞尔维亚赛区总决赛在贝尔格莱德举行。来自塞尔维亚全国八所高中的16 名选手参加了初、高级组的角逐。诺维萨德大学孔子学院 Karlovic 语言高中汉语教学点的赵丽（Ivana Dinic）和特奥多拉（Teodora Milosavljevic）分别摘取初级组、高级组的冠军。塞尔维亚现有二十多所中学开设汉语课程。Karlovic 语言高中作为塞尔维亚第一个开设汉语专业课程的高中，是塞尔维亚汉语教学的"标杆"学校。

2016 年 5 月 24—28 日，诺维萨德大学孔子学院与 Karlovci 语言高中和 Sabac 高中两个汉语教学点合作，举办了以"一带一路"和中国茶文化传播为主题的推广活动。近 300 名师生和当地民众参加了此次活动。汉语国际推广茶文化传播基地茶文化培训部负责人钟斐做了题为"一带一路与中国茶文化传播"的知识讲座。钟斐与两名书画家合作共同为师生展示了茶文化和书画艺术的魅力。塞尔维亚是"一带一路"倡议的重要节点国家，孔子学院希望通过文化交流，使该国民众了解更多的中国文化，为深化双边合作奠定坚实的民意基础。

2016 年 6 月 19 日，诺维萨德大学孔子学院在贝尔格莱德彼得皇宫文化中心与 John Naisbitt 大学"中国中心"和中塞文化交流协会签署了合作协议。诺大孔院将充分利用 John Naisbitt 大学在塞尔维亚首都的地利之便，为孔子学院在塞尔维亚推广汉语和中国文化谋求更大的发展空间。本次合作协议的签署标志着孔子学院在跨省区合作发展上又迈出了重要的一步，这对进一步扩大孔子学院知名度、提高其影响力起到了积极的作用。

2016 年 6 月 24 日，首届"一带一路"中塞企业家合作论坛在贝尔格莱德举行，贝尔格莱德市副市长 Andrija Mladenovic 和 200 余位中塞企业家参加了论坛。习近平主席的来访，为中塞两国文化、经贸等多领域的合作交流注入了新的活力，有助于推动两国企业间的交流与合作。诺维萨德大学孔子学院与塞尔维亚中华妇女商业联合带来了丰富多彩的中国文化展示节目。此次活动为中塞企业家提供了一个"零距离"交流平台，有助于加强中塞两国在文化、经济等领域的交流与合作。

2016 年 7 月 22 日，诺维萨德大学孔子学院首次走进 Petefi Sandor 小学，为该校 120 多名学生及家长举办了一场别开生面的中国文化体验课活动。Petefi Sandor 小学坐落在诺维萨德市中心，创建于 1871 年，距今已有 130 多年的历史，是塞尔维亚历史最悠久的公立小学之一。本次中国文化体验课的举办为诺大孔院与该校合作创建汉语教学点奠定了良好的基础。

2016 年 10 月 3 日，诺维萨德大学孔子学院举行了诺维萨德大学 2016 级新生"汉语学分课程班"开班仪式。共有 32 位学生正式报名参加了此次汉语学分课程的学习。2016 年 10 月 3 日，塞尔维亚伏伊伏丁那省广播电视台（Radio Television of Vojvodina，简称 RTV）文化栏目摄制组在诺维萨德大学孔子学院拍摄了一档以"中国茶文化"为主题的艺术专题节目。这是当地主流媒体首次摄制有关中国文化的专题节目。中国文化源远流长，博大精深，孔子学院开设的太极、茶艺、书法等中国文化技能培训课程深受当地学生和民众的喜爱。从"丝绸之路"到"一带一路"，茶叶贸易和茶文化传播都是不可或缺的重要内容。

2016 年 10 月 6 日，诺维萨德大学孔子学院下设卡尔洛芙兹（Karlovic）语言高中孔子课堂正式启动。汉语兴趣课、茶艺、扇子舞、太极拳等中国文化技能培训系列课程，深受学生欢迎。诺大孔院本学期除了给 4 个年级 48 名汉语专业学生开设专业汉语课程外，还为非汉语专业的学生增设汉语兴趣班和中国文化技能培训课程，目前已有 85 名同学正式报名参加学习。这是诺大孔院首次将汉语兴趣课和中国文化技能培训课程开到下设孔子课堂所在的校园，具有重要意义。

三　梅加特伦德大学中国中心的汉语教学

梅加特伦德大学通过与中国驻塞尔维亚使馆教育处合作，于 2012 年 9 月成立了中国中心。中国中心创设伊始，一共有 3 名工作人员：主任 Katarina Zakic，经济学教授，研究的重点是亚洲方面，尤其是中国的经济发展模式，其没有汉语学习的背景；联络员 Jovan Stevic，梅加特伦德大学的研究生，主修经济学，对中国也很感兴趣，在贝大孔子学院学习汉语，再一个就是来自中国的汉语志愿者，汉语国际教育专业在读研究生，通过汉办选拔来到这里进行一年的教学工作。随着学习汉语学生人数的增多，一名汉语教师已无力承担所有的教学工作。于是梅加特伦德大学在 2013 年末雇用了一名本土教师 Natasa Kostic，其成为中国中心的第四名成员。Natasa Kostic 在贝尔格莱德大学语言学院获得汉语专业本科学位，之后赴中国留学深造，在北京师范大学获得硕士和博士学位，研究方向为易经。她不仅要承担中国中心的教学工作，同时兼任中国中心的秘书，处理文书工作。

梅加特伦德大学中国中心于 2013 年 5 月开设汉语课，面向全社会免费招生。从零基础的汉语水平初级班开始，分为选修课和兴趣课两类。梅加特伦德大学的学生可上选修课。在第一学期只有一个学院将汉语课列入选修课程，学生可通过汉语课选修获得相应学分。到 2013 年第二学期时梅加特伦德大学将可选修汉语课的学院扩大到三个，分别为经济学院、管理学院和传媒学院。经济学是梅加特伦德大学的优势专业，汉语课在这些学院的开设是校方对汉语课程和中国中心的认可①。

---

① 易树：《塞尔维亚汉语文化教学现状研究——以塞尔维亚梅加特伦德大学为例》，硕士学位论文，重庆大学，2015 年，第 14 页。

梅加特伦德大学的教学条件很好，教室都配备有多媒体设备。每个汉语班级一周有两次课，每次课时长 90 分钟。教学目标、教学进度、学期考核等均需教师按具体情况制定，没有现成可供参考的标准。梅加特伦德大学中国中心没有充足和合适的教材可以选用。梅加特伦德大学中国中心不是孔子学院，无法直接从国家汉办得到资金和教材的支持。第一学期选用《跟我学汉语》作为教材。第二学期开始改为使用《当代中文》。

第四节　汉语师资、教材及教法

一　师资状况

塞尔维亚汉语教学工作推广进展的速度很快，学员人数逐年增多，这就需要大量的汉语教师。塞国内进行汉语教学的师资队伍既有本土的汉语教师，也有我国国家汉办派遣的教师和汉语志愿者，但是主要依靠我国国家汉办派遣的教师和志愿者。贝尔格莱德大学语言专业从 1985 年到 1997 年，只有两名本国的教师，急需我国的援助。从 1998 年到 2001 年，经过三年的整顿与充实，贝大本土汉语教师增加到 6 名，长期外教 1 名①。2012 年 3 月，我国驻塞大使张万学与塞教育科学部签署《"塞尔维亚共和国中小学开设汉语课试点"合作备忘录》，根据备忘录，我国陆续向塞尔维亚派出近 30 名志愿者，由使馆教育组直接管理，分赴塞尔维亚 100 多所中小学，支持他们的汉语教学。2013 年，我国共向塞派出 12 名教师和 37 名志愿者。2014年 8 月中旬，国家汉办邀请其中 15 名中小学校长来华访问，以促进其汉语教学。汉语教师和志愿者为塞尔维亚的汉语教学和推广工作做出了巨大的贡献。

---

① 王秀明：《塞尔维亚和黑山共和国汉语教学概况》，《国外汉语教学动态》2003 年第 2 期。

二　教材的开发与选用^①

　　贝尔格莱德大学的汉语专业曾一直使用我们国内的教材，除此之外，公派教师还帮助编写汉语教材和汉语教学大纲。塞尔维亚小学使用的是世界通用教材塞尔维亚语版的《汉语乐园》^②。2003 年 2 月 19日，专供以塞尔维亚语为母语的汉语专业大学生使用的《汉语教程》第一册在塞尔维亚和黑山首都的贝尔格莱德大学文学语言学院举行首发式。这是前南地区以塞尔维亚语为母语的第一本汉语教材，也是贝尔格莱德大学有史以来首次出版的以小语种为母语的外语教材。这本教材的出版发行对前南地区乃至整个巴尔干地区的汉语教学都有很大的推动作用。金志刚（2006）就中塞合作编写的教材《汉语教程》讨论了海外汉语教材编写的原则：科学性与系统性相结合的原则；对话的本土化与中国化相结合的原则；课文选材的趣味性原则。同时还对教材中汉字书写、语音语法教学、练习设计与 HSK 接轨等针对性的问题提出了自己的看法和见解^③。

　　2012 年 4 月 23—27 日，贝尔格莱德孔子学院参加了新贝尔格莱德区第四届图书展。孔子学院现场展出了自编的汉语教材、书法教材、孔子学院期刊、论文集以及来自汉办的多种汉语教材、工具书、杂志和明信片等。孔子学院展台悬挂的红灯笼、中国结、富有神采的书法作品充分显现了中国元素，是唯一体现东方特色的展台。这次书展是贝尔格莱德孔子学院与新贝社区文化合作的延续，也是孔子学院走进社区的另一举措。

　　2012 年贝尔格莱德孔子学院参加了"欧洲语言日"活动，于闹市

---

① "汉语教材"部分信息主要源自孔子学院总部/国家汉办官网：http://www.hanban.edu.cn/，2016 年 12 月 18 日。

② 曾维：《塞尔维亚小学汉语课堂教学设计研究》，硕士学位论文，华中师范大学，2015 年，第 11 页。

③ 金志刚：《从中塞合作编写〈汉语教程〉谈海外汉语教材编写原则》，《云南师范大学学报》2006 年第 2 期。

区步行街设立展厅，向贝尔格莱德市民展示了汉语教学情况、汉语教材及课件，并通过这个平台向市民们宣传介绍了孔子学院的各项活动开展情况和中国文化。贝尔格莱德孔子学院这次展出的教材和多媒体课件主要是贝尔格莱德孔子学院面向中小学生和成人汉语教学使用的三套教材：《当代中文》《快乐汉语》和《汉语乐园》。为了适应当地中学汉语教学的需要，贝尔格莱德孔子学院编写制定了《贝尔格莱德孔子学院中学汉语教学大纲》。该大纲修订后，将报塞尔维亚教育部审批，拟订为塞尔维亚全国中学汉语教学的通用参考标准。

2014 年 2 月 20 日至 3 月 20 日，贝尔格莱德孔子学院与市图书馆举办了"中国图书月"活动。活动展出了关于中国历史、传统、文化、建筑、医学、烹调、习俗、人文等方面的图书。此外，还有一大批汉语教材、多媒体课件、小词典等汉语学习工具书。展出的图书，市民们都可在贝尔格莱德孔子学院图书馆和市图书馆借到。

2014 年 10 月 25 日，国家汉办教材处和贝尔格莱德孔子学院共同举办了首次"塞尔维亚本土教材和教学资源开发"座谈会。教材是教学中不可或缺的重要环节，由于各个国家的语言和文化截然不同，因此开发一套能够融合中塞两国国情和文化的、贴近塞尔维亚学生的本土教材，成为汉语是否能够深入推广的关键因素之一。贝尔格莱德大学中文系教师编写的《大学汉语教程》是该大学语言学院中文专业的主教材。作为该教材的主编，普西奇介绍了编写过程和所面临的问题。他希望能够在汉办的支持下，协调中塞两国的汉语专家，共同编写一套适合孔子学院的本土中文教材。中塞教师踊跃发言，为编写本土教材提出宝贵意见。

三 教学方法

塞尔维亚经常组织各种活动，讨论汉语教学的方法，以促进汉语教学。2012 年 4 月 9 日，塞尔维亚中、小学汉语教学方法交流会在中国驻塞尔维亚大使馆举行。十几位汉语教师志愿者利用塞尔维亚复活节中小学放假期间，从塞全国各地奔赴首都贝尔格莱德，齐聚中国驻塞尔维亚大使馆教育组，由教育组组织、开展了一次关于塞尔维亚中、小学汉语教学方法交流会。教师们观摩了几位志愿者的试讲，并对试讲的内容、教学方法进行了点评和讨论。结合塞尔维亚当地的特点，积极探讨、总结、归纳有效地教课方法，大家各抒己见，全力分享所提出的教学经验和教学技巧。4 月 10 日，汉语教师和志愿者又分别对小学和中学的教案编排与课程设置做了深入探讨。教师志愿者呈现了以《快乐汉语》《汉语乐园》为教材的中学和小学汉语课的教案，各位志愿者教师对其做了讨论完善。

在塞尔维亚的公派教师和志愿者十分重视寻找适合塞本地学生特点的教学方法。大部分塞尔维亚学生都能说流利的英语，因此教师在教学时就把英语和汉语交替进行。有些公派教师为了更好地进行汉语教学，还学会了简单的塞尔维亚语，以便更好地和学生进行交流。课堂上，老师们经常通过绕口令练习提高学生的语言能力。而且也会给学生播放视频，增加他们对中国文化的认识，提高他们的听力水平。通过辅导学生参加"汉语桥"世界大学生、中学生中文比赛，使不少学生得到了到中国参加比赛和观摩比赛的机会，增加了对中国的了解[1]。一些曾到塞尔维亚工作的汉语志愿者根据自己的教学经历，讨论了针对特定学习对象的教学方法。姜孟蓉（2014）在对塞中学汉语教学问题和学生学习需要调查的基础上，参考《快乐汉语》（世界通用的塞语版教材）第一册，对汉语学习的任务、话题、课堂活动等进行教学设计，并在塞尔维亚乌日彩中学对"任务—活动"模式进行教学实践，最后指出这种教学方法的有效性[2]。

本章主要参考文献

金志刚：《从中塞合作编写〈汉语教程〉谈海外汉语教材编写原则》，《云南师范大学

---

[1]　中国侨网：《中国教师两赴塞尔维亚教汉语、以和为贵传播文化》，http：//www. chinaqw. com/hwjy/2015/01 – 14/33812. shtml，2016 年 12 月 18 日。

[2]　姜孟蓉：《基于"任务—活动"模式的塞尔维亚中学汉语兴趣课教学设计探索——以〈快乐汉语〉第一册为例》，硕士学位论文，重庆大学，2014 年，第 2 页。

学报》2006 年第 2 期。

姜孟蓉：《基于"任务—活动"模式的塞尔维亚中学汉语兴趣课教学设计探索——以〈快乐汉语〉第一册为例》，硕士学位论文，重庆大学，2014 年。

王秀明：《塞尔维亚和黑山共和国汉语教学概况》，《国外汉语教学动态》2003 年第 2 期。

习近平：《永远的朋友、真诚的伙伴》，《人民日报》2016 年 6 月 17 日第 1 版。

易树：《塞尔维亚汉语文化教学现状研究——以塞尔维亚梅加特伦德大学为例》，硕士学位论文，重庆大学，2015 年。

张维：《南斯拉夫汉语教学掠影》，《世界汉语教学》1987 年第 2 期。

张晶：《塞尔维亚有个和浙江共建的孔子学院、全球首家以传播茶文化为特色》，《青年时报》2014 年 6 月 3 日第 A4 版。

曾维：《塞尔维亚小学汉语课堂教学设计研究》，硕士学位论文，华中师范大学，2015 年。

第十四章 马其顿的汉语教学

第一节 国家概况

一 自然地理

马其顿共和国（The Republic of Macedonia）是巴尔干半岛南部的内陆国家，东临保加利亚，北临塞尔维亚，西临阿尔巴尼亚，南临希腊。国土面积 25713 平方公里，总人口 209.6 万人（2015 年数据）。马其顿地形多为山地，瓦尔达尔河贯穿南北。气候以温带大陆性气候为主，大部分农业地区夏季最高气温达 40℃，冬季最低气温达 −30℃，西部受地中海式气候影响，夏季平均气温 27℃，全年平均气温为 10℃。由于希腊坚决反对马其顿共和国使用"马其顿"的名称，世界上绝大多数国家以及联合国等国际组织均将该国暂时称为"前南斯拉夫马其顿共和国"。全世界约有 40 个国家承认"马其顿共和国"①。

---

① 马其顿国家概况信息主要源自 http：//www. fmprc. gov. cn/web/gjhdq_ 676201/gj_ 676203/oz_ 678770/1206_ 679474/1206x0_ 679476/http：//fec. mofcom. gov. cn/article/gbdqzn/，2016 年 12 月 18 日。

二　历史政治

马其顿地区古为希腊文明北端的边疆地区，该地公元前 4 世纪崛起的马其顿帝国曾征服小亚细亚、波斯、埃及等地，把希腊文明传播到中东各地。公元前 4 世纪中期，马其顿在腓力二世的统治下强盛起来，逐步统一了希腊。腓力死后，继任者亚历山大于公元前 334 年开始东征。他率军侵入亚洲，灭亡了波斯帝国，又进兵中亚、南亚，侵占了印度河流域，建立起规模空前的大帝国。亚历山大死后，帝国随即分裂。希腊各邦相继掀起了反马其顿的斗争，之后马其顿帝国陷入混乱，并分裂为三个国家。马其顿先后由罗马帝国、拜占廷帝国（希腊人所主导）等统治。5 世纪起斯拉夫人开始进入马其顿地区，并在该地（尤其是马其顿的内陆地区）定居，因而奠定了现代马其顿南北之分的基础，南部为希腊人，北部为斯拉夫人。斯拉夫人于 7 世纪大量迁居马其顿地区，10 世纪下半叶至 1018 年，萨莫伊洛建立了第一个马其顿国。837 年，保加利亚征服了马其顿地区，并于 10 世纪末在该地的 Ohrid（奥赫里德）定都。1018 年拜占廷帝国又征服了马其顿地区，在接下来的几个世纪里马其顿多次在拜占庭、保加利亚和塞尔维亚之间转手。15 世纪初奥斯曼帝国征服了马其顿，并开始了长达 500 年的统治。第一次和第二次巴尔干战争中马其顿成为各国瓜分的对象。第二次世界大战之后，南斯拉夫成为由铁托领导的共产主义国家，1946 年铁托将马其顿地区从塞尔维亚分开，成为南斯拉夫的一个加盟共和国。1991 年 9 月 17 日马其顿从南联盟和平分离，但马其顿随即和希腊爆发国名争端，最后马其顿于 1993 年以"前南斯拉夫马其顿共和国"的名义加入联合国。希腊最终在 1995 年解除对马其顿共和国的经济封锁。

1991 年，马其顿通过新宪法，规定马其顿是一个主权、独立、民主和福利的国家。国家首脑为共和国总统，以无记名投票方式通过选举产生，任期 5 年。连任最多不超过两任，2014 年 4 月，经过两轮总统选举，格奥尔基·伊万诺夫总统获得连任。议会是国家最高立法机构，议员通过直选产生，任期 4 年。政府是国家权力执行机构，由议会选举产生。国家司法机构设立宪法法院、普通法院和检察院。普通法院分初级法院、中级法院和最高法院三级。另外还设有经济法院和军事法院。1992 年 3 月 28 日，马其顿创建军队，总统为武装部队最高统帅，马其顿国防政策以维护国家的主权独立和领土完整为主要任务，实行职业军人兵役制。目前的执政党是民族统一民主党，参政党有阿族民主党和民主繁荣党，最大在野党是社会民主联盟党，其他党派还有自由党、阿族融合民主联盟党。马其顿于 1993 年加入联合国，1995 年正式成为欧洲委员会的成员①。

三　人口经济

马其顿是个多民族的国家，全国人口约为 209.6 万人（2015 年数据），全国居民多信奉东正教，占总人口 67%；少数信奉伊斯兰教，占总人口的 30%；其他宗教占 3%。

南联盟解体前，马其顿为国内最贫穷的地区，独立后由于社会主义经济转型、区域局势动荡不安、联合国对塞尔维亚的经济制裁、希腊于 1994—1995 年对马其顿的经济制裁、2001 年内战等原因，马其顿经济停滞不前，直到 2002 年才开始逐渐复苏，至今仍是欧洲最贫穷的国家之一。马其顿是个传统农业国家，发展水平在欧洲较为落后，但区位优势明显，交通便捷，物流成本较低。该国矿产资源比较丰富，主要有铁、铅、锌、铜等。其中煤蕴藏量为 1.25 亿吨，铜矿蕴藏量为 3 亿吨。还有非金属矿产碳、斑脱土、耐火黏土、石膏、石英、蛋白石、长石以及建筑装饰石材等。森林覆盖率为 35%。自 1993 年独立以来，马其顿走上全面自主发展的道路。作为非欧盟成员国和制度体系发展相对完善的欧洲国家，马其顿与中国政治、经贸等领域关系密

---

① 中国驻马其顿大使馆经济商务参赞处：《对外投资合作国别（地区）指南——马其顿》，商务部 2015 年发布，http：//fec. mofcom. gov. cn/article/gbdqzn，2016 年 12 月 18 日。

切，是中国"一带一路"建设欧洲部分重要的一环。

四　语言政策

马其顿官方语言为马其顿语，也是使用最广泛的语言。马其顿语属于斯拉夫语系。在有些地区，阿尔巴尼亚语也是进行交流的主要语言之一。许多马其顿人会讲英语、法语、德语、俄语、意大利语等欧洲其他语言。

第二节　汉语教学简史

马其顿的汉语教学起步较晚，但是取得了一定进展。目前除了有圣基里尔·麦托迪大学孔子学院外，汉语在当地高中和小学也得到了一定的宣传和推广，并建立了一些教学试点。为了促进当地的汉语教学工作，2002 年中国赞助马其顿斯科普里大学语言系成立汉语教学点。2004 年中国援助马其顿 3300 台电脑，用于改善教学条件、传授知识、培养人才。2010 年，中国援助修缮戈采·得儿切夫学校，促进了汉语教学环境的改善。2013 年 9 月 4 日，在马其顿首都斯科普里，由圣基里尔·麦托迪大学和中国西南财经大学合作创办的马其顿第一家孔子学院成立。该孔子学院的成立为马其顿人民提供了很好的学习汉语的平台和机会。

2014 年，马其顿汉语教学进入了一个新的发展阶段。11 月 13 日，圣基里尔·麦托迪大学孔子学院与斯科普里 NOVA 国际中学举行了汉语教学点合作协议签字仪式。圣基里尔·麦托迪大学校长、NOVA 国际中学校长、圣基里尔·麦托迪大学孔子学院中外方院长、部分孔院师生和 NOVA 中学师生共 60 多人出席了仪式。此次合作协议的签署，标志着汉语教学第一次走进马其顿高中课堂，正式进入 NOVA 国际中学的学分课程系统，与法语、德语和西班牙语等语言并列于该校外语

教学计划中，标志着圣基里尔·麦托迪大学孔子学院汉语教学和中国
文化推广活动在马其顿进入了一个新的发展阶段。

2014 年 11 月 25 日，马其顿汉语教学深入到小学教学点，这是马
其顿汉语教学的又一进步。马其顿圣基里尔·麦托迪大学孔子学院在
圣基里尔·麦托迪小学开设汉语教学点，这为培养马其顿优秀的汉语
人才打下坚实的基础。2015 年 3 月 28 日，圣基里尔·麦托迪大学孔子
学院在 Tikveš 酒业开设的汉语教学点正式开课，这是该孔子学院推广
汉语教学的一个创新。2015 年 9 月 3 日，圣基里尔·麦托迪大学孔子
学院政府汉语教学点开学典礼在马其顿欧洲秘书处办公楼会议厅举行，
这是马其顿汉语教学进一步发展的体现。

马其顿国家电视台对中国文化的多次专题直播节目，有力促进了
汉语和中国文化的宣传，如茶艺表演为核心的节目、春节文化专题节
目、传统节日和美食节目等。2015 年 10 月 21 日，圣基里尔·麦托迪
大学孔子学院与马其顿文化机构 "Dialogue" 联合举办中马茶文化节。
此次茶文化节的成功举办，进一步扩大了中国茶文化在马其顿的影响，
促进了中、马民间文化的交流。此前，孔子学院与马其顿国家电视台
联合直播茶艺表演专题节目。2015 年 2 月 19 日，马其顿国家电视台
MRT 第 1 频道特邀圣基里尔·麦托迪大学孔子学院中方院长邓时忠和
办公室主任爱莲娜·达米亚诺斯卡参加访谈直播，介绍中国春节文化。
邓院长在节目中就 "羊" 的象征意义，中国人过年的习俗、贴春联的
原因以及孔院的发展状况等马其顿观众感兴趣的问题一一讲解。他说，
中国几千年的春节文化重在享受家人团圆的天伦之乐，品尝佳肴的休
闲之乐和相互祝福的和谐之乐。"羊" 在中国文化里有仁义公平、祥
和亲善等象征意义，特别为追求和平幸福的中国老百姓所喜爱。邓院
长还重点介绍了春联文化。2014 年 12 月 29 日，圣基里尔·麦托迪大
学孔子学院在斯科普里华人餐馆举办中华美食展活动，孔子学院师生
和社区民众踊跃报名参加，马其顿 Telma 电视台对活动全程进行录像
并制作成专题节目播出。孔子学院中方院长邓时忠现场介绍了中华美

食与中华文化的联系以及中华饮食的特点，并重点介绍了中国新年和饺子的文化习俗。随着孔子学院汉语教学和中国文化推广活动在马其顿的逐步展开，越来越多的当地民众喜欢上了汉语和中国文化。活动拉近了当地民众与中华文化的距离，同时加深了他们对中国文化的热爱。

第三节　汉语教学的环境和对象

汉语类课程目前在圣基里尔·麦托迪大学语言学院比较文学系主要开设课程有现代汉语、汉语语法、中国文化和中国文学等课程①。

马其顿注重汉语学习，孔子学院汉语教学在马其顿的影响广泛。同时，在小学、中学、高中均设有汉语教学点。2013 年 9 月 4 日在马其顿首都斯科普里，由圣基里尔·麦托迪大学和中国西南财经大学合作创办的马其顿第一家孔子学院在斯科普里成立。2014 年 11 月 25 日，圣基里尔·麦托迪大学孔子学院在圣基里尔·麦托迪小学开设汉语教学点，设立两个汉语教学班，旨在培养马其顿儿童对汉语和中国文化的兴趣，增加他们对中国的了解。孔子学院中方院长邓时忠教授表示，小学阶段是语言学习的最佳时机，学生们反应敏捷，吸收速度快，准确性高，一开始就要加强汉语语音练习和汉字认读，为培养优秀的汉语人才打下坚实的基础②。

2015 年 3 月 28 日，圣基里尔·麦托迪大学孔子学院在 Tikveš 酒业开设的汉语教学点正式开课。Tikveš 酒业建立于 1885 年，是马其顿最知名的葡萄酒酿造企业，在中国成都和上海等地都有业务。举办汉语班有利于加深公司的业务骨干对中国文化的了解，加强与中国的联

---

① 刘亚儒：《马其顿中国文化传播的现状以及马其顿文汉语教材的编写》，《国际汉语学报》2010 年第 2 辑。

② 圣基里尔·麦托迪大学孔子学院相关信息主要源于孔子学院总部、国家汉办官网：http://www.hanban.edu.cn/，2016 年 12 月 19 日。

系和业务往来。2015 年 9 月 3 日，圣基里尔·麦托迪大学孔子学院政府汉语教学点开学典礼在马其顿欧洲秘书处办公楼会议厅举行。政府汉语教学点共有 4 个教学班，作为孔子学院促进中马两国文化教育交流合作的最新成果，将在进一步推进中马文化交流，发展两国友好互信关系方面发挥积极的作用，为中马全面交流增添强劲而持久的动力。

2016 年圣基里尔·麦托迪大学孔子学院 Facebook 公共主页建立，这成为孔子学院对外宣传联络的又一个重要平台。

一 圣基里尔·麦托迪大学孔子学院的汉语教学

所在城市：斯科普里

承办机构：圣基里尔·麦托迪大学

合作机构：西南财经大学

启动运行时间：2013 年 4 月 3 日

2013 年 9 月 4 日，由马其顿圣基里尔·麦托迪大学和中国西南财经大学合作创办的马其顿第一家孔子学院在斯科普里成立。马其顿总统伊万诺夫、教育和科技部部长里斯托夫斯基、中国驻马其顿大使崔志伟、西南财经大学校长张宗益等出席了孔子学院揭牌仪式。伊万诺夫表示，马其顿高度重视与中国发展友好关系，双边高层的频繁会晤深化了两国友好关系和各领域合作。中国和马其顿都有尊师重教的文化传统，中国有文化圣人、教育家孔子，马其顿有教育家圣基里尔和麦托迪，他们在不同时代分别启迪了本国人民的智慧。中、马两所高校通过合办孔子学院的方式，为马其顿人民学习汉语、了解中国和中国文化提供服务，为推动中马两国友好合作关系做出贡献。

孔子学院的建立是中马文化交流的新成果，在促进两国文化、教育、经贸等各领域友好交流合作发挥了积极作用。圣基里尔·麦托迪大学孔子学院成立后，除开设不同层次的汉语课程外，还经常开展一系列中国文化推介活动，帮助学生更好地了解当代中国社会。2014 年

9 月 24 日至 27 日孔子学院举办了"孔子学院日"系列庆祝活动，活动包括中文体验课，书法体验课、留言墙，太极拳表演与学习、庆典仪式等部分。活动期间，孔子学院举办了为期三天的中文体验课，共开了 18 个班次，吸引了马其顿中小学和大学生 300 余人参与。整个中文体验课堂气氛热烈，吸引了大批马其顿民众围观，学生和家长纷纷报名学习汉语。

马其顿圣基里尔·麦托迪大学孔子学院十分重视新书的推荐和介绍活动。2013 年 11 月 14 日，圣基里尔·麦托迪大学孔子学院在马其顿首都斯科普里"米拉丁诺夫兄弟"（"Brakja Miladinovci"）城市图书馆举行了由马其顿青年汉学家冯海城（Igor Radev）先生翻译的马其顿文版《孔子：论语、大学、中庸》新书推介发布会。2014 年 5 月 28 日，马其顿文化部大型文学翻译丛书"世界文学之星"新书发布会在首都斯科普里国家图书馆举行。在发布会上，圣基里尔·麦托迪大学孔子学院马其顿志愿者教师、青年汉学者席晓兰（Sara Cvetanovska）女士翻译的马其顿文《李白杜甫诗选》与读者见面。2014 年 11 月 28 日，圣基里尔·麦托迪大学孔子学院在斯科普里市青年文化中心与 Slovo 出版社联合举办了莫言小说《变》的新书推介会。孔院汉语老师张敏博士向马其顿读者介绍了莫言的生平和相关作品，并就莫言获得诺贝尔文学奖之后中国读者对其作品的接受差异做了介绍。2015 年 2 月 10 日，马其顿圣基里尔·麦托迪大学孔子学院举行了由青年汉学家冯海城（Igor Radev）先生翻译的马其顿文版《中国古典诗词曲赋选集》新书推介发布会。《中国古典诗词曲赋选集》选译了从《诗经》到近代国学大师王国维的作品，收录了不同历史阶段不同风格具有代表性的诗词曲赋 300 多篇，配以相关历史背景和作者生平介绍，向马其顿的读者呈现中国诗歌的精粹和历史脉络。

2014 年 11 月 26 日，圣基里尔·麦托迪大学孔子学院举办了一场汉字与书法讲座，讲座由孔院中方院长邓时忠教授主讲，孔院师生、其他大学师生、书法爱好者和社区民众共 50 余人参加该讲座。邓教授在讲座中介绍了汉字的起源、构造和演变的历程，讲解了书法在不同发展阶段的特点，以及中国书法与中国画、诗歌、篆刻的美学联系，剖析了中国哲学思想在汉字与书法中的体现、在中国文化发展过程中的重要作用，以及汉字与书法对中国人生活的深刻影响。

2015 年 4 月 25 日，圣基里尔·麦托迪大学孔子学院在公园广场举办"世界太极日"纪念活动，中资机构代表、华人华侨代表，当地太极拳协会会员、孔子学院师生等 150 多人参加了活动。

2015 年 12 月，圣基里尔·麦托迪大学孔子学院在马其顿国立图书馆"汉语角"举办了两场中国传统文化体验活动。活动对象以当地小学生为主，分为"中国民间艺术体验"和"中国茶文化体验"，目的在于提升马其顿小朋友对中华传统文化的认知与了解，并扩大汉语角的影响，发挥其推广中国语言和文化的作用。

2016 年 5 月 7 日，由孔子学院总部、国家汉办主办，马其顿圣基里尔·麦托迪大学孔子学院承办的第十五届"汉语桥"世界大学生中文比赛马其顿赛区预赛成功举办。比赛的成功举办进一步扩大了"汉语桥"在马其顿的影响力，增强汉语学员和汉语爱好者学习汉语的信心，推动汉语教学在马其顿的开展，扩大中国文化的影响力。

2016 年 3 月 29 日，圣基里尔·麦托迪大学孔子学院在国立图书馆汉语角举办了"中国剪纸文化体验活动"，孔子学院的 Elena Damjanoska 女士以马其顿语介绍了剪纸的历史、技巧、实用价值和使用范围等文化知识，其他孔院教师配合解说现场展示了剪纸的技法。

2016 年 3 月 4 日，圣基里尔·麦托迪大学孔子学院学员、马其顿著名女歌唱家 Suzana Spasovska 在马其顿国家歌剧舞剧院举办个人从艺 30 周年纪念音乐会，现场用汉语演唱中国民歌。马其顿文化部部长 kanchevska milevska 女士、马中友好协会主席 Ljupcho Malenkov 和荣誉主席 Krume Korobar、中国驻马大使温振顺等嘉宾出席了音乐会。这次音乐会吸引了马其顿多家知名媒体出席，马其顿国家电视台、Sitel 电视台等媒体现场全程录制音乐会实况，将其制作成节目滚动播出。音乐会的成功举行，进一步扩大了汉语教学和中国文化在马其顿民众中的影响力，吸引了更多的人学习汉语、亲近中国文化。

2016 年 4 月 6 日，马其顿圣基里尔·麦托迪大学孔子学院特邀马其顿外交部官员、汉学家 Anareevska Vesna 展开了一场题为"中国民间龙的传说"的文化讲座。此次讲座介绍了龙的来历，与龙有关的出土文物，龙与农业的关系，龙的种类，中国人对龙的崇拜与敬重，与龙有关系的传统节日等丰富的内容。Vesna 以生动的图片和幽默的讲述将中国龙的形象呈现在马其顿听众面前。

2016 年，圣基里尔·麦托迪大学孔子学院开展"每月一书"活动，定期邀请汉学家和孔院教师向孔院学员和当地民众介绍一本有关中国文化、文学方面的书籍，以丰富知识，加深对中国文化的了解。2016 年 2 月 24 日，马其顿圣基里尔·麦托迪大学孔子学院举办"每月一书"活动开讲仪式和首场讲座。马其顿青年汉学家 Igor Radev 担任主讲。孔子学院中外方院长和师生、马其顿国立图书馆馆长和工作人员以及各界人士参加了活动。

2016 年 6 月 9 日，圣基里尔·麦托迪大学孔子学院在马其顿国家图书馆举办了端午节文化活动，孔子学院汉语教师李宏波做了题为"屈原诗歌"的讲座，介绍了端午节的由来、赛龙舟和吃粽子的传统习俗以及诗人屈原的生平事迹。李老师详细讲述了屈原诗歌的艺术特点和他的爱国情怀。端午节视频短片让现场听众对中国传统节日有了更深入的认识和了解。

2016 年 9 月 19 日，波兰籍马其顿社会学和国际关系学博士阿纳斯塔斯·万杰利（Anastas Vangeli）在马其顿国家图书馆举办了题为《一带一路：背景、定义和挑战》的专题讲座，他指出马其顿地处巴尔干半岛中部，是东南欧的门户，具有明显的区位优势，是中国在"一带一路"建设中的重要合作伙伴。此次活动拉开了 2016 年"孔子学院日"庆祝活动的序幕。

二　马其顿政府汉语教学点的汉语教学

2015 年 9 月 3 日，圣基里尔·麦托迪大学—西南财经大学孔子学院政府汉语教学点开学典礼暨孔子学院成立两周年庆典在马其顿欧洲秘书处办公楼会议厅举行。马其顿副总理 Fatmir Besimi 表示，中、马两国之间的联系日益紧密，孔子学院在加强两国文化教育合作方面具有重要作用，政府汉语教学点的开办将为中马全面交流增添强劲而持久的动力。政府汉语教学点共有 4 个教学班，是继 TIKVES 酒业汉语教学点、NOVA 国际中学汉语教学点、圣基里尔·麦托迪小学汉语教学点之后，在斯科普里建立的第四个汉语教学点。政府汉语教学点作为孔子学院促进中马两国文化教育交流合作的最新成果，将在进一步推进中马文化交流，发展两国友好互信关系方面发挥积极的作用。同时，为更好推进孔子学院工作，学院与马其顿国家电视台联合录制专题节目持续扩大学院影响力。

第四节　汉语师资与教材

马其顿汉语教学目前还处于刚刚起步阶段。2013 年马其顿成立了该国的第一所孔子学院，即圣基里尔·麦托迪大学孔子学院，这也是目前为止该国唯一的孔子学院。该孔子学院有国家汉办派遣的汉语教师和志愿者。为满足马其顿人们学习汉语的需要，2014 年 5 月 2 日，圣基里尔·麦托迪大学孔子学院把孔子学院总部赠送的 3000 册中文图书转交给圣基里尔·麦托迪大学校长、孔子学院理事长斯托伊科夫斯基教授。图书包括汉语教材、中国文学、中国文化等方面的书籍，随后该大学的第一个中文图书资料室正式建立。

马其顿圣基里尔·麦托迪大学孔子学院比较重视新进教师的培训工作。2015 年 9 月 1 日，马其顿圣基里尔·麦托迪大学孔子学院举行新学期教学工作会议暨新教师培训活动。培训活动就孔院章程、汉语教师工作职责、志愿者教师工作职责、图书资料管理规则等相关规章制度，马其顿风土人情、文化禁忌，以及教学展示、教学评点、教学反思、互动交流教学等技能培训进行了介绍和交流。培训目的旨在帮助新教师适应新环境，顺利进入工作状态①。

据刘亚儒（2008）考察，马其顿目前还没有专门的国别化教材。该国使用的教材主要有《新实用汉语课本》《快乐汉语》《当代中文》《中国文化常识》等。这些教材大部分都是英译本，这对英语不好的学生来讲无疑又增加了难度。因此，马其顿亟须开发适合本国学生学习汉语的国别化教材②。

为更好地满足马其顿学生学习汉语的需要，2015 年 5 月 18 日，由圣基里尔·麦托迪大学孔子学院中方院长邓时忠教授主编、Elena·Damjanos 等中马汉语教师共同编写的《汉语—马其顿语小字典》由圣基里尔·麦托迪大学出版社正式出版。这是孔子学院应汉语教学需要第一次尝试编写的语言学习字典，它为初次接触汉语的马其顿学习者提供了一个基础的入门途径。学习者可以借助这本小字典了解常用汉字的普通话标准发音、字形以及它们所对应的马其顿语主要意义。此外，圣基里尔·麦托迪大学孔子学院计划在这本小字典的基础上陆续编写《中马专用名词对译词典》《汉语—马其顿语词典》等实用性强、功能更加全面的工具书，以进一步满足中国和马其顿两国语言学习者的需要③。

---

① 孔子学院总部/国家汉办官网：《圣基里尔·麦托迪大学孔子学院举行新学期教学工作会议暨新教师培训》，http://www.hanban.org/article/2015 - 09/06/content_ 614656.htm，2016 年 12 月 21 日。
② 刘亚儒：《马其顿中国文化传播的现状以及马其顿文汉语教材的编写》，《国际汉语学报》2010 年第 1 辑。
③ 孔子学院总部/国家汉办官网：《圣基里尔·麦托迪大学孔院出版〈汉语—马其顿语小字典〉》，http://www.hanban.edu.cn/article/2015 - 05/25/content_ 598181.htm，2016 年 12 月 21 日。

本章主要参考文献

刘亚儒:《马其顿汉语教学和中国文化传播的现状、挑战及对策初探》,《国际汉语教
　　学动态与研究》2008 年第 4 辑。

刘亚儒:《马其顿中国文化传播的现状以及马其顿文汉语教材的编写》,《国际汉语学
　　报》2010 年第 1 辑。

田晓军:《马其顿积极支持"一带一路"建设》,《经济日报》2015 年第 11 期。

田晓军:《"一带一路"建设可使中马实现合作共赢》,《经济日报》2016 年第 5 期。

徐晓旭:《马其顿帝国主义中的希腊认同》,《世界历史》2008 年第 8 期。

杨照:《马其顿农业发展方向与中马合作探析》,《欧亚经济》2015 年第 6 期。

第十五章　波黑的汉语教学

第一节　国家概况

一　自然地理

波黑（Bosnia and Herzegovina）是波斯尼亚和黑塞哥维那的简称：
"波斯尼亚"得名于"波斯尼亚河"，塞尔维亚语意为"寒冷"或
"清澈"；黑塞哥维那源自古高地德语，意为"公爵"。首都是萨拉热
窝。波黑位于东南欧巴尔干半岛中西部，国土总面积51209平方公
里①，多瑙河支流萨瓦河为波黑北部与克罗地亚的边界。波黑南部在
亚得里亚海上有一个20公里长的出海口，海岸线长约25公里。波黑
地形以山地为主，平均海拔693米。迪纳拉山脉，也叫"狄那里克阿
尔卑斯山脉"，自西北向东南纵贯全境。最高山峰为马格里奇山，海
拔2386米。波黑境内河流众多，主要有奈雷特瓦河、博斯纳河、德里
纳河、乌纳河和伐尔巴斯河。北部为温和的大陆性气候，南部为地中
海式气候，中部为大陆及山区性气候。黑塞哥维那和该国的南部区域

---

① 中国驻波黑大使馆经济商务参赞处：《对外投资合作别国（地区）指南——波黑》，商务部
2015年发布，http://fec.mofcom.gov.cn/article/gbdqzn/，2016年12月25日。

以地中海式气候为主，年均降雨量 600—800 毫米。而在中部和北部则以高山气候为主，年均降水量 1500—2500 毫米。萨拉热窝在 1 月的平均气温在 -5℃左右，7 月的平均气温为 20℃。

二　历史政治

波黑自新石器时代就有人类居住，早期居民为伊利里亚人。古时一度被罗马帝国、东哥特人和拜占廷帝国占领。公元 6 世纪至 7 世纪阿瓦尔人开始入侵，之后的几个世纪分属塞尔维亚、克罗地亚以及波黑周边的国家。1377 年特弗尔特科·科特罗曼尼奇建立了一个独立的波斯尼亚王国，但 1463 年奥斯曼帝国入侵，波斯尼亚被奥斯曼帝国吞并。奥斯曼帝国强迫人们更改信仰，并把人民划分不同的等级。凡是为其统治服务、效力的地主、军人等享有很高的地位。1908 年波黑成为奥匈帝国的领地，1914 年奥匈帝国皇储斐迪南大公在萨拉热窝被塞尔维亚族民族主义者刺杀，制造了"萨拉热窝事件"，这直接导致第一次世界大战的爆发。战后波黑成为塞尔维亚人—克罗地亚人—斯洛文尼亚人王国的一部分，该王国后来更名为南斯拉夫王国。

第二次世界大战期间，波黑成为克罗地亚独立国的一部分，战后以波斯尼亚和黑塞哥维那社会主义共和国的名义又重归铁托领导下的南斯拉夫联邦，成为南斯拉夫的一个联邦共和国。20 世纪 70 年代，南斯拉夫承认"讲塞尔维亚—克罗地亚语的伊斯兰教徒"为穆斯林族，即波黑独立后的波斯尼亚克人，使原本构成南斯拉夫主体的民族由五个提升到了六个。新承认的穆斯林族，人口次于塞尔维亚人和克罗地亚人，居南斯拉夫第三位。1999 年，设立布尔奇科特区，直属国家。1991 年 6 月起，前南斯拉夫开始解体。波黑前途发生严重分歧。1992 年 2 月 19 日，波黑就独立问题举行公民投票，约占人口 62.8%的穆斯林族和克罗地亚族支持独立。3 月 3 日，波黑议会在塞尔维亚人议员缺席抵制的情况下宣布独立，致使民族矛盾激化。4 月 6 日、7 日，欧共体和美国相继予以承认。但在当天，其境内 5 个塞尔维亚人自治区宣布联合成立塞族共和国，独立于波斯尼亚和黑塞哥维那之外，但依然留在南斯拉夫社会主义联邦共和国之内。于是波斯尼亚和黑塞哥维那政府进行镇压。后武装冲突骤然升级，冲突由首都萨拉热窝向外蔓延，酿成全面内战。塞族随即宣布成立"波黑塞尔维亚共和国"，脱离波黑独立。波黑三个主要民族间矛盾的骤然激化，导致"波黑战争"的爆发。1995 年 11 月 21 日各方签署《代顿和平协定》，结束内战，并把波斯尼亚和黑塞哥维那分为波黑联邦以及塞族共和国两个政治实体。战争结束后，北约在波黑境内继续驻扎维和部队，2004 年底由欧盟取代。

　　1995 年波黑新宪法规定，波黑分波黑联邦和塞族共和国两个实体，波斯尼亚克族、塞尔维亚族和克罗地亚族为三个主体民族。波黑设三人主席团，由三个主体民族代表各一人组成。议会由代表院和民族院组成。波黑设国家集团元首，称作波黑主席团，任期 4 年。主席团由三名委员组成，分别选自三个主体民族。主席团设轮流主席一名。波黑部长会议行使政府职能，由部长会议主席、九名部长和十名副部长组成，任期 4 年。根据宪法，波黑设宪法法院和国家法院。波黑法院是国家最高法院①。

三　人口经济

　　波黑总人口约 379 万人（2014 年数据），其中波黑联邦占 62.55%，塞尔维亚族约占 35%，布尔奇科特区占 2.45%。从民族属性看，波黑全境登记为波斯尼亚克族的居民约占总人口的 43.5%，塞尔维亚族占 31.2%，克罗地亚族占 17.4%。三个民族分别信仰伊斯兰教、东正教和天主教。在奥斯曼帝国统治时期，以武力、宗教人头税等方式迫害当地塞尔维亚人和克罗地亚人。并规定，凡是穆斯林，可进入上层社会；农民如改信伊斯兰教，可免交某些捐税。过去有学者认为，如今

---

①　中国驻波黑大使馆经济商务参赞处：《对外投资合作别国（地区）指南——波黑》，商务部 2015 年发布，http：//fec. mofcom. gov. cn/article/gbdqzn/，2016 年 12 月 25 日。

波黑境内的穆斯林大多是由于这种政策造成的①。

波黑在南斯拉夫时期便是联邦内较贫穷的地区之一，独立后又发生了内战，经济受到严重损害。战争结束后至今，波黑经济逐渐复苏，同时还进行了从计划经济到市场经济的转型。波黑的工业主要有煤，农牧业主要有牛肉、羊肉、猪肉以及家禽肉等。2010 年波黑全国农业耕地面积为 51.2 万公顷，主要农产品有小麦、玉米、土豆等。2010年波黑全国旅游人数 65.6 万人次，其中外国游客 36.5 万人次，国内游客 29.1 万人次，全年旅游者过夜人数 141.7 万人次。旅游设施主要有旅馆、浴场、私人小旅馆、汽车宿营地、温泉和疗养地等，主要旅游点是萨拉热窝。主要出口商品有铝锭、矿产品、木材、机械产品等，主要进口商品有机械、食品、石油、化工、交通工具等。重要贸易伙伴为：克罗地亚、德国、塞尔维亚、意大利、斯洛文尼亚、奥地利、黑山、俄罗斯等。

四　语言政策

波黑官方语言为波斯尼亚语、塞尔维亚语和克罗地亚语。

第二节　汉语教学简史

波黑的汉语教学起步较晚。2011 年 9 月，东萨拉热窝大学哲学院与我国国家汉办签订了开设汉语专业的合作协议，该校成为波黑首个开设中文专业的高校，对增进中波两国人民的了解、扩大各领域合作、促进文化交流有着重要的意义。2014 年该校共有三个年级的 80 多名学生在此学习汉语，2016 年增加到 100 多名。随着中国和波黑关系的发展，越来越多的波黑人开始关注汉语和中国文化。2012 年 12 月 20

---

① 中国驻波黑大使馆经济商务参赞处：《对外投资合作别国（地区）指南——波黑》，商务部 2015 年发布，http://fec.mofcom.gov.cn/article/gbdqzn/，2016 年 12 月 25 日。

日，波斯尼亚语版《论语》举行发行仪式，这是波黑首次翻译和出版《论语》。这部著作由波黑民间组织"诺瓦阿科洛波拉"编译出版，该组织主要从事世界哲学和历史研究，主张波黑各民族和谐相处、不同文化相互融合。这部著作向波黑读者详细介绍了中国儒家经典作品的精髓和文化内涵，使更多的波黑人民了解中国人的思维方式、文化特点和中国的历史沿革①。2014 年萨拉热窝大学孔子学院成立，这是波黑首家孔院，它为本国学生学习汉语提供更多的便利条件。该孔院的成立是波黑汉语教学史上的重大事件。波黑官方也非常重视该国的汉语教学。2015 年 7 月 1 日，驻波黑大使董春风代表中国国家汉办同波黑东萨拉热窝大学校长格鲁伊奇续签《中国国家汉办与波黑东萨拉热窝大学关于派遣汉语教师的谅解备忘录》。这为波黑的汉语教学提供了很好的师资保障。2015 年 11 月 28 日，波黑部长会议主席（总理）兹维兹迪奇一行访问孔子学院总部。孔子学院总部总干事、国家汉办主任许琳陪同兹维兹迪奇总理一行参观了中华文化体验中心、国际汉语教学资源展示区，介绍了全球孔子学院发展情况。兹维兹迪奇表示今后会进一步加强与孔子学院总部的联系，大力支持波黑孔子学院的发展。② 随着波黑对汉语和中国文化的推广，2016 年 7 月，波黑萨拉热窝大学发展了新的教学点，布尔奇科特区教学点，这是波黑汉语工作得以发展的表现。

第三节　汉语教学的环境和对象

随着 2011 年东萨拉热窝大学汉语专业的开设、2014 年萨拉热窝大学孔子学院的成立以及汉语教学点的增加，波黑汉语教学工作逐步

---

① 新华网：《波黑首次翻译出版〈论语〉》，http：//news. xinhuanet. com/world/2012 – 12/21/c_
114117314. htm，2016 年 12 月 23 日。

② 孔子学院总部/国家汉办官网：《波黑部长会议主席兹维兹迪奇一行访问孔子学院总部》，ht-
tp：//hanban. edu. cn/article/2015 – 11/30/content_ 625648. htm，2016 年 12 月 20 日。

展开，喜欢和学习汉语的人数越来越多，总体呈现积极向上的发展势头。东萨拉热窝大学和萨拉热窝大学孔子学院不仅为当地人们学习汉语提供了很好的环境，而且在文化的推广和宣传方面也起到了巨大的作用。

一　萨拉热窝大学孔子学院的汉语教学①

所在城市：萨拉热窝

承办机构：萨拉热窝大学

合作机构：西北师范大学

启动运行时间：2014 年 12 月 7 日

萨拉热窝大学是波黑规模最大的高等院校，历史悠久，目前在校学生 2400 多人。萨拉热窝大学孔子学院 2014 年 12 月成立，目前共有 60 多人在学习汉语。该孔子学院非常注重在青少年汉语教学、商务汉语培训、华人华侨汉语水平提高三个方面开展工作，同时通过孔子学院夏令营等各种文化活动全面提高中华文化在当地的影响力。2016 年 7 月，该孔院成立了布尔奇科特区教学点，汉语教学工作呈现良好发展势头，这与孔院所开展汉语教学和文化推广等各方面的活动是分不开的。

2016 年 3 月 8 日，萨拉热窝大学孔子学院与波黑中国和平统一促进会共同举行了庆祝"三八"国际劳动妇女节。志愿者准备了中国传统女性服装秀、茶艺表演等文化活动，活动使当地人们深入了解了中国的传统文化。之后，孔院还与布尔奇科青少年文化活动中心负责人就布尔奇科教学点筹建等相关问题进行了讨论，并初步达成合作意向。布尔奇科特区电视台就孔子学院招生、在布尔奇科特区的发展规划、汉语融入当地社区发展等问题对孔子学院中方院长喇维新进行了专题采访，节目在布尔奇科特区电视台黄金时间播出。这对孔子学院汉语

---

① 萨拉热窝大学孔子学院相关信息主要源自孔子学院总部/国家汉办官网：http：//www. han-ban. edu. cn/，2016 年 12 月 21 日。

教学的推广起到极大的宣传作用。

2016 年 4 月 12 日，萨拉热窝大学孔子学院举办了一场大型中华文化展演。中国驻波黑大使馆、罗马尼亚驻波黑大使馆、萨拉热窝大学、泽尼察大学、新华社波黑分社等机构的代表和近千名当地民众到场观看。孔院教师为此次展演准备了太极拳、太极扇、茶艺、书法、剪纸等文化项目，还与当地华商华人代表共同表演了中国藏族、维吾尔族、苗族、蒙古族、朝鲜族和东乡族等六个少数民族的传统服装秀。萨拉热窝电视台、波黑国家电视台、《解放报》等多家当地媒体采访报道了此次活动。这充分展示了波黑人民对汉语和中国文化的兴趣和重视程度。

2016 年 6 月 9 日，萨拉热窝大学孔子学院举办 2016 年端午节中国文化展示活动。萨拉热窝大学校长阿德维其帕希奇（Prof. Dr. Muharem Avdispahic），中国驻波黑大使馆代表、新华社萨拉热窝分社代表与孔院师生等 100 余人士参加了此次活动。中方院长喇维新介绍了端午节的由来、习俗和文化意义。波黑市民对快板、兵马俑、文房四宝等中国文化物品表现出浓厚的兴趣。孔院为波黑市民了解中国文化提供了很好的平台。

2016 年 6 月 25 日，萨拉热窝大学孔子学院布尔奇科特区汉语教学点签字暨揭牌仪式正式举办。孔院外方院长米奇（Miroslav Zivanovic）、布尔奇科特区青少年活动中心主任达米尔（Damir Radenlovic）、中国—波黑联邦友好协会主席法鲁克（Faruk boric）、波黑中国和平统一促进会常务副会长刘合龙共同签署了教学点合作办学协议。

2016 年 7 月 17—19 日，甘肃省政协副主席张世珍一行六人赴萨拉热窝进行甘肃文化推介和商贸交流合作方面的考察。代表团与萨拉热窝州州长 El Medin Konakovic 和副州长 Muharem Sabic 就建立省州友好关系、兰州市和萨市友好城市建设、文化教育项目开展、旅游开发合作、中小学对接互访以及经贸合作等进行了交流，并达成意向。这是萨拉热窝大学孔子学院在汉语教学、文化展演、合作办学、服务经济和社会发展下开展的另一项重大活动。

2016 年 5 月 26 日，第十五届"汉语桥"世界大学生中文比赛波黑赛区决赛在波黑帕莱文化中心举行。本次比赛由东萨拉热窝大学和萨拉热窝大学孔子学院主办。中文系四年级学生涂寻的相声表演引爆全场，赢得评委一致好评。他获得当天比赛冠军，并代表波黑赛区前往中国参加决赛①。

2016 年 9 月 15 日，萨拉热窝大学孔子学院举办 2016 年中秋节诗乐歌会暨"孔子学院日"庆祝活动。萨拉热窝大学孔子学院教师、志愿者与学生分别表演了独唱《一剪梅》，书法《我爱中国》《花好月圆》，诗朗诵《春江花月夜》，歌伴舞《水调歌头》等节目。这些内容丰富的中国传统节日庆祝活动，有效提高了中华文化和孔子学院在波黑的影响力，为孔子学院的发展奠定了良好的基础。这也是萨拉热窝大学孔子学院庆祝中华人民共和国成立 67 周年的系列活动之一。

2016 年 10 月 1 日，萨拉热窝大学孔子学院与波黑著名摄影家哈里斯（Haris Memija）携手，在萨拉热窝老城举办孔子学院日系列活动，即庆祝中华人民共和国成立 67 周年主题的摄影展。摄影展以"中国并不遥远"为主题，集中展示了拍摄于北京、上海、广州、西安、甘肃等地的 86 件摄影作品。内容涵盖中国传统建筑风貌、民俗文化活动、当代中国经济、中国少数民族风情以及普通大众生活等方面。摄影展不仅反映了中国悠久的历史和灿烂的文化，而且向波黑人民生动地再现了绿水青山的美丽中国和当代中国人奋发有为的精神状态。这使波黑市民更加深入地了解中国人民的生活和中国文化。

二　东萨拉热窝大学汉语教学点的汉语教学

2014 年 5 月 30 日，第十三届"汉语桥"世界大学生中文比赛波黑赛区选拔赛在波黑帕莱文化中心举行。比赛由波黑东萨拉热窝大学

---

① 中国教育新闻网：《萨拉热窝大学的"中国梦"》，http：//jyb.cn/world/hytg/201605/t20160527_661015.html，2016 年 12 月 26 日。

哲学院承办，这是波黑境内首次举办"汉语桥"比赛。东萨拉热窝大学哲学院 10 名学生参加了比赛，内容包括演讲、中国文化知识问答、才艺表演等三个方面。其中获奖的两名学生参加了当年 7 月在中国长沙举行的第十三届"汉语桥"世界大学生中文比赛总决赛。

2016 年 8 月 29 日，第九届"汉语桥"世界中学生中文比赛波黑赛区预赛在东萨拉热窝大学哲学院举行。中国驻波黑使馆工作人员、东萨大哲学院副院长弗拉迪契奇和帕莱中学副校长等出席，约 30 人到场观摩。比赛由演讲、才艺表演和知识问答三个部分组成，选手们以"我心中的桥"为主题发表演讲，并带来吉他伴唱、书法和剪纸等才艺展示。马登科和克万楠两位同学分别荣获一等奖、二等奖，并代表波黑中学生参加了在中国云南昆明举办的第九届"汉语桥"世界中学生中文比赛①。

本章主要参考文献

胡兆明：《波黑问题的症结》，《国际问题研究》1995 年第 3 期。

高歌：《波黑政治转型初探》，《俄罗斯东欧中亚研究》2015 年第 6 期。

姜域、蒋建清：《波黑局势及其前景》，《国际问题研究》1994 年第 1 期。

杨元恪：《波黑冲突国际干预面面观》，《当代世界》1994 年第 5 期。

---

① 中华人民共和国驻波斯尼亚和黑塞哥维那大使馆官网：《中国使馆外交官出席"汉语桥"世界中学生中文比赛波黑赛区预赛》，http：//ba. chineseembassy. org/chn/sgxx/sghd/t1393419. htm，2016 年 12 月 29 日。

第十六章　黑山的汉语教学

第一节　国家概况

一　自然地理

黑山 (Montenegro) 位于巴尔干半岛中西部，东南与阿尔巴尼亚毗邻，东北部与塞尔维亚相连，西北与波黑和克罗地亚接壤。西南部地区濒临亚得里亚海东岸，海岸线总长 293 公里①。黑山全国总人口62.5 万人 (2014 年数据)，首都为波德戈里察，国土总面积 1.38 万平方公里。旧黑山 (西南部) 主要为喀斯特地貌，耕地较少，如采蒂涅和泽塔谷地。位于中北部的博博托夫库克山为全国第一高峰，海拔2522 米，附近的塔拉河有高达 1300 米的峡谷，为世界遗产。东部地区相对富饶，有大片森林和草地。沿海地区为狭长的平原地区，河流向两个相反方向流动，皮卡河、塔拉河和利姆河向北流；莫拉察河和泽塔河向南流。西北部的科托尔峡湾为欧洲位置最靠南的峡湾，该峡湾东岸有古城科托尔，被列为世界遗产。黑山主要为温带大陆性气候，沿

① 中国领事服务网：《黑山》，http：//cs. mfa. gov. cn/zggmcg/ljmdd/oz_ 652287/hs_ 653529/，2016 年 12 月 29 日。

海地区为地中海式气候。谷地气候温和，但海拔较高的地区气候恶劣，许多高山全年大部分时间积雪，在一些较为阴冷的谷地冰雪不溶化。采蒂涅年降水量超过 3800 毫米，全年都有降水，其中秋季降水集中。

二 历史政治

公元 6 世纪末和 7 世纪初，部分斯拉夫人移居到巴尔干半岛。9世纪，斯拉夫人在黑山地区建立"杜克利亚"国家。11 世纪，"杜克利亚"改称"泽塔"，并在 12 世纪末并入塞尔维亚，成为塞行政省。15 世纪，奥斯曼帝国占领现波德戈里察及其以北地区，泽塔王朝陷落。1878 年柏林会议承认黑山为独立国家。1918 年第一次世界大战后，黑山再次并入塞维尔维亚，并加入"塞尔维亚人—克罗地亚人—斯洛文尼亚人王国"，1929 年改称南斯拉夫王国。1941 年第二次世界大战爆发，德、意法西斯入侵并占领南斯拉夫王国。1945 年，南斯拉夫人民赢得反法西斯战争胜利。同年 11 月 29 日，南斯拉夫联邦人民共和国宣告成立。1963 年改称南斯拉夫社会主义联邦共和国。1992 年4 月 27 日，塞尔维亚与黑山两个共和国联合组成南斯拉夫联盟共和国。2003 年 2 月 4 日，南斯拉夫联盟共和国更名为塞尔维亚和黑山。2006 年 5 月 21 日，黑山就独立问题举行全民公决并获通过。同年 6 月3 日，黑山议会正式宣布独立。6 月 28 日，黑山加入联合国①。

三 人口经济

黑山共和国全国总人口 62.5 万人（2014 年数据）。黑山族占43.16%，塞尔维亚族占 31.99%，波斯尼亚克族占 7.77%，阿尔巴尼亚占 5.03%。全国大多数人信奉东正教，沿海地区信奉天主教，内陆地区信奉东正教，东部地区信奉伊斯兰教。近年来，黑山经济平稳发展，旅游、建筑等产业是黑山经济的重要组成部分。黑山的森林和水

---

① 中国领事服务网：《黑山》，http://cs.mfa.gov.cn/zggmcg/ljmdd/oz_652287/hs_653529/，2016 年 12 月 29 日。

利资源丰富，森林覆盖面积 54 万公顷，约占黑山总面积 39.43%。铝、煤等资源储藏丰富，约有铝土矿石 3600 万吨、褐煤 3.5 亿吨。主要工业部门有采矿、建筑、冶金、食品加工、电力和木材加工等。全国农业用地为 51.6 万公顷，占国土总面积的 37.4%，其中可耕地面积为 18.99 万公顷，播种面积为 3.1 万公顷。2010 年全国共有 1118 个服务单位，主要包括旅馆、餐厅、咖啡、酒吧等。旅游业是黑山国民经济的重要组成部分和主要外汇收入来源。亚德里亚海滨和国家公园等是主要风景区。2011 年黑山游客总数约 137.3 万人次，同比增长 1.1%。游客主要来自塞尔维亚、俄罗斯、波黑、阿尔巴尼亚等。交通运输以铁路和公路为主。黑山有 2 个机场，分别是波德戈里察机场和蒂瓦特机场。2011 年财政赤字 1.4 亿欧元，约占 GDP 的 4.3%。2011 年外汇储备约 3 亿欧元。近年来，黑山对外经济贸易活动逐渐活跃，外贸额稳步上升。黑山主要贸易伙伴有塞尔维亚、意大利、希腊、斯洛文尼亚等。2011 年黑山对外贸易总额为 27.78 亿欧元，同比增长 14.6%；其中出口额 4.55 亿欧元，进口额 18.23 亿欧元①。

四　语言政策

黑山官方语言为黑山语，会讲英语和塞尔维亚语的人也非常多。

第二节　汉语教学简史

黑山于 2006 年通过全民公决宣布独立，独立后黑山与我国在经济贸易、旅游文化、教育科学等领域多有合作。我国目前的对外政策十分有助于黑山的汉语教学。温家宝总理 2012 年出席中国与中东欧国家领导人会晤和经贸论坛时对外宣布，未来 5 年向中东欧国家提供 5000 个奖学

---

① 中国领事服务网：《黑山》，http：//cs. mfa. gov. cn/zggmcg/ljmdd/oz_ 652287/hs_ 653529/，2016 年 12 月 29 日。

金名额，自 2013/14 学年至 2017/18 学年，向中东欧 16 国增加 1000 个单方奖，每学年 200 个，黑山折合每学年增加 5 个单方奖名额。奖学金累计接受情况是：我国于 2006 年接受 4 名黑山奖学金生，截至 2013 年共接受黑山中国政府奖学金生 23 名。2013 年在华学生情况：2013 年全年在华学习的黑山学生总数为 13 名，其中奖学金生 12 名（含国别奖、单方奖、985 高校及边境省份自主招生奖），自费生 1 名。

就黑山的汉语教学而言，其起步稍晚，但与我国也有教育方面的合作与交流。2010 年 5 月 24 日，教育部袁贵仁部长与黑山总统菲利普·武亚诺维奇共同出席上海世博会黑山国家馆日活动。2011 年 2 月 17 日和 2012 年 2 月 14 日，黑山驻华大使两次来访我国教育部，表达愿意与中方加强教育交流合作的愿望。2013 年中方就签署《中华人民共和国教育部与黑山教育部 2013—2016 年教育合作协议》完成内部程序，黑山于同年 8 月完成内部程序。2014 年 6 月 3 日，黑山议会议员、教育科学文化体育委员会主席布兰卡·塔纳西耶维奇女士一行来访我国教育部，就教师待遇、全纳教育等议题开展交流①。教育合作协议的签署，为更多的黑山留学生来华学习汉语提供了便利。2015 年 2 月黑山成立第一所孔子学院——黑山大学孔子学院，孔子学院的成立为黑山人们在国内学习汉语提供了便捷平台。

第三节　汉语教学环境和对象

所在城市：波德戈里察

承办机构：黑山大学

合作机构：长沙理工大学

启动运行时间：2014 年 9 月 2 日

---

① 中华人民共和国教育部：《中国—黑山教育合作与交流简况》，http：//www.moe.edu.cn/publicfiles/business/htmlfiles/moe/moe_ 853/201005/87478.html，2016 年 12 月 30 日。

　　黑山大学孔子学院是黑山首家孔子学院，合作机构是长沙理工大学、承办机构是黑山大学。2015 年 2 月 13 日，孔子学院的揭牌仪式在黑山大学举行。黑山总统武亚诺维奇与中国驻黑山大使崔志伟共同为黑山大学孔子学院揭牌。黑山政府官员、各界友好人士、中资机构代表 100 余人出席。黑山大学孔子学院是一个年轻的孔子学院，成立后积极开展汉语教学的宣传和推广工作，如汉语角、图书展、专家讲座、学剪纸、画京剧脸谱等文化推广活动极大提高了黑山人们对汉语和中国文化的兴趣。黑山孔子学院的成立，是两国人文交流领域的重要成果，翻开了两国人文交流与合作的新篇章，成为两国人民相亲相知的纽带，并为促进两国各领域友好交流与务实合作发挥积极作用。

　　中黑关系传统友好，近几年两国领导人的频繁会晤增进了两国政治互信、促使双边务实合作，中黑关系在中东欧合作机制下迈上了新台阶。中国路桥公司承建的黑山南北高速公路正式启动，标志着两国务实合作取得重要突破。同时两国在能源、旅游、通信等领域的合作也取得积极进展。随着中黑两国交往的日益密切，黑山人民学习中文、了解中国文化的需求和热情越来越高。孔子学院正是传播中国优秀传统文化的重要平台。黑山大学孔子学院的成立，是两国人文交流领域的重要成果，翻开了两国人文交流与合作的新篇章，成为两国人民相亲相知的纽带，并为促进两国各领域友好交流与务实合作发挥积极作用①。

　　2015 年 2 月，为配合孔子学院揭牌及汉语课程的启动，黑山大学孔子学院在首都波德戈里察进行了系列宣传活动。2015 年 2 月 9 日，应黑山国家电视台之邀，黑山大学孔子学院参加 Working Day 访谈栏目，该栏目由黑山国家电视台一频道于每周一至周五下午六点档播出，是当地收视率最高的综合类新闻节目。孔院中外方院长与主持人就孔

---

① 孔子学院总部/国家汉办官网：《黑山总统为黑山大学孔子学院揭牌》，http：//www. hanban. org/article/2015 – 02/26/content_ 576800. htm，2016 年 12 月 30 日。

院的设立、运作以及今后发展的方向进行了对话。

2015 年 2 月 27 日，孔院中外方院长应邀来到 KRS 广播电台接受采访。KRS 电台是黑山主要媒体之一，在全国的青年及学生当中收听率最高。中外方院长邓嵘、米连娜系统介绍了孔院的历史、功能以及即将开设的汉语课程，并邀请听众来孔院参观访问。节目播出后在黑山引起了极大反响，孔院咨询电话不断，本地网页点击率也大幅提高，不少黑山学生纷纷留言表达自己的喜悦与期盼。

为了记录和宣传中国人在黑山的工作和生活情况，黑山大学孔院利用学校资源和设备，拍摄视频短片《中国人在黑山》。通过走访中国路桥黑山分公司、中国中医院、郑和餐馆等由华人主导或参与的机构，录制了这些地方的中国特色和中国人的情况，了解他们对于黑山的喜好和适应情况。当地华人对孔院充满期待，希望他们多开展中国语言文化推广活动，能在黑山营造一个良好的氛围，使当地人民更全面地了解中国国情、认识中国文化①。

2015 年 7 月 11 日，8 名来自黑山大学孔子学院的学生抵达长沙理工大学开始为期两周的中国夏令营体验活动。张建仁简要介绍了长沙理工大学的办学特色、专业设置、学科发展、国际交流等建设发展情况，希望代表团的此次中国之行能更深入地了解中国，学习中国文化，感受中国的蓬勃发展，加深两校学生的了解并促进交流。学员代表 Luka Jakovljević 畅谈了自己在夏令营活动期间的见闻和感受，认为活动内容丰富多彩，收获很多。通过对中国近距离的观察与体验，加深了对中国的了解，更加喜欢中国的语言和文化。本次夏令营活动是由孔子学院总部、国家汉办主办，长沙理工大学与黑山大学孔子学院组织安排、文法学院承办汉语教学任务，旨在为黑山学生提供了解中国文化、熟悉汉语的平台，促进中、黑两国学生之间的友好交流。夏令营活动为期两周，主要包括汉语短期语言研修、专家讲座、中国文化

① 孔子学院总部/国家汉办官网：《黑山大学孔子学院开展系列宣传活动》，http：//www. han-ban. org/article/2015 – 03/03/content_ 578130. htm?_ wv = 5，2016 年 12 月 31 日。

体验、旅游观光等①。

本章主要参考文献

小鸿:《黑山共和国首都——波德戈里察》,《世界知识》1992 年第 19 期。

许万明:《塞尔维亚和黑山共和国近两年经济形势及投资环境》,《俄罗斯中亚东欧市
    场》2003 年第 6 期。

---

① 教育新闻网:《黑山大学孔子学院夏令营代表团来长沙理工大学开展交流活动》,http://www.
   qnr.cn/news/2015/201507/1096354.html,2016 年 12 月 31 日。

后　记

　　现在是 2017 年 1 月 10 日的凌晨五点，虽然此时感觉已十分疲惫，但在这静寂的深夜里，我的思维却格外活跃，我的内心也感慨万千。书稿即将完成，还在为最后的完善做整理工作，心中的激动与兴奋难以抑制。此时，我想到了在华中师范大学读书时语言所里悬挂的邢福义老师的名言"抬头是山、路在脚下"。从过去读书到现在工作，这句话我一直铭记在心，它使我在艰难的过程中坚持下来，使我受益匪浅。2016 年虽如往年一样，如白驹过隙般一瞬而过，但是这一年却因这部书稿的完成而显得格外不同。回想 2015 年的下半年，文学院的领导把我们汉语教研室的老师们组织起来，想让我们形成一个团队，做出点有意义的事情。随后，在刘振平老师的带领下，我们分工合作，开始了"一带一路"沿线国家汉语教学研究书稿的撰写之旅。经过一年多的努力，功夫不负有心人，书稿即将完成。在这一年多的时间里，我们经历了多少次挥汗如雨、多少次挑灯夜战、多少次激烈讨论，这样的情景历历在目。2016 年是忙碌的一年，充实的一年。这一年的收获将激励我来年继续奋斗。由于时间仓促，本人水平有限，书的内容难免存在不足和漏洞，希望专家和学者予以批评和指正。

　　"大海航行靠舵手"，本书的完成离不开文学院领导对我们的关心、鼓励与支持，在此对他们表示真诚的感谢。"众人拾柴火焰高"，团队的力量是伟大的，感谢团队中几位老师的帮助！本书写作过程中，参考了诸多专家学者的研究成果，在此对引文作者表示深深的感谢！

本书在写作过程中，也得到了我的一些学生的帮助，在此对参与前期语料搜集与梳理工作的文学院学生王飒、王晓欣、高梦楠、贾朋朋、王倩怡、芦晗、王文君、任悦铭、张喜博、孙悠幽等表示真诚的感谢！

最后要特别感谢著名汉语国际教育专家赵金铭教授为丛书惠赐佳序！

牛　利

2017 年 1 月 10 日